Desconsideração da Pessoa Jurídica
∎

Preencha a **ficha de cadastro** no final deste livro
e receba gratuitamente informações
sobre os lançamentos e as promoções da
Editora Campus.

Consulte também nosso catálogo
completo e últimos lançamentos em
www.campus.com.br

Thereza Nahas

Desconsideração da Pessoa Jurídica

■

REFLEXOS CIVIS E EMPRESARIAIS NO DIREITO DO TRABALHO

2ª Edição Revista e Atualizada

ELSEVIER

CAMPUS
JURÍDICO

© 2007, Elsevier Editora Ltda.

Todos os direitos reservados e protegidos pela Lei 9.610 de 19/02/1998.

Nenhuma parte deste livro, sem autorização prévia por escrito da editora, poderá ser reproduzida ou transmitida sejam quais forem os meios empregados: eletrônicos, mecânicos, fotográficos, gravação ou quaisquer outros.

Copidesque
Maria da Glória Silva de Carvalho

Editoração Eletrônica
Diagrama Ação – Produção Editorial

Revisão Gráfica
Kátia Regina de Almeida Silva

Projeto Gráfico
Elsevier Editora, Ltda.
A Qualidade da Informação
Rua Sete de Setembro, 111 – 16º andar
20050-006 – Rio de Janeiro – RJ – Brasil
Telefone: (21) 3970-9300 Fax: (21) 2507-1991
E-mail: *info@elsevier.com.br*

Escritório de São Paulo
Rua Quintana, 753/8º andar
CEP 04569-011 – Brooklin – São Paulo – SP
Telefone: (11) 5105-8555

ISBN: 978-85-352-2465-8

Muito zelo e técnica foram empregados na edição desta obra. No entanto, podem ocorrer erros de digitação, impressão ou dúvida conceitual. Em qualquer das hipóteses, solicitamos a comunicação à nossa Central de Atendimento, para que possamos esclarecer ou encaminhar a questão.

Nem a editora nem o autor assumem qualquer responsabilidade por eventuais danos ou perdas a pessoas ou bens, originados do uso desta publicação.

Central de atendimento
Telefone: 0800-265340
Rua Sete de Setembro, 111, 16º andar – Centro – Rio de Janeiro
e-mail: *info@elsevier.com.br*
site: *www.campus.com.br*

CIP-Brasil. Catalogação-na-fonte.
Sindicato Nacional dos Editores de Livros, RJ

N145d

Nahas, Thereza Christina
   Desconsideração da pessoa jurídica : reflexos civis e empresariais no direito do trabalho / Thereza Christina Nahas. - Rio de Janeiro : Elsevier, 2007.
   Inclui bibliografia
   ISBN 978-85-352-2465-8

   1. Desconsideração da personalidade jurídica no processo do trabalho. 2. Justiça do trabalho. I. Título.

07-0763.   CDU: 347.998.4

Ao meu marido, Fernando Iervolino e a minha filha Victoria Nahas Iervolino. Todo meu amor.

Sumário

Apresentação	IX
Nota da Autora	XIII
Introdução	XV
1 Da Técnica Utilizada pelo Legislador do Código Civil de 2002 e da Unificação do Direito das Obrigações	1
2 Das Pessoas, da Personalidade e da Capacidade: da Pessoa Natural e da Pessoa Jurídica	11
2.1 Das pessoas jurídicas de direito público	19
2.2 Das pessoas jurídicas de direito privado	21
2.2.1 Das associações	22
2.2.2 Das fundações	23
2.2.3 Do terceiro setor	26
2.2.4 Das sociedades	27
2.2.4.1 *Sociedade em comum*	33
2.2.4.2 *Sociedade em conta de participação*	36
2.2.4.3 *Sociedade simples*	39
2.2.4.4 *Sociedade em nome coletivo*	47
2.2.4.5 *Sociedade empresária*	48
2.2.4.6 *Sociedade dependente de autorização*	73
2.2.5 De outras figuras jurídicas despersonalizadas	75
2.2.6 Do empregador no direito do trabalho	78
2.2.7 Das entidades esportivas	83
3 Responsabilidade Patrimonial	85

4	Desconsideração da Pessoa Jurídica	**91**
	4.1 Considerações iniciais	**91**
	4.2 Sistema legal brasileiro e direito do trabalho	**98**
	4.3 Fundamentos legais da desconsideração e entrosamento de sistemas jurídicos	**106**
	4.3.1 Hipóteses fáticas de superação da personalidade jurídica	**109**
	4.3.2 Da hipótese da falência, insolvência e liquidação extrajudicial	**111**
	4.3.3 Dos grupos econômicos e dos consórcios	**127**
	4.3.4 Limite da responsabilidade dos sócios e administradores	**129**
	4.3.5 Alguns aspectos processuais	**138**
	4.3.6 Considerações sobre a as novas reformas legislativas	**143**
Conclusão		**159**
Obras Consultadas		**163**

Apresentação

O Código Civil de 2002 trouxe interessantes inovações no campo do direito das obrigações, que possibilitam equacionar antigos problemas que a doutrina e a jurisprudência enfrentam, destacando-se a questão da responsabilidade.

Questão freqüente que surge nos processos judiciais trabalhistas diz respeito ao fato de que em muitos casos a empresa executada, que é a devedora, não tem patrimônio para saldar suas dívidas, cumprindo ao credor e ao juízo da execução buscar a satisfação do crédito com o patrimônio particular dos sócios da empresa-ré.

Trata-se de questão delicada, ainda porque é preciso estabelecer parâmetros para tal proceder, evitando o clima de instabilidade gerado por atos ilegais e injustos sob o argumento de que o credor não pode deixar de receber seus haveres. A bibliografia a respeito deste relevante tema até então era muito escassa, dificultando as soluções dos problemas daí decorrentes.

Felizmente a Professora Thereza Christina Nahas traz a público seu mais recente livro, *Desconsideração da pessoa jurídica: reflexos civis e empresariais nas relações de trabalho*, obra preciosa sobre o tema, que em muito auxiliará a todos nós na correta equação das variadas questões.

Inicia o livro com o exame da técnica utilizada pelo Código Civil, a unificação do tema do direito das obrigações, estabelecendo a seguir ampla abordagem sobre as pessoas e a capacidade da pessoa natural e jurídica, pressuposto essencial para a correta compreensão dos limites da responsabilidade de sócios e ex-sócios da empresa executada.

Após o exame da responsabilidade patrimonial, ingressa no exame da questão central da desconsideração da pessoa jurídica, fundamento utilizado pela doutrina e jurisprudência trabalhista muito antes de 1990, para justificar a responsabilização do patrimônio do sócio por dívida social não honrada pela executada.

Analisa o sistema legal brasileiro, passando pelo Código de Defesa do Consumidor, que foi o primeiro diploma legal a consagrar a tese da desconsideração, comparando-o com os postulados do Direito do Trabalho e enfocando os fundamentos legais e jurídicos.

Detém-se no exame de hipóteses concretas de superação da personalidade jurídica, dando ênfase às figuras da falência, insolvência civil e liquidação extrajudicial, temas de extrema relevância para o estudo da desconsideração, como se vê no dia-a-dia das lides trabalhistas.

Segue-se o estudo dos grupos econômicos e consórcios, cuja constituição e atuação implicam um sem-número de problemas práticos e teóricos no campo da responsabilidade pelas dívidas sociais, exatamente nos casos em que não reúne a devedora condições para saldar seus débitos.

Como decorrência do rico estudo realizado, concluem o livro o estudo dos limites da responsabilidade de sócios e administradores e o exame de aspectos processuais, tema que reclama urgente estabelecimento de claros parâmetros, a fim de que para reparar situações injustas não sejam cometidas outras injustiças, como vez por outra se constata nas execuções judiciais.

O livro é obra de extrema atualidade e grande importância para o estudo do tema da desconsideração da pessoa jurídica, que está exigindo adequado tratamento quer para evitar que dívidas sociais sejam satisfeitas por artimanhas formais, quer para evitar, por outro lado, o envolvimento e a responsabilização de terceiros vítimas destas mesmas artimanhas engendradas pelos verdadeiros devedores.

O livro *Desconsideração da pessoa jurídica: reflexos civis e empresariais nas relações de trabalho* é uma contribuição séria e oportuna para o debate sobre estas questões em nossa sociedade, sob a ótica jurídico-trabalhista, apresentando conceitos precisos e dotando o leitor de informações seguras sobre o universo em que se insere.

Conheço a Professora e Juíza do Trabalho Thereza Christina Nahas tanto como minha colega de magistratura trabalhista, em que se destaca como juíza das mais dedicadas, além de ser reconhecida por colegas, advogados e serventuários tanto como pessoa de excelente postura, trato afável e seguro, o que irradia segurança e excelente clima de trabalho, quanto por sua atividade acadêmica e no magistério superior.

No Programa de Pós-graduação da Pontifícia Universidade Católica de São Paulo, onde tive a grata satisfação de ser seu professor em Direito Processual do Trabalho, sempre se destacou como aluna interessada, com excelente participação nas aulas e abordagens oportunas, fruto de seus estudos.

Tive a oportunidade de participar da banca examinadora de sua dissertação de mestrado *Legitimidade ativa dos sindicatos na defesa de direitos e interesses individuais homogêneos no processo do trabalho*, tendo sido aprovada com louvor e trazendo à Universidade tema extremamente relevante e novo, que ainda hoje causa dúvida nos meios forenses, mas que tem no livro oriundo da dissertação excelente fonte de solução das questões decorrentes.

Seu desempenho no magistério superior é digno de elogio dos alunos e colegas, quer por sua dedicação, quer por seu talento na transmissão de idéias e sua capacidade de transformar conceitos complexos em informações simples, que todos logramos compreender, o que já tive oportunidade de apreciar felizmente.

Este excelente livro é fruto da tese de doutoramento da Thereza Christina, da qual tive a honra de participar como seu orientador na Pontifícia Universidade Católica de São Paulo, presidindo a banca examinadora composta pelos Professores Doutores Amauri Mascaro Nascimento, Carla Teresa Martins Romar, Luiz Carlos Amorim Robortella e Domingos Sávio Zainaghi, que aprovou a candidata com nota máxima e desempenho digno de louvor.

Thereza Christina Nahas, juíza do trabalho, professora e pesquisadora, desenvolve todas as atividades com dedicação e cuidado, sem descuidar de sua vida pessoal e dando-nos precioso exemplo de que é possível aliar a seriedade no trabalho com o entusiasmo e alegria próprios da juventude, convidando todos ao seu redor a partilharem de seu sucesso.

Este novo livro que nos é apresentado é o resultado do trabalho sério de sua Autora, que tem também a virtude de produzir um estudo importante do ponto de vista acadêmico, mas de extremo valor prático para todos que militamos no mundo do Direito e do Processo do Trabalho.

Professor Doutor Pedro Paulo Teixeira Manus
Juiz do Tribunal Regional do Trabalho da 2ª Região
Doutor e livre-docente em Direito do Trabalho pela PUC-SP
Professor dos cursos de graduação e pós-graduação da PUC-SP
Titular da Academia Paulista de Direito, da Academia Nacional de Direito do Trabalho, da Academia Paulista de Magistrados e do Instituto Iberoamericano de Derecho del Trabajo y de la Seguridad Social

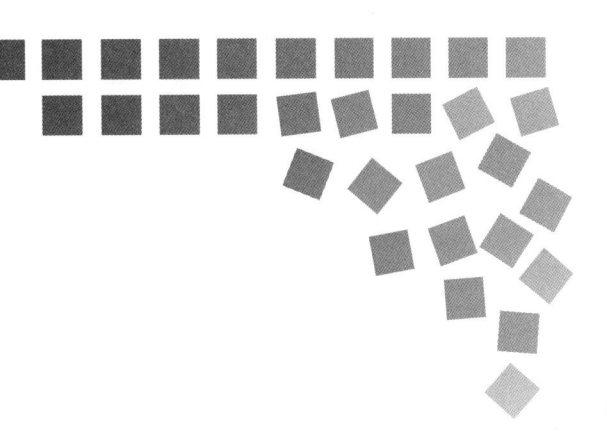

Nota da Autora

Este trabalho é a coroação de longos anos de estudo junto à Pontifícia Universidade Católica de São Paulo, no qual iniciei no curso de especialização em 1994, caminhando até o doutorado. As preocupações com o tema surgiram na cadeira acadêmica em razão de diversos estudos feitos nas decisões e problemas relacionados à execução trabalhista. O processo de execução atormenta desde o legislador até o jurisdicionado, e para compreendê-lo necessários se fazem o conhecimento e o estudo em diversas áreas do Direito, não só naquela em que se está focado. Tive um incentivo sem precedentes do meu orientador *Pedro Paulo Teixeira Manus* na escolha e desenvolvimento do tema, que me guiou de modo decisivo ao desenvolvimento do trabalho.

As diversas alterações da legislação e o modelo nacional contribuíram para deixá-lo ainda mais palpitante.

Foram realizados ajustes, em razão da banca de defesa e das leis posteriores que alteraram o processo falimentar e o processo civil.

Tenho a expectativa de suscitar maior debate sobre o tema, que é atual e merece nossa preocupação em razão dos diversos entendimentos que vêm sendo encontrados na jurisprudência e doutrina modernas.

A Autora

Introdução

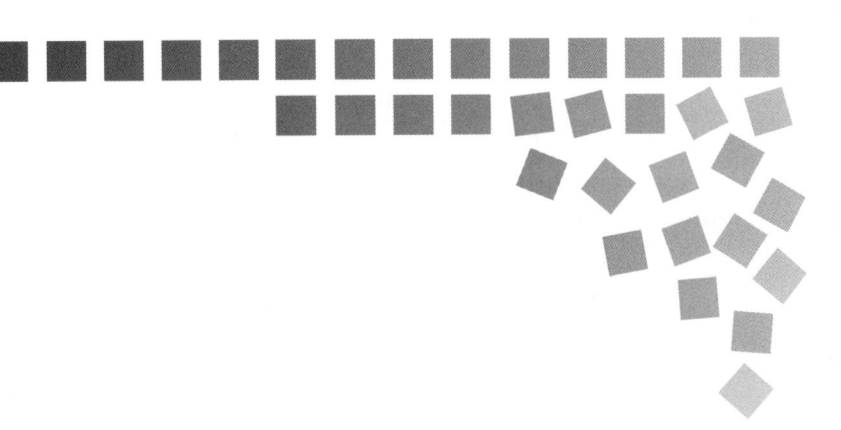

Introdução

O estudo do tema acerca da desconsideração da pessoa jurídica é apaixonante. Numa sociedade capitalista não se pode ignorar a existência de seres que possam alavancar a atividade econômica, permitindo que a sociedade tenha melhor nível social. Não só às empresas interessa a preocupação com a matéria, em razão da circulação de bens e serviços que colocam na sociedade, mas principalmente àquelas pessoas que, suprindo uma deficiência do Estado, se lançam na sociedade com funções tão importantes sem as quais esta não poderia ter o mínimo para assegurar sua dignidade.

Entretanto, nem sempre aqueles que reúnem esforços para desenvolver certa atividade alcançam o êxito esperado no momento da sua criação. Os sistemas jurídicos são ideologicamente suficientes, mas na prática sofrem limitações. O Estado se vê diante de duas grandezas que deve proteger: o interesse daqueles que acreditam nos entes cuja criação se permite para desenvolvimento de certa atividade em benefício de todos; e o interesse daqueles que se dispõem a investir no mercado e não logram alcançar o objeto idealizado, por motivos não queridos ou por situações para as quais às vezes não contribuíram.

Não podemos partir da visão distorcida de que todo aquele que acaba por não ter êxito nos seus negócios estaria agindo de má-fé. Não podemos olvidar que o Brasil é um país de difícil economia, onde não se tem segurança de moeda, de investimentos ou de política de governo. Fomos assolados outrora por diversos planos econômicos e bloqueio de contas que levaram empresas sólidas a baixar suas portas. Sem falar nas alterações de taxas e regras praticadas pelo Banco Central, que a cada novo governo ganham contornos não imaginados, esperados ou presumidos.

Somem-se, ainda, as grandes mudanças provocadas pela globalização e pela facilidade de investimentos e propostas sedutoras de outros países tão ou mais pobres que o Brasil, que permitem o barateamento dos produtos e de sua produção.

Tudo está interligado. Noticiam-se repetidamente nos diversos meios de comunicação a dificuldade do emprego e a crise que atravessa o país, e que não são só nossas, mas de outros países também. Os Estados Unidos, país com a maior desregulamentação econômica, acabam de aprovar na Câmara projeto de lei que visa cortar o pagamento de 150% das horas extras para empregados que recebam mais de US$ 20 mil por ano. Frise-se que há inúmeras liberalizações na legislação trabalhista e, há muito, os americanos não possuem férias e licenças remuneradas e pagamento de décimo terceiro salário. Os estudos desenvolvidos nos países europeus e americanos são fundados na proteção do trabalho e não do emprego, como no modelo tradicional, existente em nosso país.

Juntamente com todas essas mudanças que vimos sofrendo, causadas, principalmente, pela revolução tecnológica, é que o Estado deve, na mesma proporção, garantir o negócio jurídico, realizado de acordo com sua função social e com o princípio da boa-fé.

Por isso, reconhece-se a importância das pessoas jurídicas ou patrimônios que movimentam a vida dos mercados, sem que isso cause irresponsabilidade nos negócios que pratiquem.

Diante disso é que partimos do estudo da importância de unificação do sistema do direito das obrigações e das técnicas utilizadas pelo legislador civil das cláusulas gerais e conceitos legais indeterminados que submeteram todos os institutos a sua obediência. O direito empresarial atinge contornos mais amplos, trazendo uma divisão mais equilibrada e de conteúdo mais satisfatório ao tratamento das pessoas jurídicas com ou sem personalidade.

Passamos ao estudo das pessoas físicas e jurídicas e da personalidade. Parece-nos importante elencar e diferenciar cada uma delas com suas peculiaridades e objetivos, a fim de delimitar sua ação e o tratamento jurídico que a elas foi dispensado. Traçamos a divisão que nos parece mais adequada diante do novo sistema empresarial, principalmente porque carece o estudioso da matéria trabalhista de tal cenário, o que acaba por dificultar o trato diário com as pessoas jurídicas, permitindo que se dispensem, no mais das vezes, soluções idênticas para casos absolutamente diversos.

No Capítulo 3 vamos referir-nos à questão da responsabilidade patrimonial, pois não haveria sentido, pensamos, em ignorar tal instituto, já que a principal razão do estudo é saber qual o patrimônio que irá responder pelas obrigações negociais assumidas.

Só depois passamos ao instituto da desconsideração da pessoa jurídica. Definir o tema e entendê-lo é primordial para poder aplicá-lo. O instituto da desconsideração da pessoa jurídica era matéria tratada apenas na jurisprudência, que somente passou a ser legislada a partir de 1990 com a edição do Código de Defesa do Consumidor. Defendemos que o legislador criou dois critérios para responsabilizar administradores e sócios nas situações de desafetação da pessoa jurídica. De um lado, estabelece que pessoas físicas que a constituem terão responsabilidade solidária, sem que isso importe quebra do princípio da autonomia patrimonial. Por outro lado, dispõe que será possível penetrar-se na pessoa jurídica a fim de que o patrimônio de seus sócios e/ou administradores responda pelas obrigações contraídas em virtude do mau uso da pessoa jurídica, sem que isso a anule.

Frise-se que não abrimos capítulo específico para o estudo estrangeiro. Não que seja menos importante que os demais tópicos tratados. Todavia, preferimos dissecar nosso próprio direito, que apresenta riqueza de norma e base jurisprudencial muito profunda. O paradigma estrangeiro é citado em diversas passagens, mesmo porque a entrada em nosso país da tese da desconsideração se deu por aplicação das comparadas jurisprudências americana e alemã, estudadas pelo Professor Rolf Serick, em sua tese confeccionada para concurso à docência na Universidade de Tübingen.[1] Certamente, as primeiras comunidades a aplicar a solução foram os tribunais ingleses e americanos em seus *cases*.

Pudemos inferir que as cortes americanas e alemãs continuam a utilizar a teoria fundada na aplicação da solução ao caso concreto, não existindo, como no Brasil, a regra expressa com elenco de situações fáticas em que poderá ocorrer a decretação de desconsideração.

Não é que no sistema do *common law* americano não haja nenhum direito escrito sobre a relativização da pessoa jurídica. Há, por exemplo, o

> *Uniform Fraudulent Conveyance Act*, cujo art. 9º assegura aos credores a possibilidade de obterem declaração judicial de todo ato de transferência de bens pertencentes aos devedores, em fraude a credores: "As against any person except a purchaser for fair consideration without knowledge of the fraud at time of the purchase, or one who has derived title immediately or mediately from such a purchaser.[2]

---

[1]DALLARI, Zelmo. *O Código de Defesa do Consumidor comentado pelos autores do anteprojeto*. 5. ed. São Paulo: Forense Universitária, 1997. p. 190.
[2]SANTOS, Hermeliano de Oliveira. *Diretrizes para a aplicação da doutrina de desconsideração da personalidade jurídica*: a responsabilidade patrimonial na execução trabalhista. 2003. Tese (Doutorado) – Departamento de Direito do Trabalho, Universidade de São Paulo, São Paulo, p. 123.

No direito argentino há normas de proteção ao credor e terceiros que são lesados por ato da pessoa jurídica, imputando-se aos sócios ou administradores a responsabilidade solidária pela reparação do dano. Citemos, assim, duas leis importantes sobre o tema que estão assim dispostas:

Ley 22.903 de Sociedades Comerciales
Art. 54. Dolo o culpa del socio o del controlante. – El daño ocurrido a la sociedad por dolo o culpa de socio e de quienes no siéndolo la controlen, constituye a sus autores en la obligación solidaria de indemnizar, sin que puedan alegar compensación con el lucro que su actuación haya proporcionado en otros negocios.

El socio o controlante que aplicar los fondos o efectos de la sociedad a uso o negocio de cuenta propia o de terceros está obligado a traer a la sociedad las ganancias resultantes, siendo las pérdidas de su cuenta exclusiva.

Inoponibilidad de la personalidad jurídica. La actuación de la sociedad que encubra la consecusión de fines extrasocietarios, constituya un mero recurso para violar la ley, el orden público o la buena fe o para frustrar derechos de terceros, se imputará directamente a los socios o a los controlantes que la hicieron posible, quienes responderán solidaria e ilimitadamente por los perjuicios causados.

Ley 22.903 de Sociedades Comerciales
Art. 18. Responsabilidad de los administradores y socios. (Tercer párrafo) – Los socios, los administradores y quienes actúen como tales en la gestión social responderán ilimitada y solidariamente por el pasivo social y los perjuicios causados.

Nesse diapasão, seguem-se diversas normas de proteção na lei argentina, mas não igualmente com a precisão e disposição existentes no Brasil, aqui por nós defendida. No direito argentino, basicamente, pode-se dizer, a jurisprudência tem aplicado o instituto em situações de violação à legítima hereditária; afetação dos direitos dos cônjuges ou de terceiros; fraudes impositivas ou violação de proibição. Não há, por assim dizer, um ordenamento legislado relativo à desconsideração da pessoa jurídica como se formou no Brasil.

Portanto, preferimos debruçar-nos mais intensamente na nossa própria legislação. A Consolidação das Leis do Trabalho não constitui um conjunto de normas isoladas. Necessário se faz conhecer outros sistemas jurídicos, mesmo porque o ordenamento celetista não tratou da matéria acerca da desconsideração da pessoa jurídica e os operadores do direito não podem resolver questões de alta relevância para a efetividade do processo sem conhecer os limites e a constituição das pessoas jurídicas.

A aplicação cada vez mais descriteriosa da norma processual e material trabalhista causa uma insegurança jurídica absurda. O mundo do direito do trabalho não tem como atingir sua finalidade se o intérprete não for buscar a solução do problema na fonte adequada. Daí a necessidade do estudo de como os institutos civis e empresariais atingem o direito do trabalho e de como se torna possível resolver as mais intrincadas questões do dia-a-dia, sem que isso represente afronta aos diversos sistemas jurídicos nacionais, tornando possível que possa ser respeitado o postulado constitucional do devido processo legal.

Nesta segunda edição, preocupamo-nos com o estudo da Lei nº 11.101/2005, que, na época em que a 1ª edição desta obra foi lançada era, ainda, um projeto com grandes discusões no Congresso Nacional. Analisamos, assim, como esta nova lei tratou da quebra ou recuperação da empresa, das empresas excluídas do seu regime e da responsabildiade dos sócios e administradores.

Por fim, abrimos um último subtítulo com algumas considerações sobre a nova ordem processual civil, que altera, pensamos nós, substancialmente o processo trabalhista.

Insistimos em que o tema é novo e tem provocado acaloradas discussões, podendo sofrer alterações em razão dos projetos de lei que correm para reforma da Consolidação das Leis do Trabalho.

Capítulo 1

Da Técnica Utilizada pelo Legislador do Código Civil de 2002 e da Unificação do Direito das Obrigações

O projeto do Código Civil foi aprovado pela Câmara dos Deputados em 1984. A versão original do projeto foi apresentada pela primeira vez em 1972 e revista em 1973 pela própria comissão.[1] Houve razões importantíssimas, de ordem histórica, para que ocorresse a demora na aprovação, sendo que uma das principais foi a transição do regime militar para o democrático. Além disso, o projeto do Código passou por profundas alterações que vão desde sua estrutura até a regulamentação de matérias fundamentais à vida individual e em sociedade.

Lembra Ricardo Fiúza que, já na exposição de motivos do Projeto em 1972, o Prof. Miguel Reale assim disse:

> Se foi mantido o modelo do Código de 1916, foram introduzidas, todavia, notáveis modificações na Parte Geral, enriquecida por vários dispositivos, a começar pelos concernentes aos direitos da personalidade, consoante vem sendo reclamado pela doutrina nacional e estrangeira, e já é objeto de disciplina nas mais recentes codificações.[2]

---

[1] O anteprojeto do Código Civil foi publicado no *Diário Oficial*, em 7 de agosto de 1972, resultando dos esforços de juristas como Miguel Reale, José Carlos Moreira Alves, Agostinho de Arruda Alvim, Sílvio Marcondes, Eberti Chamoum, Clóvis do Couto e Silva, Torquato Castro.
[2] FIÚZA, Ricardo. "Novo Código Civil: principais alterações na Parte Geral". *Jus Navigandi*, Teresina, ano 5, nº 47, nov. 2000. Disponível em: http://www1.jus.com.br/doutrina. Acesso em: 28 jan. 2003.

Assim, após diversas alterações, críticas e estudos, a Lei Civil veio a ser aprovada em 10/1/2002, data de sua publicação, entrando em vigor em 10/1/2003, com *vacatio legis* de 12 meses. Infere-se de sua redação a utilização da técnica do legislador italiano de 1942, adotando-se parcialmente a tese monista de unificação do direito das obrigações, e, ainda, normas existentes na legislação alemã, preferindo o legislador, inclusive, disposições muito similares a esta última, quer no que diz respeito à organização do Código, quer no que concerne às normas que ele contém.

O projeto original foi alterado, principalmente porque o legislador passou a optar por uma sistemática de microssistemas, critério esse que só veio a ser incrementado com o passar dos anos. Assim, deixou ao direito privado uma regulamentação geral e criou sistemas paralelos em atendimento mais eficaz aos reclamos sociais e que pudessem atender à sociedade de massas que se formou.

Já naquela época propugnava-se por um sistema mais eficiente de direito, visando à regulamentação das relações privadas, com conotação mais inclinada para o social e menos para o individual. A socialização do direito nada mais significa do que a garantia do próprio direito individual, estando já consagrada e reconhecida a pessoa humana.

Tenhamos por paradigma o direito português, que sofreu influências similares. Não podemos olvidar que nosso direito deita raízes no português, do qual por muito tempo passamos a receber a mesma regulamentação.[3] João de Matos Antunes Varela colocou em relevo em seu discurso de apresentação perante a Assembléia Nacional Portuguesa as diretrizes fundamentais do Projeto lá apresentado, ressaltando, entre outras, as seguintes:

---

[3]Lembra-nos Eduardo Espínola que o manancial mais importante de direito civil vigente no Brasil foram as Ordenações Filipinas, tendo D. Pedro I prometido, em 25/3/1824, sob o juramento da Constituição então promulgada, um código civil e criminal. Este último veio em 1830; em 1850, parte do direito privado foi codificada no Código Comercial e as relações comuns continuaram a ser reguladas por legislação anacrônica. O primeiro projeto de código civil foi idealizado por Teixeira de Freitas em 1858, e, após diversas divergências e outros três projetos – de Nabuco de Araújo, de 1878, encomendado em 1872; de Felício dos Santos, iniciado em 1878; e de Coelho Rodrigues, iniciado em 1890 e concluído em 1893 –, é que se encomendou, em 1889, o Projeto do Código de 1916 a Clóvis Beviláqua. Este último submeteu o Projeto ao Congresso em 1900 e teve seu primeiro parecer com muitas alterações que lhe foram introduzidas em 18/1/1902. Só em 1912 o Senado remeteu o Projeto à Câmara, após alterações, discussões e pareceres contra e a favor (a maior parte das emendas referia-se à redação). Em 1915, a Câmara decidiu aprovar a maior parte das emendas do Senado. Somente após a reunião das comissões do Senado e da Câmara é que, em dezembro de 1915, aprovou-se a redação definitiva, sendo sancionado e promulgado o Decreto 3.071, em 1º/1/1916, que dispunha sobre o Código Civil, com *vacatio legis* de um ano (*Sistema do direito civil*. Edição histórica. Rio de Janeiro: Editora Rio, 1977. p. 9-21).

1ª A acentuação social, ainda moderada, do direito privado moderno, a qual se traduz no criterioso cerceamento dos princípios da liberdade negocial e da autonomia da vontade, no apreciável engrossamento das regras imperativas destinadas a esconjurar os perigos da desigualdade econômica ou social ou sujeitos da relação jurídica, no maior relevo concedido aos ditames da boa-fé e aos postulados da justiça comutativa, e ainda no apelo mais freqüente que a lei faz aos juízes de eqüidade do julgador; 2ª A reacção contra o positivismo jurídico, expressa na confissão aberta, franca, da insuficiência da lei perante os problemas sujeitos ao império do direito, na relevância jurídica de outros complexos normativos e no reconhecimento da existência de outras ordens disciplinadoras da conduta humana dentro do espaço normalmente reservado à legítima soberania do Estado.[4]

Há muito tempo, portanto, já se fala em regulamentação de relações que estejam mais voltadas ao atendimento dos reclamos sociais, o que se percebe, principalmente, nos novos tratamentos estabelecidos, por exemplo, às relações familiares e à limitação da liberdade contratual e de propriedade. Observe-se que a discussão por um direito civil mais social não foi privilégio somente da lei brasileira.

Sobre bases muito similares às do direito português, o direito nacional construiu uma estrutura calcada, também, na busca de amoldar-se de forma mais eficiente às relações pessoais e patrimoniais ocorrentes no dia-a-dia social.

Os diversos microssistemas referidos foram responsáveis pela inovação anterior da situação jurídica, o que aconteceu com relações de consumo e relativas à locação.

As relações trabalhistas já vinham sendo tratadas como uma espécie especial de situação jurídica, cuja tônica era a prestação de trabalho subordinado. Em razão da especialidade que a Consolidação lhes deu, muitos sustentaram que o direito do trabalho teria deixado de pertencer ao direito privado. Uns, pelo objetivo de desvinculá-lo de uma vez por todas dos princípios individualistas que o direito privado tinha; outros, simplesmente, por não conseguir enquadrá-lo na sistemática da relação privada civil principalmente pela desigualdade das partes no tratamento legislativo.

Parece-nos que ambas as posições caem por terra diante das transformações ocorridas no trato do direito das obrigações.

---
[4]*Do projecto ao Código Civil*. Lisboa: Imprensa Nacional de Lisboa, 1967. p. 15-17.

O direito do trabalho faz parte do sistema do direito privado, pertence a um dos microssistemas criados pelo legislador. Não pode pertencer ao direito público, posto que a base de tratamento legal e principiológica é absolutamente com ele incompatível. Ao direito público cabe a regulamentação do Estado em suas relações. Igualmente, não cabe na terminologia de direito social,[5] posto que as relações trabalhistas são nitidamente de caráter privado e não absolutamente social. Poderíamos, sim, chamar de sociais, por exemplo, as ações de organizações não governamentais, o que difere absolutamente do caráter privado das relações trabalhistas. A proteção legislativa que se estende à relação de emprego, enquanto tal, visa à proteção do trabalho subordinado e não necessariamente do empregado ou empregador. Diz-se, então, que o direito do trabalho faz parte do direito privado, mas está sujeito a normas que se sociabilizaram, principalmente por conta da função social do contrato, que é fundamento do contrato privado.

As relações de consumo interessam ao Estado e, na mesma intensidade, a relação de emprego, já que se vê o Estado capitalista no dever de manter a circulação de bens e riquezas, a fim de conservar sua sobrevivência e autonomia.

Portanto, como se vê, ao menos desde a criação do projeto do Código Civil, há a intenção de que o Estado participe das relações jurídicas. Isso fez com que aquilo que parecia ser privilégio do direito do trabalho e depois do direito do consumidor passasse a ser, também, do Direito Civil e Empresarial como, por exemplo, a limitação da liberdade de contratar e a ingerência do Estado legislador e julgador nas relações jurídicas negociais. Este fato, todavia, não fez com que os ramos civis e empresariais deixassem de pertencer ao direito individual.[6]

O que ocorre é que o direito se socializou, não restando alternativa ao legislador, diante do surgimento das sociedades de massas e da necessidade de o Estado manter o controle sobre a produção e ordem econômica, senão a de regulamentar as relações com ênfase no social e não mais no privado. Tal intervenção não significa

---

[5]Os que enquadram o direito do trabalho como direito social entendem que há uma "(...) socialização do direito em oposição ao direito individual, com a qual ocorre a supremacia ou o primado do direito coletivo sobre o direito individualista, à maneira da concepção romana ou liberal clássica" (SÜSSEKIND, Arnaldo et al. *Instituições de direito do trabalho*. 13. ed. São Paulo: LTr, v. 1, p. 121). E, continua ensinando Süssekind, rebatendo esta teoria, "(...) a ninguém é lícito negar essa tendência socializadora, bem como as novas instituições e relações jurídicas de finalidades marcadamente sociais criadas em nossa época, é indubitável, contudo, que a socialização do Direito concerne a relações jurídicas dos mais variados matizes, inclusive àquelas que sempre pertenceram e ainda integram o campo do direito privado" (op. cit. p. 122).
[6]Cumpre lembrar que após as Revoluções Francesa e Industrial o Estado assumiu as rédeas da administração e passou a interferir em todas as relações, sem contudo assumir com isso um caráter ditatorial e limitar a autonomia privada.

que se mutile o pluralismo jurídico, ao contrário, representa seu próprio fortalecimento, permitindo a participação estatal e a garantia dos próprios direitos individuais e coletivos, reconhecidos na Carta Constitucional.

Não é por outra razão que, mais do que nunca, se fala em função social do contrato e da propriedade e unificação da teoria do direito das obrigações.

Nesse diapasão, nos ensina o Prof. Miguel Reale que

> em um País há duas leis fundamentais, a Constituição e o Código Civil: a primeira estabelece a estrutura e as atribuições do Estado em função do ser humano e da sociedade civil; a segunda se refere à pessoa humana e à sociedade civil como tais, abrangendo suas atividades essenciais. É claro que nas nações anglo-americanas, de tradição costumeira-jurisprudencial, não há códigos privados, mas não deixa de haver normas civis básicas no sistema do *common-law* (...). É a razão pela qual costumo declarar que o Código Civil é "a constituição do homem comum", devendo cuidar de preferência das normas gerais consagradas ao longo do tempo, ou então, de regras novas dotadas de plausível certeza e segurança, não podendo dar guarida, incontinenti, a todas as inovações ocorrentes. Por tais motivos não há como conceber o Código Civil como se fosse a legislação toda de caráter privado, pondo-se ele antes como a '"legislação matriz", a partir da qual se constitui "ordenamentos normativos especiais" de maior ou de menor alcance, como, por exemplo, a lei das sociedades anônimas e as que regem as cooperativas, mesmo porque elas transcendem o campo estrito do Direito Civil, compreendendo objetivos e normas de natureza econômica ou técnica, quando não conhecimentos e exigências específicas.[7]

As normas sobre interpretação se socializam. Por outro lado, o texto constitucional de 1988 foi publicado num contexto histórico em que se buscavam maior liberdade e garantia de direitos individuais e sociais com ingerência responsável e efetiva do Estado. Pode-se afirmar que em 1988, com a promulgação da Carta Constitucional, o Brasil marca o início da sua democracia e assume a responsabilidade de ser, efetivamente, um Estado Democrático de Direito. O princípio do devido processo legal, mais do que nunca, é voltado à garantia dos direitos materiais e da realização da norma objetiva. Plagiando João de Matos Antunes Varela,

---

[7]REALE, Miguel. Visão geral do Projeto de Código Civil. *Jus Navigandi*, Teresina, ano 4, nº 40, mar. 2000. Disponível em: http://www1.jus.com.br/doutrina. Acesso em: 26 jan. 2003.

os códigos não são meras exposições académicas (sic) de princípios, em que o autor se limite a proclamar a boa doutrina, sem a pretensão de impor a sua observância a quem quer que seja. Muito pelo contrário, a lei é um instrumento prático de acção (sic), posto ao serviço de uma ou mais vontades a que os preceitos constitucionais outorgam foros de soberania. É o meio normal de expressão de um pensamento, mas de um pensamento real, concreto histórico, nascido na inteligência de quem compõe, assina ou vota o texto legal, e não na pura representação gráfica de uma vontade ficta, abstracta (sic), insuflada de fora para dentro nas entranhas impostas da lei. Sem a força e a musculatura que lhe dá a vontade real do autor, a lei assemelhar-se-ia a um peso morto, a um simples esqueleto de regras, não seria o corpo vivo, actuante (sic), de que o organismo social carece para assegurar a disciplina do seu desenvolvimento.[8]

Assim, importa ressaltar que o direito do trabalho nacional está subordinado ao sistema unificado de obrigações criado pelo sistema geral. Não olvidemos que a Consolidação das Leis do Trabalho dispõe sobre a aplicação subsidiária do direito comum (art. 8º). Entenda-se por direito comum, na atual sistemática, a permissão de aplicação supletiva, inclusive, de normas regulamentadoras do direito das relações de consumo, já que a base de princípios do Código de Defesa do Consumidor se aproxima da base celetista. O direito não é um conjunto de normas isolado. Vivendo num sistema unificado, mais razão há, ainda, para se aplicar normas e interpretações que não se repelem, sem olvidar que a proteção constitucional que se estende à ordem econômica do Estado traz como princípio, entre outros, a *busca do pleno emprego* (art. 170, VII).

Notas características dessa socialização se encontram em diversos pontos do novo Código. As principais nos parecem ser as cláusulas gerais e conceitos legais indeterminados que conferem ao operador poder de interpretação e aplicação da norma, nunca antes imaginado. O Código de Defesa do Consumidor e a Consolidação das Leis do Trabalho trouxeram normas menos rígidas, mas o novo Código Civil amplia esta abertura, deixando clara a opção do legislador por normas de conteúdo aberto, o que serve melhor à adequação de relações modernas, já que é indiscutível que o processo legislativo não pode acompanhar a dinâmica da sociedade.

Poder-se-ia dizer que quiçá os juízes não estejam preparados para receber tamanho poder. Todavia, não se pode olvidar que os juízes são representações do Esta-

---

[8]*Do projecto ao Código Civil*. Lisboa: Imprensa Nacional de Lisboa, 1967. p. 24-25.

do, que no exercício da jurisdição exercem poderes que a soberania estatal deve possuir a fim de manter a ordem interna. A jurisprudência já vem tendo um relevante papel de sistematização e interpretação do direito e, além disso, muito do que se tem por "novidade" já vinha sendo solucionado pelos tribunais da forma como hoje passou a constar na nova legislação. Vejamos, por exemplo, o instituto que trata do *disregard of legal entity*.

A incursão em nosso sistema de cláusulas gerais e conteúdos legais indeterminados permite a melhor adequação da norma aos fatos sociais. Para que tais cláusulas possam ser invocadas, necessário que o seu uso seja realizado no ambiente em que a mesma é tratada. Assim, por exemplo, para que se trate da boa-fé na contratação, o intérprete deve estar diante de contratos. O fato legislativo é absolutamente cristalino. As novas disposições não são improvisadas. Ao contrário, foram longamente estudadas durante anos por especialistas voltados à realização de uma sociedade mais justa e um Estado mais eficiente.

Certamente nos ocuparemos em diversas passagens de dois institutos criados pela lei nova: o das cláusulas gerais e o dos conceitos legais indeterminados.

Cláusulas gerais, assim, referem-se a expressões postas na legislação com conteúdos absolutamente abertos e sem previsão de resultado para a sua ocorrência. Isso possibilita que o sistema possa acolher mudanças que sejam supervenientes à norma, sem que seja necessário alterar a norma em si, posto que seu conteúdo é aberto, a ponto de possibilitar a tutela de uma gama de situações e casos indeterminados. São normas de conteúdo incompleto e essa

> *incompletude* das normas insertas em cláusulas gerais significa que, não possuindo uma *fattispecie* autônoma, carecem ser progressivamente formadas pela jurisprudência, sob pena de restarem emudecidas e inúteis. Significa, também, que o juiz tem o dever, e a responsabilidade de formular, a cada caso, a estatuição, para o que deve percorrer o ciclo do reenvio, buscando em outras normas do sistema ou em valores e padrões extra-sistemáticos os elementos que possam preencher e especificar a moldura vagamente desenhada na cláusula geral (...). Os elementos que preenchem o significado da cláusula geral não são, necessariamente, elementos jurídicos, pois advirão diretamente da esfera social, econômica ou moral. O seu recebimento pela cláusula geral torna-se compreensível se tivermos presente que esta constitui um modelo jurídico complexo e de significação variável. É complexo porque, emoldurado em determinada fonte legislativa, tem a sua *fattispecie* completada por meio da concreção de elementos cuja origem imediata estará situada na fon-

te jurisprudencial, possuindo significação variável posto alterar-se, esta, "*em virtude de alterações factuais ou axiológicas co-naturais às relações regradas*".[9]

O novo sistema está repleto de cláusulas gerais, permitindo que o juiz possa avaliar se determinada contratação foi realizada ou não de acordo com a função social do contrato e a boa-fé, aplicando-lhe os efeitos e conseqüências jurídicas (art. 421 do Código Civil).

Quanto aos conceitos legais de conteúdo indeterminado, referem-se a expressões ou frases dispostas na lei, cujo conteúdo e extensão são absolutamente vagos e permitem, assim, a adequação à hipótese concreta, justamente porque a lacuna que apresentam serve à aplicação adequada da lei, dizendo se a norma irá ou não incidir na situação trazida. Sobre o tema, lembra Rosa Nery,[10] o juiz não tem nenhuma função criadora, mesmo porque o resultado já está preestabelecido na lei. É esta última que traz o conceito e as conseqüências que advirão da ocorrência do fato. Veja, por exemplo, a hipótese do art. 478 do Código Civil em que o legislador permite a resolução do contrato por onerosidade excessiva, conceito este que será determinado de acordo com o caso concreto e segundo as circunstâncias apuradas.

Essa técnica utilizada pelo legislador no novo ordenamento civil já foi outrora considerada no Código de Defesa do Consumidor e na própria Consolidação das Leis do Trabalho, principalmente nas questões afetas aos dissídios coletivos, em que o tribunal pode ou não aplicar normas previstas em instrumentos anteriores, aplicando a melhor norma a fim de conservar a relação de emprego.

Cláusulas gerais e conceitos legais indeterminados são ínsitos às modernas codificações e vêm sendo utilizados como técnica legislativa desde a segunda metade do século passado.

O Código Alemão de 1900 é a grande fonte de inspiração e paradigma dos códigos atuais. É uma legislação que fixa de modo claro e completo idéias novas e adequadas a resolver as situações do dia-a-dia, com predominância de idéias humanitárias e sociais. Tal se deve ao sistema de cláusulas gerais. A finalidade dessas normas serve justamente a evitar lacunas. E foi sob tal influência que a maior parte dos países sul-americanos, principalmente o Brasil no Código de 1916, recorreu

---

[9]COSTA, Judith Hofmeister Martins. "O direito privado como um 'sistema em construção': as cláusulas gerais no Projeto do Código Civil brasileiro". *Jus Navigandi*, Teresina, ano 4, nº 41, maio 2000. Disponível em: http://www1.jus.com.br/doutrina. Acesso em: 10 mar. 2003.
[10]NERY JR., Nelson; NERY ANDRADE, Rosa Maria de. *Novo Código Civil e legislação extravagante anotados*. São Paulo: Revista dos Tribunais, 2002. p. 4-7.

ao ordenamento alemão como modelo de legislação, seja pelo seu espírito, seja pelas inovações propostas. Ensina Victor Loewenwarter que,

> por sus normas sorprendentemente precisas, este gran cuerpo legal formó la base para el desarrollo moderno del Derecho Civil. Este efecto revolucionario es debido ante todo a ciertas válvulas es decir, cláusulas generales, muy elásticas, que garantizan en cada momento una jurisdicción equitativa sobre intereses contrapuestos.[11]

A tentativa de se unificar o sistema de obrigações no direito brasileiro vem desde 1867 com o primeiro Projeto de Código Civil, que foi apresentado por Teixeira de Freitas. Muitas vozes se levantam contra o sistema de unificação. Entre eles está Marco Aurélio Gumieri Valério, que, em excelente artigo acerca de unificação, sustenta que,

> sem sombra de dúvidas, a dinamicidade da matéria comercial suscitará uma série inexorável de legislações aditivas, pois, a mobilidade econômica não se sujeitará, por longo tempo, às contingências e tradicionalismos das doutrinas civilistas. Nas palavras de Marcio Antônio Inacarato, "a prática virá a demonstrar-lhes, contudo, num curto espaço de tempo que o direito comercial tenderá a alhear-se à disciplina legal civilista e um sem-número de legislações extravagantes surgirão para contrariar a regra geral estabelecida" (1973, p. 99). Em derradeiro, aponta-se o problema das debilidades terminológicas e conceituais, além do número expressivo de emendas no legislativo que concorrem para a imperfeição da operação e difusão de lacunas no texto legislativo. Tal fenômeno, não obstante censura, se observa na elaboração do Código Civil Unificado.[12]

Não somos contrários ao sistema de unificação, uma vez que não obstante as diversas críticas feitas à opção legislativa procura atender, cada vez mais, microssistemas voltados a regulamentação de matérias que são específicas e reclamam tratamento diferenciado justamente por não se amoldar ao sistema geral. Parece-nos que a intenção legislativa é justamente a de não limitar a interpretação e aplicação da norma, ou seja, permitir que novos sistemas e relações jurídicas surjam sem que isso crie lacunas na lei que não possibilitem que se possam resolver ques-

---

[11] *Derecho civil alemán comparado, con las características del derecho comercial*. 2. ed. Santiago: Editorial Nascimento, 1943. p. 10.
[12] Ainda sobre a unificação do direito privado no Brasil: *Jus Navigandi*, Teresina, ano, 6, nº 55, mar. 2002. Disponível em: http://www1.jus.com.br. Acesso em: 26 jan. 2003.

tões que são trazidas com a legislação que teria ficado defasada com o decurso do tempo.

O legislador nacional abeberou-se da regulamentação alemã e italiana. Unificou o direito das obrigações e optou por tipos abertos e sistematização alemã. Entendemos, assim, que os institutos se modernizaram.

No direito do trabalho, assim, iremos valer-nos da legislação específica ao trabalho subordinado, já que a prestação de serviços *que não estiver sujeita às leis trabalhistas ou a lei especial reger-se-á pelas disposições do Código Civil* (art. 593 do Código Civil). Considerando a similaridade de princípio, podemos utilizar normas previstas no Código de Defesa do Consumidor, microssistema próximo ao trabalhista, principalmente no que diz respeito ao princípio protetivo – base essa de interpretação principiológica. E, por fim, nas disposições do próprio Código Civil por disposição e remissão expressa da Consolidação das Leis do Trabalho (art. 8º), o que nos remete, obrigatoriamente, à base obrigacional e contratual desse ordenamento.

A Consolidação das Leis do Trabalho possui regras específicas, disso não podemos nos olvidar. Dessa forma, institutos como, por exemplo, o de sucessão de empresas, conceito de grupo econômico, empregado e empregador, merecem ser resolvidos pela lei específica, já que não se vislumbra lacuna. Apenas em situações não regulamentadas e lacunas é que vamos nos socorrer daqueles outros dois ordenamentos, sendo certo que, para a questão aqui proposta, certamente buscaremos a regra nos demais ordenamentos jurídicos, já que a Consolidação não possui regras a respeito e as disposições legais trabalhistas são insuficientes para a resolução da matéria da desconsideração da pessoa jurídica. Necessária se faz, portanto, a interpretação sistemática, com os olhos no direito de empresa.

Cumpre, por fim, referirmos ao entendimento consubstanciado no Enunciado 75, aprovado na jornada de direito civil promovida pelo centro de estudos judiciários do Conselho da Justiça Federal, sob a coordenação do Ministro Rui Rosado, do STJ (de 11 a 13/9/2002), que dispõe, *in verbis*: "*Art. 2.045: a disciplina de matéria mercantil no novo Código Civil não afeta a autonomia do Direito Comercial.*"

O Código Civil entrou em vigor em 10/2/2003, tendo o legislador concedido às sociedades, associações e fundações prazo de um ano para se adaptarem às regulamentações da lei nova (art. 2.031 do Código Civil). Portanto, somente ficarão sujeitas ao regime da lei anterior as pessoas jurídicas cuja liquidação tenha iniciado antes da vigência do novo Código; no mais, o regime aplicável é o novo.

Capítulo 2

Das Pessoas, da Personalidade e da Capacidade: da Pessoa Natural e da Pessoa Jurídica

A idéia de personalidade está umbilicalmente ligada à questão da pessoa. Em Roma, pessoa significava a

> máscara trágica que engrossava a voz do ator e também a máscara dos ancestrais que se apresentava em cortejos fúnebres. Desse sentido passou para o direito, tomando um sentido jurídico. *É para as pessoas que o Direito foi feito* (*Inst.*, 2,12), e *persona* foi conceituada como sendo o ser humano capaz de direitos e obrigações.[1]

No direito francês e no italiano, utiliza-se a expressão *pessoa física* para referir-se à pessoa humana. Também, no direito nacional esta expressão é utilizada no direito tributário. Caio Mário da Silva Pereira,[2] por exemplo, prefere a expressão *pessoa natural*, por entender insuficiente o termo *pessoa física* para designar todos os atributos da pessoa humana. Sílvio Venosa[3] e Pontes de Miranda,[4] a quem acompanhamos, utilizam indiscriminadamente as terminologias *pessoa física ou natural* para indicar o Homem como sujeito de direitos e obrigações na esfera jurídica e social.

---

[1] SERPA LOPES, Miguel Maria de. *Curso de direito civil*. 8. ed. Rio de Janeiro: Freitas Bastos, 1996. v. 1, p. 281.
[2] *Instituições de direito civil*. 19. ed. Rio de Janeiro: Forense, v. 1, p. 143.
[3] *Direito civil*: parte geral. 3. ed. São Paulo: Atlas, 2003. v. 1.
[4] *Tratado de direito privado*: parte geral. Campinas: Bookseller, 1999. p. 209.

O conceito de *persona* evoluiu. Nos primórdios do direito romano, era considerada pessoa somente homem; depois, passou o conceito a referir-se ao sujeito de direitos, não se incluindo aqui os escravos que eram *res*, isto é, objeto de direito, de sorte que, considerando a divisão romana, tornava-se necessário para ser sujeito de direito que, além da qualidade de homem, seria preciso ser livre e ser cidadão para as relações civis, ou seja, possuir o *status libertatis* e *status civitatis*.[5]

Pessoa, em princípio, é o *ser humano*, mas o direito permite criações artificiais, fundado no próprio interesse humano, de certos entes que se apresentam agrupados e outros que, sem ter corpo certo, são visíveis aos olhos sociais e que o jurista não podia ignorar. São os primeiros denominados *pessoas jurídicas* e os segundos *pessoas formais*.

Todas as normas e regulamentações são, portanto, criadas em proveito do Ser Humano e, por isso, ele é suporte indispensável à caracterização de fenômenos jurídicos. Tudo o que existe fora dessa órbita, mas a que o direito empresta validade e eleva ao patamar de instituições e institutos jurídicos, é em razão do interesse do Homem.[6]

Ensina Pontes de Miranda em seu memorável Tratado que

> (...) ser pessoa é apenas ter a possibilidade de ser sujeito de direito. Ser sujeito de direito é estar na posição de titular de direito. Não importa se esse direito é subjetivado, se é munido de pretensão e ação, ou exceção. Mas importa que haja "direito". Se alguém não está em relação de direito, não é sujeito de direito: é pessoa; isto é, o que pode ser sujeito de direito, além daqueles direitos que o ser pessoa produz. O ser pessoa é fato jurídico: com o nascimento, o ser humano entra no mundo jurídico, como elemento do suporte fático em que o nascer é o núcleo (...) a personalidade é a possibilidade de se encaixar em suportes fáticos, que, pela incidência das regras jurídicas, se tornem fatos jurídicos, portanto, a possibilidade de ser sujeito de direito (...) Personalidade é o mesmo que (ter) capacidade de direito, poder ser sujeito de direito. (*Tratado de direito privado*, p. 207-209.)

No art. 1º do Código Civil, o legislador trata de reconhecer a toda pessoa a capacidade para aquisição de direitos e obrigações. No art. 2º cuida que a personali-

---

[5] SERPA LOPES, Miguel Maria. Op. cit. p. 282.
[6] O Código Civil substituiu a expressão *homem* por *pessoa*. Não estamos aqui criando distinções quando nos referimos a homem, mas utilizando a expressão como sinônima de *pessoa humana*.

dade inicia com o nascimento com vida. Esta é a mesma linha tomada pelo Código Alemão que, conforme ensina Victor Loewenwarter,

> *la facultad para adquirir un derecho, por ejemplo, para ser heredero (...), denominada "capacidad jurídica" es anexa a la calidad de persona y, por tanto, comienza en el momento del nacimiento, para lo cual es suficiente que el nacido haya vivido sólo un momento después de su completa separación del cuerpo materno (...) La capacidad jurídica, no dependiendo de declaración voluntaria (...) La aptidud para ser titular de un derecho no se ha de confundir con la capacidad de negociar, o sea, de producir efectos jurídicos por la propia voluntad.*[7]

Não há que se confundir, portanto, os conceitos jurídicos. A idéia de *homem* independe de conceito de Direito, constituindo conceitos absolutamente separáveis um do outro. O conceito de pessoa se faz necessário, tecnicamente, apenas para questão da personalidade jurídica que se admite em consideração aos interesses do próprio Homem, em relação a si mesmo ou em relação à sociedade em que está integrado. Parece-nos que, não por outra razão, foi que o legislador de 2002 se decidiu pela substituição da terminologia *homem* por *pessoa* já regulamentando a questão da personalidade e, em seguida, da própria capacidade, o que nos pareceu mais adequado e técnico.

A personalidade é atributo da pessoa e "exprime a aptidão genérica para adquirir direitos e contrair obrigações".[8] Todo sujeito de direito tem personalidade. Pelo nosso sistema jurídico, a personalidade inicia com a vida e termina com a morte. Assim, o *nascimento* e a *vida* são dois requisitos necessários para caracterizar o início da personalidade; e a *morte* o requisito necessário para determinar o fim da personalidade.

Observe-se que o legislador não concede personalidade jurídica ao nascituro, mas põe a salvo seus direitos (art. 2º do Código Civil). Assim como também preserva a personalidade mesmo daqueles que morrem, legitimando o cônjuge sobrevivente, ou qualquer parente em linha reta, ou colateral até o quarto grau, para que promova a defesa da sua personalidade (art. 11, parágrafo único do Código Civil).

À medida da personalidade deu-se o nome de *capacidade*, que pode ser *de direito ou jurídica* e *capacidade de fato ou exercício*.

---

[7]*Derecho civil alemán comparado, con las características del derecho comercial*. 2. ed. Santiago: Editorial Nascimento, 1943. p. 25.
[8]DINIZ, Maria Helena. *Código civil anotado*. 8. ed. São Paulo: Saraiva, 2002. p. 4.

Diz-se *capacidade de direito ou jurídica* a conferida a todo ser humano e que não lhe pode ser recusada sob pena de se lhe negar a própria personalidade, pois através dela se podem exercer direitos e contrair obrigações. A capacidade *de fato ou exercício* corresponde ao direito conferido à pessoa de contrair pessoalmente tais direitos e obrigações. Quando o art. 2º do Código Civil dispõe que *todo homem é capaz de direitos e obrigações na esfera civil*, pressupõe que, em princípio, o homem não tem limitações impostas para o exercício do direito. Essa limitação conferida pela lei não é inconstitucional ou violadora de qualquer regra ou princípio jurídico, pois se consideram aspectos físicos e psíquicos do homem na sua possibilidade de ser sujeito em relação jurídica, mantendo-se o equilíbrio negocial.

Corolariamente estabelece o legislador que a capacidade poderá ser plena ou limitada de forma absoluta ou relativa. Nesse diapasão são as regras acerca da limitação da capacidade de exercício disposta nos arts. 3º a 5º do Código Civil.

No direito do trabalho, as regras acerca das instituições acima não se alteram muito. Ocorre que o legislador trabalhista tratou da capacidade para negociar, ou seja, para produzir efeitos jurídicos pela própria vontade, levando em conta, principalmente, a questão da idade fisiológica (art. 7º, XXXIII, da Constituição Federal).

À semelhança do que ocorre no direito civil, toda pessoa física – Homem – é detentora de personalidade. Todavia, para o negócio relacionado ao contrato de trabalho de qualquer espécie, necessário se faz que a pessoa tenha no mínimo 16 anos. Se o contrato for de aprendizagem, a idade mínima é, então, de 14 anos.

Para ser empregador, ou seja, fazer parte do outro pólo da relação jurídica, tal limite de idade não poderá ser dispensado. Frise-se que estamos referindo-nos a pessoa física, de sorte que a única adaptação que se faz é que, não existindo empregador aprendiz, não será possível, por motivos óbvios, se falar em contratação nestes termos e, daí, deve ser considerada a idade mínima de 16 anos para contratar plenamente.

Pode-se, concluir, assim, que toda pessoa que nasce com vida tem efetivamente existência jurídica. Com relação à pessoa física, o nascimento com vida a faz titular de direitos e obrigações na esfera civil, incluída aqui a trabalhista, ou seja, dá-lhe o *status* de ter personalidade jurídica.

As pessoas jurídicas, ao contrário do que ocorria com as físicas, não eram consideradas *persona* no Direito Romano, o qual, aliás, não as admitia, relegando o vocábulo *pessoa* tão-somente para o indivíduo. Os romanos apenas compreendiam as pessoas físicas que faziam parte do grupo.

Com o passar dos tempos, Roma passou a reconhecer a existência de *universitas*, separando seu patrimônio dos entes que a constituíam, sem qualquer relação com a figura do condomínio entre seus membros. Diz Nello Andreotti Neto que "o ponto relevante das pessoas jurídicas era a existência de um patrimônio e de uma organização, independente do patrimônio individual de cada constituinte do grupo".[9]

Admitiram-se, assim, dois tipos de modalidades de pessoas jurídicas: *universitates personarum*, para se referir ao conjunto de pessoas; ou *universitates rerum* ou *universitates bonorum*, entendidas como as associações, fundações, hospitais entre outros. Não se reconheciam, nessa época, as *societas*, as quais eram entendidas como parte do vínculo obrigacional, atribuindo-se aos seus sócios a responsabilidade pela titularidade dos direitos. Isso porque o povo romano primava pela responsabilidade coletiva, tanto no campo da moral como no jurídico. Desta forma, o povo romano entendia que a pessoa jurídica não era extinta se seus membros desaparecessem, mas tinham em mente que a extinção ocorreria se sua finalidade não fosse executada, ou se sua existência agredisse a ordem pública e a coletividade, ou se todos os seus membros desaparecessem.[10]

Com a evolução, que não tardou, diversas teorias passaram a existir para explicar o fenômeno da pessoa jurídica. Serpa Lopes[11] sintetizou as teorias agrupando-as em três, quais sejam:

    I –   Teorias em que somente o homem é sujeito de direito e a personalidade é atributo da pessoa humana. São teorias com base nestas máximas: (a) a da ficção (Planiol-Ripert), segundo a qual a pessoa jurídica somente tem capacidade jurídica para fins patrimoniais, em razão de uma ficção legal; (b) patrimônio por objeto: a pessoa jurídica é uma forma de patrimônio com objetivo e destinação dada pelo homem, que a faz à sua semelhança a fim de considerá-la como pessoa; (c) ficção doutrinária (Ihering e M. Planiol) – propriedade coletiva, segundo a qual a pessoa jurídica é simplesmente uma forma, dentro da qual seus membros podem manifestar-se exteriormente. É uma concepção superficial que oculta a propriedade coletiva, ao lado da propriedade individual; (d) ficção doutrinária – teoria de Duguit. Nega a existência da personalidade jurídica, para sustentar que, se a vontade dos representantes do grupo tem maior extensão do que a do indivíduo isoladamente considerado, tudo se dá por estar de acordo com a regra do direito, assentando a

---

[9]*Direito civil e romano*. 2. ed. São Paulo: Rideel, 1975. p. 62.
[10]ANDREOTTI NETO, Nello. Op. cit. 62.
[11]SERPA LOPES, Miguel Maria de. *Curso de direito civil*. 8. ed. Rio de Janeiro: Freitas Bastos, 1996. v. 1, p. 357-365.

idéia no direito objetivo, que se impõe em razão da solidariedade e do sentimento de justiça; (e) teoria de Kelsen – também negativista, prega que a pessoa jurídica não existe e "que não passa de (...) uma exclusiva expressão unitária personificadora de um centro de deveres e faculdades jurídicas, quer dizer, de um complexo de normas".[12]

II – Teorias organicistas ou realísticas, as quais defendem que a pessoa jurídica está no mesmo patamar que os homens e as consideram como organismos: (a) realidade (Lacerda de Almeida) – tanto os homens como os organismos que se formam naturalmente são detentores de vontade e, assim, necessário se faz reconhecer a personalidade; (b) realística (Michoud) – une o fenômeno da *vontade* ao elemento *interesse*, de forma que o direito protegido é o subjetivo humano, seja de um indivíduo, seja de um grupo, cuja manifestação se faz por meio da vontade. Todavia, somente se reconhece a proteção a manifestações que tenham finalidade humana. Desta forma, o direito deve garantir a dignidade dos interesses humanos assim manifestados; (c) realidade jurídica (Ferrara e Michelli) – a personalidade é uma categoria jurídica, conseqüência do ordenamento jurídico, já que o fim do direito é a realização de interesses humanos. "Se o Estado erige os homens em sujeito de direito, nada lhe impede atribuir essa subjetividade jurídica também aos entes não humanos".[13]

III – Teoria da Instituição – vê a pessoa jurídica como uma instituição necessária à obtenção de determinados fins que não podem ser alcançados de forma isolada pelos indivíduos, de forma que eles precisam reunir-se em grupo, ligados por um vínculo de cooperação. Hauriou diferenciou a pessoa moral da pessoa jurídica e definiu esta última como sujeito. Diz que a pessoa moral é uma instituição social e moral, e a personalidade jurídica é uma instituição jurídica. Saleilles adota tais idéias, todavia não vê na pessoa jurídica um atributo da pessoa humana. "Toda entidade constituída a título suficientemente autônomo (...) torna-se um sujeito de direito, desde que seja produtora de uma atividade jurídica e dotada de uma vontade apta a exercer os poderes que lhe são atribuídos a título de direitos. E pergunta, então: Quem ousaria afirmar que o homem

---

[12]Ibidem. p. 361.
[13]Ibidem, p. 363.

tão-somente é constituído de maneira a realizar poderes desta natureza? É preciso intervir aqui, assevera em resposta, a noção de *instituição* nos termos propostos por Hauriou. Finalmente, conclui pela existência real da pessoa jurídica desde que reúna condições necessárias à sua estruturação".[14]

Adotamos, assim, a idéia de que a pessoa jurídica é, efetivamente, uma instituição, um ente autônomo distinto da pessoa física. O que a torna sujeito de direito é a destinação produtora de atividade jurídica, capaz de exercer a vontade e poderes daqueles que lhe conferem tais prerrogativas. Desta forma, tais pessoas devem ser reconhecidas como centros organizados destinados a um determinado fim (instituição).

As pessoas jurídicas são reconhecidas pelo direito, que as caracteriza de forma diversa daquelas pessoas que as criam. O homem, como sujeito natural de direito e obrigações, percebeu que o associativismo seria uma forma de melhorar e facilitar o comércio social e jurídico, incrementando a produção. Admitiu-se a conjugação de esforços voltados para uma única finalidade, qual seja, a produção comum. Consoante lembra Caio Mário,

> não basta, entretanto, que alguns indivíduos se reúnam, para que tenha nascimento a personalidade jurídica do grupo. É preciso que, além do fato externo da sua aglomeração, se estabeleça uma vinculação jurídica específica, que lhe imprima *unidade orgânica*. Em virtude dessa unidade, como fator psíquico de sua constituição, assume a entidade criada um sentido existencial que a distingue dos elementos componentes, o que já fora pela agudeza romana assinalado, quando dizia que *"societas distat a singulis"*. Numa associação vê-se um conjunto de pessoas, unindo seus esforços e dirigindo suas vontades para a realização dos fins comuns. Mas a personificação do ente abstrato destaca a realização coletiva do grupo, das vontades individuais dos participantes, de tal forma que o seu querer é uma "resultante" e não mera justaposição das manifestações volitivas isoladas.[15]

Não se olvide que a Constituição Federal assegura o direito de associar-se e, portanto, de formar *associações*, de modo que a personalidade passa a ser uma garantia Constitucional.

---

[14]SERPA LOPES, Miguel Maria de. Op. cit. p. 364.
[15]*Instituições de direito civil*. 19. ed. Rio de Janeiro: Forense, 2000. v. 1, p. 186.

Tal fato decorre de fenômeno natural buscado por diferentes pessoas com pretensão ao mesmo fim e, para tanto, decidem agrupar-se, reunindo seus esforços e tornando viável a finalidade que buscam e que quiçá não seria possível realizar, se tivessem de realizar de forma individual.

Até o século XIX a pessoa jurídica somente era assim reconhecida se transcendesse a pessoa física de seus membros e se era voltada ao interesse público. A partir daquele século, houve uma ruptura com os conceitos antigos fundada, principalmente, na ruptura social e política e na noção de um novo conceito de Estado.

Ainda, como ensina Orlando Gomes,

> o fenômeno da personalização de certos grupos sociais é contingência inevitável do *fato associativo* (...) A realização do fim para que se uniram se dificultaria extremamente, ou seria impossível, se a atividade conjunta somente se permitisse pela soma, constante e iterativa, de ações individuais. Surge, assim, a necessidade de personalizar o grupo, para que possa proceder como uma unidade, participando do comércio jurídico com individualidade, tanto mais necessário quanto à associação, via de regra, exige a formação de patrimônio comum constituído pela afetação dos bens particulares de seus componentes. Esta individualização necessária só se efetiva se a ordem jurídica atribui *personalidade* ao grupo, permitindo que atue em nome próprio, com capacidade jurídica igual à das pessoas naturais. Tal personificação é admitida quando se apresentam os pressupostos necessários à subjetivação dos interesses para cuja realização os indivíduos se associam. Assim se formam as *pessoas jurídicas*.[16]

As pessoas jurídicas guardam algumas semelhanças com as naturais como, por exemplo, necessitam nascer para adquirir personalidade.

Justamente porque a pessoa jurídica possui vida própria e independente daqueles que a criaram é que sua existência transcende estas respectivas pessoas físicas, de forma que, se qualquer pessoa física vier a falecer, por exemplo, nem por isso a pessoa jurídica se finda, sobrevivendo ao fato jurídico mencionado. No direito nacional, a pessoa jurídica adquire personalidade com a inscrição do ato constitutivo no respectivo registro, precedida, quando necessário, de autorização ou aprovação do Poder Executivo, averbando-se no registro todas as alterações por que passar o ato constitutivo (art. 45 do Código Civil). Observe que o legislador quis dizer, no art. 45 do Código Civil, que o registro garante à pessoa a aquisição da personalidade jurídica, sem deixar de reconhecer que a inexistência dele permitirá

---

[16]*Introdução ao direito civil*. 6. ed. Rio de Janeiro: Forense, 1979. p. 209-210.

um completo desconhecimento da pessoa jurídica. Tanto é verdade que reconhece que a sociedade em comum é pessoa, não obstante não tenha personalidade.

Com a aquisição da personalidade jurídica, a pessoa passa a ter capacidade, que estará limitada ao objeto e à finalidade para a qual a pessoa jurídica foi criada. A vinculação da pessoa jurídica em relação a sua capacidade se dá, ainda, em razão daquilo que estabelecer a lei e seus atos constitutivos, como ocorre, por exemplo, com as instituições financeiras que são subordinadas às regulamentações traçadas pelo Governo Federal dentro do território nacional.

Cumpre frisar, por fim, que a aquisição da personalidade da pessoa jurídica privada se dá pela submissão de seus atos constitutivos ao registro respectivo, enquanto a pessoa jurídica de direito público existe se *stante*, isto é, "são entes que se postam acima das formalidades criadoras e têm na Constituição a fonte maior de sua personalidade".[17]

2.1 DAS PESSOAS JURÍDICAS DE DIREITO PÚBLICO

Cuidou o legislador brasileiro de traçar a divisão das pessoas jurídicas de direito público, selecionando-as em duas categorias: pessoas de direito público interno e externo.

As pessoas jurídicas de direito público interno estão elencadas no art. 41 do Código Civil. Tais pessoas são regidas pelas normas de direito administrativo e constitucional e, se forem criadas com estrutura de pessoas de direito privado, ficarão subordinadas, no que não ferir o ordenamento público e não for com ele incompatível, pelas normas dispostas no Código Civil.

União, Estados, Distrito Federal, Territórios e Municípios têm suas funções, atribuições e responsabilidades reguladas, principalmente na Constituição Federal. A União e todas as leis que lhe sejam afetas estão submetidas às normas e limitações dos arts. 20 a 24; os Estados, aos arts. 25 a 28; os Municípios, aos arts. 29 a 31; o Distrito Federal, ao 32; e, por fim, os Territórios, ao 33, todos da Constituição da República.

O legislador constitucional veda, ainda, a intervenção de um organismo no outro, à exceção das situações previstas e permitidas pelo próprio ordenamento constitucional (arts. 34 a 36).

Observe-se que, enquanto as pessoas jurídicas de direito privado devem submeter o registro de seus atos constitutivos ao órgão competente para que tenham

---

[17]MATTIELO, Fabrício Zamprogna. *Código civil comentado*. São Paulo: LTr, 2003. p. 51-52.

nascimento regular, as pessoas jurídicas de direito público existem *a se stante*, isto é, "são entes que se postam acima das formalidades criadoras e têm na constituição a fonte maior de sua personalidade".[18]

A administração pública sujeita-se a regras rígidas, devendo o administrador respeitar os princípios basilares, pregando o legislador Constitucional que "a administração pública direta e indireta de qualquer dos Poderes da União, dos Estados, do Distrito Federal e dos Municípios obedecerá aos princípios de legalidade, impessoalidade, moralidade, publicidade e eficiência" (art. 37), seguindo diversas regras que se não observadas inquinam o ato de nulo e acarretam a responsabilidade pessoal do administrador.

A responsabilidade de tais pessoas, aliás, será sempre objetiva, quer por imposição do legislador constitucional (art. 37, § 6º), quer pelas disposições do Código Civil (art. 43). Portanto, o ente público responde perante os administrados, em qualquer esfera do Poder, de modo objetivo. Todavia, o agente público ou político somente responderá perante aquele primeiro, nas situações de ocorrência de culpa ou dolo, estando resguardado o direito regressivo da pessoa pública contra seus agentes.

Uma observação quanto às fundações de direito público: tais entes não foram mencionados expressamente pelo legislador civil como pessoas jurídicas de direito público interno. Todavia, pode-se concluir que estão incluídas entre as entidades de caráter público criadas por lei, quer pela sua origem, quer pelo entendimento firmado pela jurisprudência e doutrina. Outrora, em relação à natureza jurídica de tais pessoas muito se discutiu no direito administrativo até se firmar o entendimento de que são entes de direito público, quer pelas suas características, quer pelas suas finalidades, quer pela intenção do legislador Constitucional em separá-la das sociedades de economia mista e empresa pública e da aproximação que guarda com as Autarquias. Assim também decidiu o legislador infraconstitucional, quando as posicionou entre as pessoas públicas como o fez no art. 1º, § 3º, da Lei de Responsabilidade Fiscal (Lei Complementar 101, de 4/5/2000). Além do que, o Código Civil admite tal interpretação, pois prevê que serão pessoas jurídicas de direito público interno todas aquelas entidades de caráter público criadas por lei (art. 41, V, Código Civil).

As pessoas jurídicas de direito público externo são consideradas os Estados estrangeiros e todas as pessoas que forem regidas pelo direito internacional público (art. 42 do Código Civil). Essas pessoas são reguladas pelo direito internacional e

---

[18] Ibidem. p. 51-52.

abrangem as "nações estrangeiras, Santa Sé e organismos internacionais (ONU, OEA, Unesco, FAO etc.)".[19]

A representação dessas pessoas se faz através de seus governantes, por meio de seus agentes diplomáticos, consoante disposição do art. 11, § 2º da Lei de Introdução ao Código Civil.

2.2 DAS PESSOAS JURÍDICAS DE DIREITO PRIVADO

As pessoas jurídicas de direito privado possuem interesses e objetivos absolutamente contrários às de direito público. São instituídas por particulares e adquirem personalidade, iniciando sua existência legal com a inscrição de seus atos constitutivos no respectivo registro, precedida, quando necessário, de autorização ou aprovação do Poder Executivo, averbando-se no registro todas as alterações por que passar o ato constitutivo (art. 45 do Código Civil).

O Código Civil de 2002 alterou profundamente a regulamentação das pessoas jurídicas, considerando como tais as associações, as sociedades e as fundações (art. 44).

Assim, as pessoas jurídicas poderão constituir-se, ou como grupo de pessoas, caso das associações e sociedades, ou como massa de bens, situação das fundações. O que as diferencia, entre outras coisas, é, principalmente, a finalidade para que são constituídas.

Sabendo-se que é o registro que concede à pessoa jurídica a personalidade, necessária se faz a obediência às exigências legais no ato constitutivo (arts. 45 e 46 do Código Civil).

Em regra, a gestão da sociedade será realizada pelo administrador indicado no ato constitutivo. Mas pode ocorrer que a administração seja coletiva, caso em que as decisões serão tomadas pela maioria, se não houver previsão em contrário naquele ato. Se, porventura, faltar administrador à pessoa jurídica, o juiz poderá, a requerimento, nomear um administrador provisório. De toda sorte, quem responderá pelos atos praticados pela pessoa jurídica, regra geral, é ela própria, já que a mesma tem responsabilidade e personalidade. O administrador somente responderá se ultrapassar os limites dos poderes que lhe foram conferidos, isto é, responderá pessoalmente em todas as vezes em que agir fora (desvio) ou além (excesso) dos poderes que lhe foram conferidos (arts. 47 a 49 do Código Civil). Todavia, todas

---

[19]DINIZ, Maria Helena. *Código civil anotado*. 8. ed. São Paulo: Saraiva, 2002. p. 26.

as vezes em que o administrador agir fora (desvio) ou além (excesso) dos poderes que lhe foram conferidos, responderá pessoalmente, diante da aplicação da regra da responsabilidade direta.

Compreende-se tal regra, pois o administrador deve respeitar os limites do mandato que lhe foi conferido, e, se agir contra ou além dos limites que lhe forem outorgados, seus atos não podem obrigar a pessoa jurídica que, certamente, não lhe deu autonomia para tanto, o que resultará na resposta pessoal do administrador por ter agido com abuso de poder.

Cumpre observar, no entanto, que a pessoa jurídica possui três anos para anular as decisões do administrador, quando violadoras da lei ou do estatuto, ou forem eivadas de erro, dolo, simulação ou fraude. Tal prazo é decadencial e o não-exercício do direito dentro deste prazo acarretará sua aquiescência com o ato, tornando-a, também, responsável. Entendemos que tal presunção é *juris et de juris*, já que, sendo decadencial, provoca a morte do direito (art. 48 do Código Civil).

Por fim, o legislador cuidou de dar proteção à personalidade das pessoas jurídicas, permitindo que as regras sobre o direito da personalidade sejam-lhes aplicadas (art. 52 do Código Civil). Qualquer ofensa que se faça à personalidade da pessoa jurídica, mesmo após sua extinção, deve ser reparada em virtude da proteção legal (arts. 11 a 21 do Código Civil).

2.2.1 Das associações

As associações são pessoas jurídicas de direito privado caracterizadas pela união de pessoas que se organizam para fins não econômicos e lícitos. São entidades, por assim dizer, de interesse social. A Constituição Federal já garantiu o direito de associação, vedando qualquer forma de restrição à sua criação (art. 5º, XVII, XVIII, XIX, XX e XXI).

Os sindicatos constituem tipo de associação por excelência. São pessoas jurídicas de direito privado que adquirem personalidade com o registro de seus estatutos no Cartório de Títulos e Documentos. Formam-se por categorias econômicas, profissionais ou diferenciadas.

Os associados não possuem entre si direitos e obrigações recíprocas, mas sim para o fim da associação e obediência aos estatutos de constituição. A formação desses estatutos deve observar o disposto no artigo 54 do Código Civil.

José Eduardo Sabo Paes nos ensina que "os associados, no âmbito de uma associação civil, são peça fundamental na administração e na consecução de suas finalidades. A participação dos associados é vital para essa pessoa, em que a vontade das pessoas é sua razão de existir".[20] Por esta razão os direitos e funções de cada associado vêm discriminados no Estatuto e não podem lhe ser negados, sendo possível a instituição de categorias diferenciadas de associados, sem que isso provoque quebra dos princípios associativos.

Como pessoa jurídica que é, a associação deve possuir órgão que permita sua exteriorização de vontade a fim de tornar viável a consecução de suas finalidades. Há, assim, órgãos que são necessários numa associação, quais sejam, a assembléia geral, diretoria administrativa e conselho fiscal, cujas funções virão designadas no estatuto. É possível, ainda, a criação de órgãos facultativos, cuja previsão deverá vir expressa no estatuto.[21]

A responsabilidade das associações não foge à regra geral. É pessoa jurídica, dotada de personalidade, respondendo por seus atos. Os administradores, e não a assembléia, são quem respondem pelos atos que, eventualmente, vierem a cometer com excesso de poder ou contrários aos estatutos. Tal conclusão decorre da interpretação do art. 47 do Código Civil e da teoria acerca da pessoa jurídica e sua personalidade.

Se houver dissolução da pessoa jurídica, acertadas as suas contas, havendo patrimônio líquido, o mesmo será *destinado à entidade de fins não econômicos designada no estatuto, ou, omisso este, por deliberação dos associados, à instituição municipal, estadual ou federal, de fins idênticos ou semelhantes* (art. 61 do Código Civil). Dispõe, ainda, o legislador quanto à destinação do patrimônio da associação dissolvida que, se houver cláusula do estatuto ou, no silêncio deste, se houver deliberação dos associados, podem estes, antes da destinação do patrimônio remanescente, receber em restituição o valor atualizado relativo às contribuições que tiverem prestado ao patrimônio da associação (§ 1º do art. 61, Código Civil).

Se não houver na respectiva localidade, isto é, no Município, Estado, Distrito Federal ou no Território, em que a associação tiver sede, instituição nas mesmas condições dela, ou em condições similares, o patrimônio que remanescer será devolvido à Fazenda do Estado, do Distrito Federal ou da União.

2.2.2 Das fundações

As fundações são caracterizadas por *não* se constituírem de reunião de pessoas. Serpa Lopes sintetiza de forma excepcional que "as fundações assentam numa fi-

---

[20]*Fundações e entidades de interesse social*: aspectos jurídicos, administrativos, contábeis e tributários. 4. ed. Brasília: Brasília Jurídica, p. 69.
[21]SABO PAES, José Eduardo. Op. cit. p. 69.

nalidade a realizar. O seu sopro de vida parte da vontade do instituidor ou fundador".[22]

Já no Direito Romano se previa a possibilidade de reunião de bens para formação de tais pessoas, as quais eram conhecidas por serem uma *universitas bonorum*.

Houve discussões quanto a se atribuir às fundações personalidade jurídica, já que é indiscutível que há uma espécie de doação de patrimônio para realização de um interesse geral. Assim, acabou-se por chegar a um consenso de que as fundações possuem personalidade jurídica, findando a discussão acerca do tema. Consoante ensina Eduardo Espínola, "o Estado, no intuito de promover o progresso e o aperfeiçoamento dos indivíduos ou de assisti-los e socorrê-los, em caso de necessidade, pode *fundar* seres autônomos e elevá-los à categoria de pessoas jurídicas".[23] As fundações sempre são formadas para um interesse de utilidade social, ainda que a destinação do patrimônio seja de ordem privada (fundações privadas).

Calcado na finalidade e especialidade desta pessoa, o legislador nacional dispõe que *para criar uma fundação, o seu instituidor fará, por escritura pública ou testamento, dotação especial de bens livres, especificando o fim a que se destina, e declarando, se quiser, a maneira de administrá-la* (art. 62, Código Civil, *in verbis*).

Adota, ainda, o legislador um rol taxativo restringindo a finalidade da instituição, que somente poderá ser formada para realização de fins religiosos, morais, culturais ou de assistência (parágrafo único do art. 62 do Código Civil).

Se o patrimônio destinado for insuficiente para a constituição da fundação pretendida, será incorporado a outra fundação que tenha finalidade igual ou semelhante, desde que o instituidor não tenha disposto de modo contrário.

Se a fundação for constituída por negócio *inter vivos*, há obrigatoriedade de o instituidor transferir a propriedade de bens, sob pena de sofrer intervenção judicial para tanto. Os estatutos devem respeitar a vontade do instituidor, e os administradores, tão logo saibam de seu mister, deverão cuidar para que suas bases sejam formuladas. Após aprovação pela autoridade competente, a fundação estará criada e é detentora de personalidade jurídica própria. É o Ministério Público quem irá aprovar ou não os estatutos e formalidades para aprovação de uma fundação. Se este órgão opinar pela rejeição da aprovação dos estatutos, o interessado deverá buscar o suprimento da aprovação, mediante requerimento ao juiz.

Eventual alteração que se deseja realizar no estatuto somente será procedida se observadas as disposições do art. 67 do Código Civil.

---

[22] SERPA LOPES, Miguel Maria. Op. cit. p. 376.
[23] *Sistema do direito civil*: edição histórica. Rio de Janeiro: Editora Rio, 1977. p. 446.

Pode ocorrer de não ser unânime a votação pela aprovação da alteração. Neste caso, quando a pretensa alteração for remetida ao Ministério Público, será requerido que se dê vistas à minoria para que possa impugnar, direito esse que deverá ser exercido no prazo de dez dias.

Se o objeto de uma fundação se torna ilícito, impossível ou inútil, qualquer interessado, inclusive o próprio Ministério Público, pode requerer sua extinção. Esta será determinada depois de acertadas as contas da fundação; e o patrimônio remanescente será incorporado ao de outra fundação que tenha finalidade igual ou semelhante. A designação é feita pelo juiz a que for cometido o processo.

A responsabilidade das fundações, igualmente, não foge à regra geral. Como pessoa jurídica que é, dotada de personalidade, responde por seus atos. Os administradores, e não o instituidor ou Ministério Público, é que respondem pelos atos que cometerem com excesso de poder ou contrários aos estatutos. Tal conclusão decorre da interpretação do art. 47 do Código Civil e da teoria acerca da pessoa jurídica e sua personalidade.

Observe-se que o Ministério Público vela pela associação, mas não necessariamente a administra. A função aqui é meramente fiscalizadora, podendo, inclusive, responsabilizar os administradores por atos que praticarem contra as finalidades da fundação ou com excesso de poder ou abuso de mandato.

Os bens da fundação são inalienáveis. Todavia, havendo necessidade absoluta, o juiz poderá autorizar a venda, sempre depois da oitiva do Ministério Público.[24]

Por fim, cumpre anotar que é errado conferir a designação de *sócios* àqueles que administram uma fundação, posto que são administradores. Não há que se confundir as figuras jurídicas dos sócios e administradores quando se trata de fundação. Nenhuma fundação possui sócio, pois, como já se disse, a pessoa jurídica está organizada em torno de um patrimônio e não de pessoas, fenômeno este que se pode ver nas sociedades e associações.

No mais se rege pelas disposições há pouco expostas, cumprindo frisar que não dispensa a fiscalização do Ministério Público, aplicando-se-lhe o regime das pessoas jurídicas de direito privado, inclusive no que diz respeito à contratação de empregados, cujo regime aplicável é o celetista e não o estatutário.

---

[24]Ver a esse respeito VENOSA, Sílvio de Salvo. *Direito civil*: parte geral. 3. ed. São Paulo: Atlas, 2003. p. 292 e RAFAEL, Edson José. *Fundações e direito*: 3º setor. São Paulo: Companhia Melhoramentos: Educ, 1997. p. 102-103.

2.2.3 Do terceiro setor

As constantes transformações ocorridas no Estado em razão do crescimento da sociedade e formação de massas importaram no reconhecimento de que o Estado não tem condições de oferecer à sociedade aquilo que ela anseia e, às vezes, nem aquilo que deveria conceder-lhe. Principalmente nos países pobres e em desenvolvimento, como é o caso do Brasil, tem surgido a figura do chamado Terceiro Setor, passando o Estado a uma função meramente reguladora e não mais produtora.

Surgem pessoas que se *associam* através da formação de uma pessoa jurídica, a fim de conseguir realizar e obter algo melhor para elas próprias e para a coletividade.

O Terceiro Setor nasce, assim, num espaço aberto que não é nem público nem privado, mas desenvolve funções sociais. Inspirado nos problemas causados por grandes desigualdades sociais cujos efeitos atingem a todos, cria uma consciência coletiva que une indivíduos, empresas e Estado. No Brasil apresenta-se em forma de Organizações Não Governamentais (ONG's), que são "entidades de interesse social sem fins lucrativos, como as associações, as sociedades e as fundações de direito privado, com autonomia e administração própria, cujo objetivo é o atendimento de alguma necessidade social ou a defesa de direitos difusos ou emergentes".[25]

Não há uma legislação específica no direito nacional a respeito do que seja exatamente o Terceiro Setor. Todavia, sabe-se que as entidades que nele operam o fazem em forma de pessoa jurídica de direito privado nos termos da legislação existente, qual seja, em sociedades simples (civis) sem finalidade lucrativa, associação ou fundação.

Nosso ordenamento jurídico possui duas leis regulamentadoras destinadas a atividade social, quais sejam, a Lei nº 9.637, de 15/5/1998, que institui a possibilidade de entidades sem finalidade lucrativa serem tidas por organizações sociais, e a Lei nº 9.790, de 23/3/1999, que dispõe sobre a possibilidade de a organização social ser considerada de interesse público. Observe-se que neste último caso não se forma nova pessoa jurídica, mas sim é instituída dentro da pessoa jurídica já existente a qualificação de entidade de interesse social, podendo a mesma formar parceria com o Estado.

As organizações sociais, ou pertencentes ao Terceiro Setor, não podem auferir lucros. Isso não quer dizer que não possam ter *superávit*, mas sim que, por não se destinarem à finalidade empresarial, é-lhes vedada a divisão do *superávit*, o qual

---

[25]SABO PAES, José Eduardo. *Fundações e entidades de interesse social*: aspectos jurídicos, administrativos, contábeis e tributários. 4. ed. Brasília: Brasília Jurídica, 2003. p. 89.

deverá ser revertido em seu próprio benefício. Servem para buscar a melhoria de vida das camadas mais carentes e, não obstante estejam distantes dos objetivos do Estado e das empresas enquanto geradores de riquezas, deles dependem economicamente, já que sobrevivem principalmente em razão das doações que recebem, sendo isentas de pagamentos de tributos.

Não são todas as pessoas jurídicas que podem requerer o selo de entidades de interesse público, mas somente aquelas elencadas no art. 1º da Lei nº 9.790/1999, prevendo o art. 2º desse diploma o rol daquelas que não são passíveis da qualificação.

Visando à garantia da prestação do serviço destas entidades e procurando resguardá-la de inconvenientes, foi publicada a Lei nº 9.608, de 18/2/1998, que dispôs sobre o trabalho voluntário. Assim, tais entidades poderão ter três tipos de trabalhadores que lhes prestam serviços, os empregados contratados e remunerados nos termos da legislação trabalhista, os prestadores de serviços autônomos, igualmente ligados às entidades por um contrato civil remunerado, e os trabalhadores voluntários que lhes prestam serviços sem nenhum vínculo de emprego e sem remuneração, à exceção das despesas que gastarem com a prestação do serviço.

A estrutura, portanto, dessas entidades será inerente à pessoa jurídica que gozar do selo de organização social, podendo ser uma sociedade simples (civil), sem finalidade lucrativa, associação ou fundação, aplicando-se-lhes tudo que já se disse a respeito delas.

2.2.4 Das sociedades

Uma das mais profundas alterações trazidas pelo Código Civil de 2002 refere-se às sociedades. O legislador trouxe a regulamentação do direito de empresa para o Código Civil, revogando a Primeira Parte do Código Comercial (art. 2.045 do Código Civil). A Segunda Parte deste Código continua em vigor, assim como a Lei de Falências, que já vinha regulamentada em lei especial e que sofreu uma grande reforma em 2005 com a aprovação da Lei nº 11.101 que regulamentou a recuperação judicial, extrajudicial e a falência do empresário e da sociedade empresária.

O Código de 1916 fazia referência e regulamentava as sociedades civis, abrindo o legislador a possibilidade de terem ou não finalidade econômica. O Código de 2002 não faz mais distinção entre sociedades civis com fins lucrativos e não lucrativos. Prevê que as pessoas jurídicas serão associações, fundações e sociedades, sendo aquelas duas primeiras, necessariamente, pessoas sem finalidade econômica e as sociedades civis passam a ser tratadas no Capítulo de direito de empresa, colocando-as entre o que foi chamado de *sociedade simples*. Reconhece-se, assim, que somente as associações e fundações devem reunir, obrigatoriamente, pessoas ou bens para consecução de fins não econômicos e de interesse social. As sociedades, por sua vez, podem ou não ter finalidade econômica, diferenciando-se, assim, conforme seu regime, da norma jurídica e legal aplicável.[26]

O Direito de Empresa vem regulamentado no Livro II do Código Civil.[27] A conseqüência disso, ou seja, a unificação trazida pelo novo sistema, resulta na homogeneidade da relação jurídica obrigacional regulada, agora, pelo direito civil, mantendo, todavia, intocada a particularidade de cada instituto, mas não se pode ignorar que a relação empresarial está subordinada ao sistema da unificação, sujeitando-se ao sistema de cláusulas gerais e de conceitos jurídicos indeterminados.[28]

A origem das sociedades está no fato do desenvolvimento do tráfego de mercadoria, que tornou necessária a criação de mais uma pessoa, além das físicas que negociavam. As sociedades comerciais passaram a exigir várias pessoas negociando em comum. Até hoje, em muitos países, entre eles o Brasil, há certos tipos sociais que são destituídos de personalidade jurídica. Neles, os próprios sócios são os empresários, respondendo pelas obrigações sociais com seu próprio patrimônio e, não obstante isso, se reúnem para repartir encargos, amealhar maior capital e usufruir lucros. O direito dá proteção a estes tipos sociais, distinguindo-os de outros em que a pessoa jurídica tem personalidade própria, não se confundindo com aqueles que a criaram. No sistema nacional, podemos citar como aqueles tipos as sociedades em nome coletivo e a em comandita simples.

Diferencia-se a sociedade civil da sociedade empresarial. O ordenamento civil regula a empresa a partir da definição de empresário (art. 966), centrando o con-

---

[26] "As sociedades podem ser civis ou mercantis. A diferença basilar entre elas está na prática, ou não, de atos de comércio como operações de rotina, quando então terá natureza comercial. Não sendo dada a atos de comércio, será sociedade civil, ainda que opte pela forma comercial" (MATTIELO, Fabrício Zamprogna. *Código Civil comentado*. São Paulo: LTr, p. 50, ago. 2003).

[27] Enunciados 54 e 56, respectivamente, aprovados na Jornada de Direito Civil promovida pelo Centro de Estudos Judiciários do Conselho da Justiça Federal, sob a coordenação do Ministro Rui Rosado, do STJ (de 11 a 13/9/2002):

Art. 966: É caracterizador do elemento empresa a declaração da atividade-fim, assim como a prática de atos empresariais.

Art. 970: O Código Civil não definiu o conceito de pequeno empresário; a lei que o definir deverá exigir a adoção do livro-diário.

[28] Enunciado 53 aprovado na Jornada de Direito Civil promovida pelo Centro de Estudos Judiciários do Conselho da Justiça Federal, sob a coordenação do Ministro Rui Rosado, do STJ (de 11 a 13/9/2002):

Art. 966: Deve-se levar em consideração o princípio da função social na interpretação das normas relativas à empresa, a despeito da falta de referência expressa.

ceito na organização interna da empresa, visando à sua função social e dividindo a sociedade em empresária e simples.

A sociedade simples terá finalidade econômica ou não e será sempre civil, justamente para se diferenciar da empresarial, restando claramente demonstrada esta intenção legislativa. Maria Helena Diniz descreve com muita propriedade a diferença entre as sociedades civis e as comerciais e expõe:

> Na sociedade civil visa-se o fim econômico ou lucrativo, pois o lucro obtido deve ser repartido entre os sócios, sendo alcançado pelo exercício de certas profissões ou pela prestação de serviços técnicos (...) (p. ex., uma sociedade imobiliária) (...); *sociedades mercantis*, que visam o lucro, mediante exercício de atividade empresarial ou comercial (...), assumindo as formas de: sociedade em nome coletivo; sociedade de capital e indústria;[29] sociedade em comandita; sociedade em conta de participação; sociedade de responsabilidade limitada; sociedade anônima ou por ações.[30]

Pelo critério adotado, o qual coincide com o utilizado pelo legislador italiano em 1942, o profissionalismo e a habitualidade do empresário caracterizarão as normas de socialização, inseridas no novo ordenamento jurídico e, portanto, a sociedade empresária.

A empresa comercial, assim, nasce de uma organização firmada por uma ou várias pessoas que se propõem a exercitar atos de manufatura, circulação de riqueza ou prestação de serviços. Fran Martins pondera que tem sido difícil distinguir a empresa comercial da econômica.

> Se toda empresa comercial é econômica, nem toda empresa econômica é comercial, pois várias modalidades de empresa – notadamente as que se referem à exploração agrícola e as de bens imóveis – fogem ao campo da atividade comercial, já que a esse não interessa a produção de bens para consumo próprio, mas a *circulação* desses bens.[31]

Torna-se difícil estabelecer um critério definitivo sobre a caracterização da empresa comercial, de modo que o legislador pátrio preferiu partir do conceito de empresário e, assim, caracterizá-la pelo exercício da atividade profissional. Sem olvidar que o próprio legislador cria, por exclusão, uma forma de diferenciar esta

---

[29]Nota nossa: A Sociedade de Capital e Indústria foi extirpada do ordenamento jurídico com o Código de 2002.
[30]DINIZ, Maria Helena. *Código civil, anotado*. 3. ed. São Paulo: Saraiva, 1999. p. 35.
[31]*Curso de direito comercial*. 11. ed. Rio de Janeiro: Forense, 1986. p. 15.

pessoa, qual seja, o empresário, daquele que não é empresário (art. 966, Código Civil).

O empresário, assim, é aquele que explora diretamente bens produtivos. Desempenha atividade que demanda exploração organizada,

> sob a forma de empresa, comportando despesas e custos, para obtenção de um resultado que poderá ser positivo ou negativo. O lucro operacional de uma empresa não se confunde com um rendimento de propriedade, mas se apresenta como renda líquida final de uma exploração.[32]

No direito de empresa (antes chamado comercial), diferenciam-se sociedade e empresa, sabendo-se que aquela se refere ao sujeito de direito, enquanto a empresa representa o "exercício de atividade, *o objeto de direito*",[33] o que serve para indicar que, efetivamente, as pessoas criadas por ficções jurídicas não se confundem com aquelas que lhes dão vida e desenvolvimento.

As sociedades comerciais se formam através da constituição de diversas pessoas para a execução de um objetivo comum, de sorte que o que as constitui é um contrato, designado pelo legislador como contrato de sociedade (art. 981 do Código Civil) e que deve obedecer às disposições acerca da formação dos contratos em geral,[34] normas estas estatuídas a partir dos artigos 421 e seguintes do Código Civil.

A empresa é uma abstração reconhecida como uma organização de bens e trabalho. Assim, podemos representar o empresário comercial:[35]

Pode-se dizer que dois elementos caracterizam o empresário, quais sejam, a iniciativa e o risco. Se este empresário for rural, terá como elemento caracterizador, ainda, a atividade de natureza rural, não importando se exercer, ainda, outras atividades de natureza diversa. Tal é a inteligência do art. 971 do Código Civil.

Por exclusão *não se considera empresário aquele que exerça profissão intelectual, de natureza científica, literária ou artística, ainda com o concurso de auxiliares ou co-*

---

[32]COMPARATO, Fábio Konder. *Aspectos jurídicos da macroempresa*. São Paulo: Revista dos Tribunais, 1970. p. 9.
[33]REQUIÃO, Rubens. *Curso de direito comercial*. 18. ed. São Paulo: Saraiva, 1988. v. 1, p. 58.
[34]Não se olvide que o contrato é uma espécie de negócio jurídico, de sorte que o contrato de sociedade está subordinado, assim, a todas as normas relativas a tal instituto regulamentado no Livro III do Código Civil.
[35]Enunciado 56 aprovado na Jornada de Direito Civil promovida pelo Centro de Estudos Judiciários do Conselho da Justiça Federal, sob a coordenação do Ministro Rui Rosado, do STJ (de 11 a 13/9/2002):
Art. 970. *O Código Civil não definiu o conceito de pequeno empresário; a lei que o definir deverá exigir a adoção do livro-diário.*

laboradores, salvo se o exercício da profissão constituir elemento de empresa (parágrafo único, art. 966 do Código Civil – grifo nosso).

Entendemos, assim, que o legislador civil acabou por regular todas as situações, seja a relativa à empresa comercial em si, seja aquela relativa a empresa tão-somente econômica, reconhecendo a natureza econômica das relações que se estabelecem no comércio jurídico, já asseguradas pelo sentido do art. 170 da Constituição Federal.

O empresário no Código Civil é o antigo comerciante que, como já se disse, ganhou contorno mais preciso e técnico, razão da nova sistemática adotada pelo legislador. O termo *empresário*, portanto, dá a noção de algo mais amplo diante do profissionalismo e dos novos tipos sociais surgidos nas diversas relações empresariais. Permite que todos aqueles que estejam em gozo de sua capacidade civil ou que não estejam legalmente impedidos possam ser empresários (art. 972 do Código Civil), regulando, ainda, a questão dos cônjuges que decidem estabelecer entre si contrato de sociedade (art. 977 do Código Civil). Importa ressaltar que o sócio poderá ser, dependendo do tipo social, uma pessoa física ou mesmo pessoa jurídica.

A sociedade será sempre resultante de um ato de vontade, caracterizado pelo acordo entre as pessoas que a fazem nascer através da reunião de capital, trabalho e realização de operações com finalidade lucrativa. Os sócios têm interesses paralelos e não antagônicos. Ensina Fran Martins que "a sociedade pode surgir de um contrato ou de um ato equivalente a um contrato; uma vez criada, e adquirindo personalidade jurídica, a sociedade se autonomiza, separando-se das pessoas que a constituíram".[36]

No sistema legal brasileiro, estão as sociedades empresárias sujeitas aos requisitos de formação de todo negócio jurídico, quais sejam: (a) agente capaz; (b) objeto lícito, possível, determinado ou determinável; (c) forma prescrita ou não defesa em lei (art. 104 do Código Civil). Além disso, somente serão reconhecidas como sociedades comerciais aquelas que estiverem inscritas no registro do comércio (ou da empresa). As demais sociedades, que estiverem subordinadas ao registro civil das pessoas jurídicas, são chamadas de sociedades simples que, no regime do Código anterior, eram as antigas sociedades civis.

Após a aquisição da personalidade jurídica, as sociedades adquirem autonomia suficiente, a ponto de ser seu patrimônio separado do patrimônio das pessoas que as constituem. No mais das vezes, as pessoas jurídicas acabam tendo vida muito mais longa do que a das pessoas que as criaram. São pessoas diferentes que não se

---

[36]*Curso de direito comercial.* 3. ed. Rio de Janeiro: Forense, 1967. p. 219.

confundem. Cada sócio terá a responsabilidade determinada de acordo com o tipo social existente. Observe-se que em nosso sistema legislativo permite-se a criação de pessoas jurídicas com características diversas e para finalidades, também, distintas. Dependendo do tipo social, os sócios que as formam terão responsabilidade em comum com elas, ou seja, seus patrimônios pessoais responderão solidariamente com os das sociedades, ou não. Lembra Requião, a respeito do tema, que "no estudo da responsabilidade do sócio devemos considerar a espécie de sócio, pois da natureza de cada um se determina a extensão de sua responsabilidade. O sócio será ou de *responsabilidade limitada* ou de *responsabilidade ilimitada*".[37]

Assim, por exemplo, se a pessoa jurídica (sociedade) contrai determinada dívida, não se pode conceber a probabilidade de que a pessoa física (sócios) responda por obrigações que ela não assumiu. Nada mais que a aplicação dos princípios contratuais básicos de que cada contratante responde por aquilo que ele próprio firmou, não se estendendo a obrigação a pessoa diversa da relação negocial firmada.

A liberdade de contratação decorre da autonomia da vontade, sendo lícito à parte suscitar efeitos reconhecidos e tutelados pela ordem jurídica, através da declaração de sua vontade. Sabendo-se que a liberdade de contratar possui três aspectos, quais sejam, (a) o de contratar propriamente dita, (b) o relativo àquele poder de suscitar efeitos na ordem jurídica e no mundo dos fatos, e (c) de estipular contrato e de determinar o conteúdo contratual,[38] nada mais lógico que cada qual responda por aquilo que negociou ou contratou.

Sendo a sociedade regularmente constituída, seguirá, assim, o que o conteúdo contratual determinar, respeitando-se o tipo de sociedade que se formar. Se a constituição for irregular, ou seja, se os atos constitutivos sociais não forem inscritos no órgão competente, o novo sistema reconhece que tais sociedades são *em comum*, ordinariamente conhecidas como *sociedades de fato* e que, no âmbito do Código Civil ganham regulamentação e reconhecimento legal (arts. 986 a 990, CC). Todavia, não se olvide, continuam sendo entes despersonalizados.

Assim, uma vez constituída regularmente, a personalidade jurídica dos entes sociais passa a gerar certos efeitos. Rubens Requião, a quem nos filiamos nesse ponto, elenca os principais, que assim podemos citar:

> 1ª) Considera-se a sociedade uma pessoa, isto é, um sujeito "capaz de direitos e obrigações". Pode estar em juízo por si, contrata e se obriga.

---

[37] REQUIÃO, Rubens. *Curso de direito comercial*. 18. ed. São Paulo: Saraiva, 1988. p. 310.
[38] Ver sobre a matéria GOMES, Orlando. *Contratos*. 15. ed. Rio de Janeiro: Forense, 1995. p. 22-24.

2ª) Tendo a sociedade, como pessoa jurídica, individualidade própria, os sócios que a constituírem com ela não se confundem, não adquirindo por isso a qualidade de comerciantes (...).

3ª) A sociedade com personalidade adquire ampla autonomia patrimonial. O patrimônio é seu, e esse patrimônio, seja qual for o tipo da sociedade, responde ilimitadamente pelo seu passivo.

4ª) A sociedade tem a possibilidade de modificar a sua estrutura, quer jurídica, com a modificação do contrato adotando outro tipo de sociedade, quer econômica, com a retirada ou ingresso de novos sócios, ou simples substituição de pessoas, pela cessão ou transferência da parte capital.[39]

Diante do que já se disse, a teoria da personalidade das pessoas jurídicas, portanto, tem como conseqüência lógica que, sendo a pessoa dos sócios distinta da pessoa da sociedade, seus patrimônios seriam inconfundíveis.

A teoria da empresa, adotada pelo novo ordenamento jurídico, apenas ampliou o alcance dos contornos que delimitam o direito civil e comercial. Nem sempre o fenômeno da personalidade vai caracterizar o tipo de responsabilidade de seus sócios, pois há tipos sociais personalizados em que os sócios têm responsabilidade ilimitada e outros absolutamente opostos. O que vai definir o limite de responsabilidade dos sócios é o tipo social e não o fato de ser a sociedade personalizada ou não.[40]

Vejamos os tipos sociais previstos na nossa lei.

2.2.4.1 Sociedade em comum[41]

A sociedade denominada *em comum* já era reconhecida no sistema jurídico nacional, mas não de forma expressa, como o fez o legislador de 2002. A regulamentação desta pessoa está nos arts. 986 a 990 do Código Civil. Observe-se que não se lhe pode atribuir a condição de pessoa jurídica personificada, já que o próprio ordenamento jurídico reconhece esta condição àquele que tem seus atos inscritos no registro respectivo.

A sociedade em comum, também chamada irregular ou de fato, se caracteriza por indicar uma reunião de pessoas que praticam atos inerentes às sociedades sim-

---

[39] *Curso de direito comercial*. Op. cit. p. 287.
[40] ULHOA COELHO, Fábio. *Curso de direito comercial*. 5. ed. São Paulo: Saraiva, 2002. v. 2, p. 3-7.
[41] Enunciado 58 aprovado na Jornada de Direito Civil promovida pelo Centro de Estudos Judiciários do Conselho da Justiça Federal, sob a coordenação do Ministro Rui Rosado, do STJ (de 11 a 13/9/2002), *in verbis*: Art. 986 e seguintes: *A sociedade em comum compreende as figuras doutrinárias da sociedade de fato e da irregular.*

ples ou empresárias, sem que tenham cumprido a formalidade do registro de seus atos, o que lhe daria a condição de pessoa jurídica.

Há alguns doutrinadores que traçam diferenças entre a sociedade irregular e de fato, adotando critérios diferenciados para explicá-las. Todavia, seguimos o entendimento de Fábio Ulhoa Coelho, para quem as distinções não têm relevância e devem ser adotadas por sinônimas.[42]

O direito, certamente, não poderia continuar ignorando a regulamentação de tais sociedades, já que inúmeras são as situações em que se depara com tais constituições. Observe-se que estas pessoas formadas irregularmente, isto é, em desrespeito às disposições legais de constituição das pessoas jurídicas, firmam negócios jurídicos de toda ordem, entre elas, contratam empregados para consecução de seus fins.

A jurisprudência e a doutrina vinham reconhecendo tais tipos sociais e, inclusive, os submetendo ao mesmo regime das sociedades personificadas. Citemos algumas ementas de feitos julgados pelo Tribunal de Justiça de São Paulo:[43]

> FALÊNCIA – Sociedade de fato – Sujeição à quebra – Admissibilidade – Registro na Junta Comercial que apenas atesta a qualidade de comerciante, não sendo constitutivo de direito – Recurso não provido. Comerciante é quem exerce profissionalmente atividade econômica direcionada à produção ou circulação de bens ou serviços. Basta a atividade mercantil para a qualificação como empresário comercial. Irrelevante o registro da firma individual ou da sociedade na Junta do comércio (Agravo de Instrumento nº 235.780-1 – Urupês – Relator: Marcus Andrade – CCIV 5 – 10/11/1994) – v.u.
> SOCIEDADE DE FATO – Comercial – Declaração de existência – Admissibilidade – Réu que conta com o apoio financeiro e técnico dos autores para construção de fábrica – Promessa não cumprida deste aos autores de os integrar futuramente na transformação em sociedade por cotas de responsabilidade limitada – Prova oral e documental condizente com a existência da sociedade – Relação jurídica existente – Recurso provido para esse fim (Apelação Cível nº 235.180-2 – Olímpia – Relator: Accioli Freire – CCIV 9 – v.u. – 3/11/1994).
> AÇÃO DE LIQUIDAÇÃO E EXTINÇÃO DE SOCIEDADE COMERCIAL – Exclusão dos sócios de fato do pólo passivo da relação processual determinada

---

[42]Op. cit. p. 16-19.
[43]Pesquisa realizada no *site*: http://www.tj.sp.gov.br, 2003.

pelo juízo "a quo" – Decisório que não merece subsistir – Ação de dissolução total de sociedade que deve ser endereçada contra todos os sócios, ostensivos ou de fato, em litisconsórcio necessário – Fato de alguém aparecer ou não no ato constitutivo que não altera a sua condição de sócio e, por via de conseqüência, a sua legitimação para a ação em que se discute a extinção da sociedade, a qual não objetiva à evidência, apenas o arquivamento da ocorrência no Registro do Comércio – Incidência do disposto no art. 673 do Código de Processo Civil/1939, mantido pelo estatuto de ritos em vigor, que preconiza a possibilidade de dissolução judicial de sociedade mesmo quando não há contrato ou instrumento de constituição regulando os direitos e obrigações dos sócios, os quais, obviamente, devem integrar a lide em qualquer hipótese – Agravo provido para o fim de afastar a determinação de emenda da inicial para exclusão dos sócios de fato (Agravo de Instrumento nº 237.370-4 – São Paulo – 10ª Câmara de Direito Privado – Relator: Paulo Dimas Mascaretti – 21/5/2002 – v.u.).

As sociedades de fato são pessoas não personificadas justamente por lhes faltar a submissão de seus atos ao registro respectivo. Entendemos, assim, que o legislador não limitou a finalidade de tais pessoas a atos comerciais. Da leitura das disposições que lhes são aplicáveis, tem-se que poderão ser sociedades empresárias ou simples, cuidando o legislador de impor-lhes a submissão às regras inerentes às sociedades simples de forma subsidiária (art. 986).

Toda sociedade, enquanto não inscrever seus atos constitutivos no registro próprio, terá a característica de pessoa *comum*. Seus sócios somente poderão provar a existência da sociedade em comum entre si, ou em relação a terceiros, pela existência de documento escrito. Todavia, os terceiros que negociarem com a sociedade em comum terão possibilidade de provar sua existência por qualquer forma (art. 987 do Código Civil). Portanto, por exemplo, as anotações em recibos ou mesmo na CTPS realizadas pela empresa de fato terão absoluta validade. Igualmente, poderá o empregado comprovar a existência de tais entes por intermédio tão-somente de testemunhas, vg.

Característica importante é que os sócios serão solidariamente responsáveis pelas dívidas e bens sociais. A regra geral, portanto, é que, sendo a sociedade em comum sujeito de direito, certamente responde pelas negociações e atos travados, seja em nome dela própria, seja por seus sócios em atos de gestão da sociedade. Se o sócio não tinha poderes para negociar em nome da sociedade irregular, ainda assim a mesma responderá, exceto se havia pacto limitativo de poderes, o qual somente valerá em relação a terceiros se estes tinham conhecimento do pacto ou se, por qualquer razão, o conheciam (art. 989 do Código Civil).

A lei não prevê forma especial para o pacto societário, o que nos leva à conclusão de que poderá ser escrito ou verbal, já que, por ser irregular a sociedade, na maioria das vezes não possui nenhum documento escrito onde constem suas cláusulas contratuais.

A respeito do tema, o Tribunal de Justiça do Rio Grande do Sul decidiu questão reconhecendo as obrigações recíprocas entre os sócios de sociedade de fato, bem como a possibilidade da existência do contrato verbal, cuja ementa é a seguinte:[44]

> APELAÇÃO CÍVEL. RESPONSABILIDADE CIVIL. DANOS MATERIAIS E MORAIS. RECONHECIMENTO DE SOCIEDADE DE FATO.
>
> Reconhecida a existência de sociedade de fato entre os autores, que empreenderam esforços para a instalação do estabelecimento comercial. Prova que evidenciou contribuíram para a concretização do empreendimento, através de contatos com fornecedores, arquitetos e outros profissionais, intermediando negócios.
>
> DANOS MATERIAIS – Devidos tão-somente no que tange ao ressarcimento de despesas comprovadas. Ausente direito à indenização por lucros cessantes, na medida em que não comprovados.
>
> DANOS MORAIS – Configurado abalo sofrido frente à frustração das expectativas.
>
> QUANTIFICAÇÃO DO DANO – A indenização deve obedecer aos critérios de razoabilidade, atingindo função reparatória e punitiva. *Quantum* arbitrado que se mantém.
>
> HONORÁRIOS ADVOCATÍCIOS – Mantidos, pois, de acordo com os parâmetros legais.

2.2.4.2 Sociedade em conta de participação

Regulada nos arts. 991 a 996 do Código Civil, tinha como correspondentes os arts. 326 a 328 do Código Comercial.

Esse tipo social não adquirirá personalidade jurídica, ainda que seus estatutos sejam registrados. Isso porque o art. 993 do Código Civil dispõe que o registro não

---

[44]Apelação Cível nº 70004218996, 9ª Câmara Cível, Rel. Rosa Terezinha Silva Rodrigues, julgamento de 18/12/2002, pesquisa realizada no site: http://www.tj.rs.gov.br.

lhe conferirá personalidade jurídica, de sorte que estará entre os entes despersonalizados, independentemente das providências burocráticas que vier a ter. Observe-se que é um tipo social formado sem nenhuma formalidade, mas é regular, não possuindo personalidade tão-somente por força de lei.

Haverá sociedade em conta de participação quando se reunirem para realização de operações comerciais duas ou mais pessoas.

O Código Comercial conceituava a sociedade em conta de participação referindo-se à existência de um comerciante, o que dava a este tipo a característica de verdadeira sociedade comercial. O Código atual retirou do texto a terminologia *comerciante*, o que tem levado alguns a sustentarem que é um tipo social que poderia possuir finalidade civil.

Entendemos que, não obstante a aparente omissão legislativa, a sociedade em conta de participação é de finalidade empresarial e não civil. Não se pode atribuir-lhe natureza de sociedade civil apenas porque o legislador não se referiu ao sócio comerciante. O próprio texto da lei afasta tal conclusão, quando prevê que o sócio ostensivo, por exemplo, pode vir a falir (art. 994 do Código Civil). Pessoas civis não quebram, mas entram em insolvência civil.

Para Fábio Ulhoa Coelho, a sociedade em conta de participação não é empresária, não obstante reconheça que a doutrina majoritária entenda de forma diferente. Diz o jurista que

> (...) a conta de participação, a rigor, não passa de um contrato de investimento comum, que o legislador impropriamente, denominou *sociedade*. Suas marcas características, que a afastam da sociedade empresária típica são a personalização (ela não é pessoa jurídica) e a natureza secreta (seu ato constitutivo não precisa ser levado a registro na junta comercial). Outros aspectos também justificam não considerá-la uma sociedade: a conta de participação não tem necessariamente capital social, liquida-se pela medida judicial de prestação de contas e não por ação de dissolução de sociedade, e não possui nome empresarial.[45]

Fran Martins nos ensina que tais sociedades tiveram origem nas sociedades em comandita e com elas se confundiam, até que em 30/11/1408 a Lei de Florença passou a regulamentar estas últimas, mas os contratos de comenda que existiam no comércio da época persistiram sem que o nome dos sócios em que o patrimônio era depositado aparecesse nos registros.

---

[45]Op. cit. v. 2, p. 478.

Essas sociedades eram conhecidas apenas entre sócios, não aparecendo perante terceiros e não tendo, assim, personalidade jurídica. Os sócios desconhecidos dos terceiros tiveram a denominação de *sócios ocultos*; ainda hoje uma das características de tais sociedades é que os sócios ocultos não respondem perante terceiros pelas obrigações sociais; se tal acontecer, a sociedade perderá o caráter de participação.[46]

No direito nacional, tal sociedade foi tratada no Código Comercial com a denominação *sociedade em conta de participação, acidental, momentânea ou anônima*, preservando o legislador de 2002 a denominação originária com a exclusão das outras e manutenção do nome *sociedade em conta de participação*, dando-lhe feições mais definidas.

Caracteriza-se pela existência de duas figuras de sócios: um oculto e outro ostensivo. O sócio oculto não age em nome da sociedade, não se vincula em compromissos em nome dela, não realiza transações e negociações, enfim. Isso não quer dizer que não seja conhecido de terceiros. O fato de sê-lo não fará com que deixe de ser oculto, já que tais situações são absolutamente independentes. O sócio ostensivo, também chamado por alguns de gerente,[47] realiza negócios em seu próprio nome, assume compromissos e responde pela sociedade de forma pessoal e individual.

Observe-se que a sociedade em conta de participação é oculta, mas está sujeita à falência e à concordância dos demais sócios para inclusão de novo sócio, salvo, neste último caso, se houver manifestação em contrário ajustada entre as partes.

Eventual obrigação que o sócio oculto venha a assumir junto ao sócio ostensivo deverá ser regulada em contrato entre eles, admitindo-se a prova da existência deste tipo de sociedade por todos os meios em direito não vedados ou permitidos.

O Tribunal de Justiça de São Paulo, em oportunidades que teve de decidir sobre feitos que envolviam este tipo social, assim se pronunciou:[48]

> PRESTAÇÃO DE CONTAS – Recurso: AI 158488 – 1 – Origem: SP – Orgão: CCIV 9 – Relator: Lair Loureiro – Data: 10/05/90 – Prestação de contas – Sociedade em conta de participação – Ajuizamento por sócios ocultos – Dissolução por cumprimento do prazo previsto para sua duração – Inclusão no feito como litisconsórcio ativo necessário – Comunhão de interesses constatada – Intervenção permitida a qualquer tempo – RP.

---

[46]*Curso de direito comercial*. 3. ed. Rio de Janeiro: Forense, 1967. p. 284-285.
[47]MARTINS, Fran. Op. cit. p. 285.
[48]Pesquisa realizada no *site*: www.tj.sp.gov.br, 2003.

SOCIEDADE EM CONTA DE PARTICIPAÇÃO – Sócio oculto – Ganhos prometidos – Não concretização – Reclamação – Inadmissibilidade – Extinção da associação com o pagamento das quotas sociais – Ausência de reclamação tempestiva – Incabível o questionamento jurídico sobre os direitos que remanesceram aos autores – Inexistência de direito à participação de lucros subsumíveis à ganância – Recurso parcialmente provido (Apelação Cível nº 222.025-4/8 – Guarulhos – 3ª Câmara de Direito Privado – Relator: Alfredo Migliore – 7/5/2002 – v.u.).

SOCIEDADE COMERCIAL – Conta de participação – Negócios praticamente encerrados – Ação de cobrança – Inadmissibilidade – Acerto final segundo os princípios societários e não através de mera cobrança – Inadequação da via eleita – Falta de interesse de agir – Carência da ação – Recurso provido (JTJ 229/188).

Na omissão ou necessidade de interpretação subsidiária quanto às sociedades em conta de participação, o intérprete deverá valer-se das disposições relativas às sociedades simples. Sabendo-se que o sócio ostensivo é quem age em seu próprio nome e o responsável por todas as obrigações que contrair, é dele a responsabilidade pelos atos ou omissões na consecução de seus objetivos.

2.2.4.3 Sociedade simples[49]

As sociedades simples são a grande novidade da nova legislação. Isso porque, conforme já se disse, o legislador prevê no título de direito de empresa dois tipos sociais com finalidades diversas: um relativo às sociedades empresárias; outro relativo às sociedades cuja finalidade não poderá ser empresarial, sem que isso impeça que tenham finalidade econômica (art. 982 do Código Civil).

Nelson Nery e Rosa Nery a elas se referem como "sociedades regulares, que não se submetem a regramentos especiais".[50] Pode ocorrer, por exemplo, de decorrer o lucro de uma sociedade civil da prestação de serviços técnicos ou exercício de certas profissões, o que, por exemplo, ocorre nas sociedades de advogados.

Tais sociedades serão constituídas através de contrato, particular ou público, que deverá ter por cláusulas obrigatórias aquelas descritas no art. 997 do Código Civil.

---

[49]Enunciado 57 aprovado na Jornada de Direito Civil promovida pelo Centro de Estudos Judiciários do Conselho da Justiça Federal, sob a coordenação do Ministro Rui Rosado, do STJ (de 11 a 13/9/2002):
Art. 983: A opção pelo tipo empresarial não afasta a natureza simples da sociedade.
[50]*Novo Código Civil e legislação extravagante anotados.* São Paulo: Revista dos Tribunais, 2002. p. 352.

As sociedades assim constituídas serão inscritas no Registro Civil das Pessoas Jurídicas e qualquer pacto em separado que houver sido realizado entre os sócios e que não conste no instrumento do contrato será ineficaz em relação a terceiros (arts. 997, parágrafo único, e 998, do Código Civil).

Toda alteração contratual deverá ser averbada e as que importarem em modificação das cláusulas obrigatórias supramencionadas somente poderão ser realizadas com o consentimento de todos os sócios, sob pena de não lhes ser reconhecida a validade.

Poderá ocorrer de a sociedade simples ter agência ou sucursal. Nestas hipóteses, a inscrição dos atos também será submetida ao Cartório de Registro Civil das Pessoas Jurídicas da respectiva localidade, devendo ser acompanhada pela prova da inscrição originária e, também, averbada no Registro Civil da respectiva sede (art. 1.000 do Código Civil).

Fixa aí o legislador o *dies a quo* e *ad quem* das obrigações dos sócios: *imediatamente com o contrato, se este não fixar outra data, e terminam quando, liquidada a sociedade, se extinguirem as responsabilidades sociais* (art. 1.001, Código Civil, *in verbis*). Se os sócios estabelecerem marco diferente daquele previsto no contrato para início das obrigações, a regra fará lei entre eles, e não em relação a terceiros. No que concerne ao término da responsabilidade, convém assinalar que se o processo de liquidação houver iniciado, não podem retirar-se da sociedade os sócios atuais e nem se admite o ingresso de novos, continuando a sociedade detentora de personalidade.

Os sócios participarão dos lucros e perdas sociais nos limites de suas cotas, sendo vedada qualquer disposição contratual que exclua a participação de qualquer deles nas perdas e nos lucros. Cumpre frisar que tal dispositivo não se aplica às questões das perdas, em relação às sociedades cuja responsabilidade dos sócios seja limitada, como ocorre, por exemplo, nas sociedades limitadas.

Observe-se que pode haver sócios beneficiados tão-somente pelos lucros. Isso ocorre com o sócio que participa da sociedade apenas com serviço, ocasião em que lhe será vedado empregar-se em atividade estranha à sociedade. Se este sócio que participa somente com serviço se ativar em outra atividade, poderá ser penalizado através da privação da percepção dos lucros ou, até, de sua completa exclusão do quadro social. Sua participação nos lucros sociais será medida através da média das cotas dos demais sócios (arts. 1.006 e 1.007 do Código Civil).

A administração deste tipo social poderá ser realizada pelo sócio ou por administrador (não necessariamente sócio da sociedade). Isso poderá ocorrer quando o tipo social estabelecido permitir que o administrador seja, por exemplo, um terceiro. Independentemente de ser a administração exercida pelo sócio ou administrador (terceira pessoa), se o contrato ou a lei disser que determinadas negociações deverão ser tomadas pelos sócios, somente terá validade se assim o for. A questão sempre será decidida pela maioria ou, se houver empate, pelo juiz.

O Código Civil faz referência expressa ao desempate ser proferido pelo juiz em situações em que a deliberação competir aos sócios. O valor do voto de cada sócio corresponderá ao valor das suas cotas. Entendemos que, não obstante o legislador de 2002 ter previsto em diversas cláusulas a participação efetiva do Judiciário em determinados negócios jurídicos, nada impede que, se o direito negociado for disponível, o desempate possa ser pronunciado pelo árbitro, se as partes assim desejarem submeter seu litígio ao juízo arbitral, nos termos da Lei nº 9.307, de 23/9/1996.

Deverá ser ressaltado, ainda, que o administrador não poderá estar impedido de exercer tal função, seja ele sócio ou não (art. 1.011 do Código Civil).

A nomeação do administrador será feita diretamente no contrato ou em instrumento separado. Se se der em instrumento separado, deverá este ser averbado e, até que isso ocorra, o administrador responderá solidária e pessoalmente pelas obrigações assumidas pela sociedade que representa. Se nada estiver disposto no contrato ou separadamente dele, mas depois a ele averbado, a administração da sociedade caberá aos sócios separadamente, podendo um impugnar a decisão do outro, sendo a questão decidida sempre por maioria de votos.

De qualquer forma, aquele a quem competir a administração responderá perante a sociedade e terceiros (arts. 1.015 a 1.017 do Código Civil):

a) por perdas e danos, se souber ou devesse ter conhecimento de que estava agindo em desacordo com a vontade da maioria;
b) por culpa no desempenho de suas funções;
c) se praticar qualquer ato com excesso de poder ou desvio de finalidade;
d) se aplicar créditos ou bens sociais em proveito próprio ou de terceiros, ocasião em que terá de restituí-los ou pagá-los, respondendo, ainda, pelos prejuízos que do ato advierem;
e) agir em qualquer operação com interesse contrário ao da sociedade.

A sociedade responde, ainda, perante terceiros que com ela contratam. Sabendo-se que a sociedade é pessoa jurídica, distinta dos sócios que a compõem, todos os compromissos que assumir serão por ela honrados.

Possibilita-se, no entanto, que os bens dos sócios respondam por suas obrigações, impondo a lei limites para tanto. Assim, os bens que primeiro devem honrar as obrigações são os sociais, cabendo aos sócios o benefício de ordem (art. 1.024 do Código Civil). Apenas nas hipóteses em que restar configurado que os bens sociais não cobrem suas dívidas é que os sócios responderão pelo saldo. Todavia, a responsabilidade estará limitada à proporção estabelecida no contrato social em relação às perdas sociais (art. 1.023 do Código Civil).

Se houver cessão de cotas, aquele que estiver sendo admitido não pode alegar em seu proveito a irresponsabilidade por dívidas anteriores; igualmente, aquele que se retira fica vinculado, por dois anos, de forma solidária, à sociedade da qual se retirou. Essa vinculação se estende, também, aos terceiros que vierem a negociar seja com a sociedade, seja com seus administradores/sócios em nome dela (arts. 1.001, 1.024 e 1.025 do Código Civil).

Os dois anos a que o cedente (antigo sócio) fica vinculado começarão a correr da data da averbação contratual e, entendemos nós, que se trata de prazo decadencial, posto que o legislador foi absolutamente transparente ao tratar da norma de direito material, criando uma situação de vinculação independente do direito de exercício através da ação judicial.

Poder-se-ia questionar se tal prazo se aplicaria ao administrador, já que o legislador trata tão-somente da situação do sócio cedente e do cessionário. Entendemos que a resposta é negativa.

O administrador, por disposição expressa da lei (art. 1.011, § 2º do Código Civil), terá sua situação regulamentada pelas disposições inerentes ao contrato de mandato. Portanto, quem não for sócio da sociedade, mas pessoa contratada com fim específico para administrá-la, estará a ela vinculado até que ocorra a extinção do mandato, considerando, assim, as hipóteses descritas no art. 682 do Código Civil. O prazo para reclamar contra os administradores, assim, é aquele instituído no art. 206, § 3º, VII, b, do Código Civil, ou seja, três anos, contados da *apresentação, aos sócios, do balanço referente ao exercício em que a violação tenha sido praticada, ou da reunião ou assembléia geral que dela deva tomar conhecimento* (in verbis).

Evidente que, se coincidir de ser o administrador sócio, necessário perquirir se a situação tratada é de cessão de cotas e conseqüente retirada da sociedade; ou, simplesmente, de exclusão da administração, mas continuidade na sociedade. Coincidindo as duas situações, evidentemente que o sócio administrador estará sujeito a elas, respondendo pelo período em que a administrou e por aquele em que foi sócio, bem como pelos dois anos subseqüentes a sua retirada da sociedade (art. 1.003, Código Civil).

A dissolução da sociedade simples poderá dar-se em relação a um sócio ou em relação à pessoa jurídica em si.

Em relação a um dos sócios pode haver a dissolução em razão de sua morte; de sua vontade; ou de decisão judicial. De qualquer forma, seus herdeiros, em caso de morte, ou o sócio, nas demais situações, ficarão vinculados quanto às obrigações sociais assumidas em período anterior a dois anos após a averbação da resolução da sociedade (art. 1.032 do Código Civil).

Cumpre lembrar que os herdeiros ficam vinculados até o limite de seu quinhão hereditário em razão do disposto no art. 1.792 do Código Civil.

Portanto, não se poderá interpretar a norma do art. 1.032 que dispõe sobre a responsabilidade dos herdeiros de forma isolada, mas sim dentro do contexto das disposições sucessórias. Eventual dívida é do *de cujus* e não daqueles que o sucedem (art. 568, II, c/c art. 597 do Código de Processo Civil).

A dissolução da sociedade poderá ocorrer nas hipóteses descritas no art. 1.033 do Código Civil. Poderá ocorrer, ainda, a dissolução judicial, que poderá ser requerida por qualquer dos sócios quando se verificar qualquer das hipóteses legais, quais sejam: sua constituição estiver anulada, o fim social houver exaurido ou for verificada sua inexeqüibilidade (art. 1.034 do Código Civil); ou, ainda, quando o contrato houver previsto outra causa para tanto.

De toda forma, uma vez ocorrida a dissolução, imediatamente o administrador deverá nomear um liquidante, que terá seus atos restritos à gestão dos negócios urgentes até que tal dissolução ocorra de pleno direito, quando a liquidação judicial será desde logo requerida pelos sócios (art. 1.036 do Código Civil).

Os sócios poderão, a qualquer tempo, destituir o liquidante eleito, seja por nova deliberação entre eles, seja por via judicial se comprovarem justo motivo (art. 1.038 do Código Civil).

O liquidante poderá pagar dívidas vencidas e vincendas, sendo estas com desconto, sem qualquer distinção, desde que exista ativo maior que o passivo e sob sua responsabilidade pessoal.

Os sócios, ainda, poderão fazer o rateio de forma antecipada, ou seja, antes de ultimada a liquidação, desde que deliberem conjuntamente por maioria e sempre depois do pagamento dos credores. Depois de acertadas e prestadas todas as contas, a liquidação será encerrada e averbada no respectivo registro. O sócio dissidente terá 30 dias, após a averbação, para promover a ação que lhe couber em relação a direito que entenda possuir com relação à sociedade. Entendemos que tal prazo é decadencial.

Quanto aos credores não satisfeitos, estes poderão cobrar seus haveres dos sócios, se assim pretenderem, após o encerramento da liquidação. Todavia, a obrigação dos sócios vai até o montante do crédito recebido na partilha da liquidação, ficando ressalvado o direito dele, sócio, de propor ação por perdas e danos contra o liquidante.

A dissolução judicial da sociedade será processada na forma estabelecida no Código de Processo Civil de 1939, por disposição do art. 1.218, VII, do Código de Processo Civil em vigor.

Se, porventura, a sociedade a ser liquidada for insolvente, isto é, *não possuir bens livres e desembaraçados para nomear a penhora; forem arrestados bens seus com fundamento no artigo 813, I, II e III, do Código de Processo Civil; ou for reconhecidamente declarado que seu passivo supera seu ativo* (in verbis), a liquidação se fará na forma estabelecida para execução por quantia certa contra o devedor insolvente (Título IV, do Livro II, do Código de Processo Civil).

A. Sociedades cooperativas

A sociedade cooperativa veio regulamentada no novo Código Civil nos arts. 1.093 a 1.096, sem que isso representasse a revogação da Lei nº 5.764/1971, que continua em vigor, conforme dispõe expressamente a parte final do art. 1.093.

Importa frisar que a sociedade cooperativa é tipo de sociedade simples, ou seja, terá sempre objetivo civil e será registrada no Cartório de Pessoas Jurídicas (art. 982, parágrafo único do Código Civil).

Pode parecer incoerente que o legislador tenha reservado às cooperativas a natureza de sociedade simples. Todavia, parece-nos que isso se deu em virtude da própria natureza destes entes e da importância que ganham, principalmente no que diz respeito a seus membros, chamados cooperados.

A Constituição Federal incentiva o cooperativismo reconhecendo a importância da socialização da produção diante das novas faces que o mercado apresenta e dos desafios causados pela globalização. A proteção constitucional vem inscrita no art. 174, §§ 2º e 5º, XVIII, subordinando-se aos mesmos princípios relativos às associações, gozando de liberdade de criação e funcionamento desvinculada do controle estatal.[51]

A Política Nacional de Cooperativismo, agasalhada pela Lei nº 5.764/1971, compreende as atividades iniciadas pelo setor público ou privado, que podem agir de forma isolada ou coordenada, mas sempre voltada a uma finalidade reconhecidamente de interesse público.

---

[51] O controle diz respeito à criação e funcionamento, sem que isso importe a permissão de existência de cooperativas com finalidades ilícitas, escusas ou imorais. Assim, por exemplo, não se pode permitir a criação de cooperativas para produção e venda de substâncias entorpecentes.

As cooperativas possuem natureza *sui generis*. Não obstante o legislador civil ter-lhes atribuído obrigatoriamente a natureza de sociedade simples, não se pode ignorar o fato de que possuem uma dupla face, interna e externa. Internamente, são uma organização civil, em que os cooperados se reúnem visando à melhoria de sua condição social e econômica. A sociedade cooperativa tem por fim voltar-se para o associado "visando a sua melhoria econômica e social, o que vai ao encontro dos princípios inspiradores do cooperativismo, em contraposição aos interesses mercantilistas daqueles que prefeririam negociar diretamente com as pessoas naturais, ora associados cooperados".[52]

Portanto, internamente considerada, a cooperativa é uma sociedade de natureza eminentemente civil. Todavia, se observarmos seu caráter externo, age como verdadeira sociedade empresária, negociando o produto ou mão-de-obra, base e razão de ser da sua constituição.

A cooperativa é uma sociedade de pessoas, o que a diferencia da sociedade de capital. Observe-se que, originariamente, toda sociedade é de pessoas e capitais, não sendo possível a constituição de uma coisa sem a outra. Ocorre que, dependendo do tipo social, há prevalência do elemento *pessoa* sobre o *capital* ou vice-versa. Fábio Ulhoa Coelho nos dá a exata dimensão da diferença entre elas, quando pondera que

> as sociedades de pessoas são aquelas em que a realização do objeto sociedade depende mais dos atributos individuais dos sócios que da contribuição material que eles dão. As de capital são as sociedades em que essa contribuição material é mais importante que as características subjetivas dos sócios. A natureza da sociedade importa diferenças no tocante à alienação da participação societária (quota ou ações), à sua penhorabilidade por dívida particular do sócio e à questão da sucessão por morte.[53]

As características que antes estavam elencadas no art. 4º da Lei nº 5.764/1971 certamente foram superadas pela nova relação trazida no art. 1.094 do Código Civil. Portanto, para que uma sociedade seja considerada cooperativa, deve respeitar as regras do art. 1.094 do Código Civil.

Devem, ainda, os cooperados respeitar os princípios que norteiam tais sociedades e que decorrem do sistema legal e jurídico, assim elencados por Wilson Alves Polonio:[54]

---

[52] POLONIO ALVES, Wilson. *Terceirização*: aspectos legais, trabalhistas e tributários. São Paulo: Atlas, 2000. p. 46.
[53] *Curso de direito comercial.* 5. ed. São Paulo: Saraiva, v. 2, p. 24.
[54] *Manual das sociedades cooperativas.* 3. ed. São Paulo: Atlas, 2001. p. 24.

1. adesão livre;
2. administração democrática;
3. retorno na proporção das compras;
4. juro limitado ao capital;
5. neutralidade política e religiosa;
6. pagamento em dinheiro a vista; e
7. fomento de educação cooperativa.

Há vários tipos de cooperativas que podem formar-se. Entre eles podemos referir-nos às de produção, ou agrícola; de consumo; mistas; e de crédito. Há, ainda, as chamadas cooperativas de mão-de-obra, conhecidas também como cooperativas de trabalho, não obstante haja posições em contrário de estudiosos do direito do trabalho.[55]

Em todos os casos a cooperativa terá sempre a característica de sociedade de pessoas, com fim de criar maior poder de barganha no mercado, através da reunião dos esforços comuns entre os cooperados para redução de custos, melhoria de qualidade e eliminação de intermediação no mercado para negociação do produto. Não terá finalidade comercial ou empresária, mas simplesmente existe para prestar serviços a seus próprios associados, independentemente de comercializar ou não aquilo que produz.

O registro da sociedade cooperativa não se fará mais na Junta Comercial, como previa o art. 18, § 6º, da Lei nº 5.764/1971, mas sim no Cartório de Registro Civil de Pessoas Jurídicas, como ordena o art. 998 do Código Civil[56]. Os atos constitutivos deverão ser escritos, contendo, obrigatoriamente, as cláusulas expostas no art. 997, com as adaptações às peculiaridades deste tipo social, como, por exemplo, o número mínimo de associados (art. 1.094 do Código Civil, e art. 21, X, da Lei nº 5.764/1971).

Sem olvidar que sempre quem responde pelas obrigações assumidas é a sociedade, os cooperados podem estabelecer que a responsabilidade deles será limitada até o valor de suas quotas ou, se houver prejuízo verificado nas operações, na proporção de sua participação; ou ilimitada, ocasião em que o cooperado responde solidária e ilimitadamente junto com a sociedade (art. 1.095, §§ 1º e 2º do Código Civil).

---

[55] Ver entre eles CARELLI LACERDA, Rodrigo de. *Cooperativas de mão-de-obra*: manual contra a fraude. São Paulo: LTr, 2002. Para ele, as cooperativas de mão-de-obra realizam terceirização, causando exclusão social e em fraude aos preceitos trabalhistas.

[56] Enunciado 69 aprovado na Jornada de Direito Civil promovida pelo Centro de Estudos Judiciários do Conselho da Justiça Federal, sob a coordenação do Ministro Rui Rosado, do STJ (de 11 a 13/9/2002): *As sociedades cooperativas são sociedades simples sujeitas a inscrição nas juntas comerciais.*

Às sociedades cooperativas se aplicam as disposições relativas às sociedades simples de forma subsidiária, de modo que convivemos com três "legislações" a serem interpretadas harmonicamente: as relativas às sociedades cooperativas (arts. 1.093 a 1.096 do Código Civil), a Lei Especial em vigor com os ajustes da legislação nova (Lei nº 5.764/1971) e normas sobre as sociedades simples (arts. 997 a 1.038 do Código Civil).

2.2.4.4 Sociedade em nome coletivo

Regulada nos arts. 1.039 a 1.044 do Código Civil, antes tinha suas disposições no Código Comercial (arts. 315 e 316). Constitui um dos tipos de sociedade comercial mais antigos, tendo origens na Idade Média, vindo substituir as sociedades familiares. Em 1673 veio prevista na Lei do Comércio francesa, promulgada por Luís XIV, sendo denominada de sociedade geral. Em 1808 passou para a previsão do Código Comercial Francês, que a designou de sociedade em nome coletivo, e daí passou aos Códigos Espanhol (1829) e Português (1833), influenciando nosso direito.[57]

Caracteriza-se a sociedade em nome coletivo justamente por ser formada apenas por pessoas, em que os sócios que a compõem respondem solidária e ilimitadamente pelas obrigações sociais. Observe-se que a responsabilidade primeira é sempre da pessoa jurídica, mas, por força de lei, instaura-se a responsabilidade solidária entre ela e as pessoas físicas que a compõem.

O Código Civil atual não traz a previsão que havia na lei anterior quanto à necessidade de serem os sócios comerciantes. Vai além e prevê no art. 1.044 que tal sociedade, quando empresária, poderá estar sujeita a falência, o que leva à conclusão de que a mesma pode ser simples, contrariando todo o entendimento que se tinha antes a respeito desta sociedade. Parece-nos que a intenção legislativa foi a de possibilitar que tal sociedade possa ser simples ou empresária. Por isso, preferimos tratá-la em item separado.

Considerando o caráter absolutamente pessoal deste tipo social, somente poderá ser administrada por sócios e a firma deverá apresentar-se com o nome de pelo menos um sócio e em seguida pela denominação *& Cia.* ou *& Companhia* (art. 1.157 do Código Civil). O contrato social dirá qual o limite de utilização da firma, observando-se na sua utilização o uso privativo daqueles que possuírem poderes para tanto.

---

[57]MARTINS, Fran. *Curso de direito comercial*. 3. ed. Rio de Janeiro: Forense, 1967. p. 262-263.

Se o sócio possuir credor particular, ou seja, de dívida sua pessoal, este não poderá exigir a liquidação de quota social antes de ver a sociedade dissolvida, justamente tal se dá porque a sociedade é pessoal, e, como já dissemos, quando isso ocorre, a figura do sócio é essencial para a vida em sociedade. As exceções para isso podem ocorrer: se a sociedade houver sido prorrogada tacitamente ou se, não obstante a prorrogação ter-se dado por contrato, o credor intentar, com ação judicial, obtenção de decisão favorável, a qual deverá respeitar o prazo de 90 dias contados da publicação do ato de prorrogação da sociedade.

Cumpre frisar que o fato de o art. 1.043 do Código Civil referir-se a sociedades por prazo não quer dizer que a sociedade em nome coletivo tenha necessariamente que ser firmada por prazo certo. Ao contrário, a mesma poderá ser por prazo indeterminado e se dissolver, por exemplo, pela morte de um dos sócios ou por outro meio de dissolução que não o advento do prazo.

Na omissão de regras a respeito de regulamentação desses tipos sociais, aplicar-se-ão as normas existentes quanto às sociedades simples (art. 1.040 do Código Civil).

2.2.4.5 Sociedade empresária

Chama-se sociedade empresária toda aquela que é constituída para um fim empresarial.[58] Tais sociedades sempre terão personalidade jurídica, a qual será adquirida através da inscrição de seus atos constitutivos no Registro do Comércio (art. 984 do Código Civil).

Sabendo-se que a sociedade empresária é pessoa jurídica, disso decorrem determinados efeitos, assim elencados por Waldo Fazzio Júnior:

> *titularidade jurídica negocial* – quando um sócio atua, representando uma sociedade empresária, é esta quem celebra negócios jurídicos, já que é sujeito de direito autônomo, quer dizer, pessoa;
>
> *titularidade jurídica processual* – a pessoa jurídica é capaz de titularizar ativa e passivamente ações em juízo; pode ser parte em sentido processual;
>
> *titularidade jurídica patrimonial* – dotada de patrimônio próprio e inconfundível com os dos sócios, a sociedade responde, com ele, pelas obrigações que assumir.[59]

---

[58] Ver subtítulo 2.2.4.
[59] *Manual de direito comercial*. São Paulo: Atlas, 2000. p. 159.

Tem-se, assim, que um dos elementos fundamentais da sociedade empresarial é sua autonomia patrimonial. Inicia-se a personalização da sociedade empresária com seu registro e termina-se com sua extinção, que passa por três fases: *dissolução*, que pode ser judicial ou não, e refere-se à intenção dos sócios em não mais quererem continuar com a sociedade; *liquidação*, que diz respeito ao acertamento do ativo e passivo social; e *partilha*, pelas quais se divide entre os sócios o remanescente.

Classificam-se as sociedades para fins didáticos, sendo várias as distribuições apresentadas. Parece-nos que a melhor é aquela que separa as sociedades pela natureza dos atos que as constituem; pela responsabilidade dos sócios que as compõem e pelo grau de dependência que eles possuem em relação à sociedade.

Pelo primeiro critério, diz-se que as sociedades são contratuais ou institucionais, conforme seja o ato de vontade que as instituiu contratual ou através de um estatuto social. O art. 981 do Código Civil prevê que a sociedade é estabelecida entre pessoas através de um contrato. Isso não se confunde com o ato formalizador dessa vontade societária, que pode estabelecer-se, dependendo do tipo social, através de contrato ou de estatuto social, havendo efeitos jurídicos diversos para cada tipo social. Exemplo de sociedade contratual é a limitada; e da institucional, a anônima. Ensina Fábio Ulhoa que

> a sociedade empresária é contratual se constituída por um contrato entre os sócios; e é institucional se constituída por um ato de vontade não contratual. A diferença diz respeito à aplicação, ou não, do regime do direito contratual às relações entre os sócios.[60]

Pelo segundo critério, classificam-se as sociedades em consideração à responsabilidade dos sócios, dizendo-se que são ilimitadas aquelas em que os sócios "assumem responsabilidade ilimitada e solidária relativamente às obrigações sociais (sociedade em nome coletivo) (...) limitadas (...) às nascidas de pacto social que limita a responsabilidade dos sócios ao valor de suas contribuições (sociedades anônimas) ou à integralização do capital social (sociedades limitadas)" e mistas "quando o contrato social combina a responsabilidade ilimitada e solidária de alguns sócios com a responsabilidade limitada de outros sócios (sociedades em comandita simples, sociedades em comandita por ações)".[61]

Por fim, o terceiro critério, que leva em consideração a pessoa do sócio, é aquele que divide as sociedades em capitais ou de pessoas, perscrutando qual a importância

---

[60]*Curso de direito comercial*. 5. ed. São Paulo: Saraiva, 2002. p. 27.
[61]FAZZIO JÚNIOR, Waldo. *Manual de direito comercial*. São Paulo: Atlas, 2000. p. 180.

do sócio na composição social, isto é, até que ponto as alterações de pessoas de sócios vão ou não interferir na mudança da própria sociedade. Assim, diz-se sociedade de pessoa aquela em que importa a pessoa do sócio, o qual tem papel preponderante na vida da pessoa jurídica. Se a sociedade é de capital, o que interessa é a contribuição que o sócio dá à sociedade e à pessoa do sócio em si e sua capacidade de exercício.

A sua administração poderá ser confiada a terceiros, bem como a fiscalização dessa administração. Os sócios apenas tomarão contas da administração, vigorando a lei da maioria do capital: as decisões sociais serão tomadas, não pelo maior número de sócios, mas pelo maior número de ações, ainda que essa maioria pertença a apenas uma pessoa.[62]

São sociedades empresárias em nosso direito: em nome coletivo, comandita simples, comandita por ações, anônima e por quotas (limitada). Estas duas últimas são as que possuem importância econômica e por isso merecem ser disciplinadas mais detalhadamente.

Por fim, cumpre lembrar que a sociedade de capital e indústria, abolido pelo Código Civil de 2002, envolvia dois tipos de sócio, uns capitalistas e outros chamados de indústria (trabalhadores). Vinha prevista nos arts. 317 a 324 do Código Comercial, não havendo a renovação ou manutenção do instituto no sistema atual. Entende Waldo Fazzio Júnior que houve adequada substituição pelas normas concernentes à participação nos lucros da empresa.[63]

A. Sociedade em comandita simples

É o mais antigo tipo societário e tem origem no tráfego marítimo no contrato denominado *comenda*. Na Idade Média, os nobres firmavam contratos de comenda com os capitães de embarcações, uma vez que receavam atravessar os mares com suas mercadorias.[64]

Caracteriza-se este tipo social por possuir dois tipos de sócios: os comanditários e os comanditados. É, por assim dizer, uma sociedade de pessoas, em que os primeiros obrigam-se somente pelo valor de suas quotas e os segundos de forma solidária e ilimitada.

O art. 1.045 do Código Civil prevê, ainda, que os sócios comanditados somente poderão ser pessoas físicas, omitindo qualquer restrição à qualidade dos sócios

---

[62]MARTINS, Fran. *Curso de direito comercial*. 3. ed. Rio de Janeiro: Forense, 1967. p. 244.
[63]FAZZIO JR., Waldo. Op. cit. p. 187-188.
[64]MARTINS, Fran. *Curso de direito comercial*. 3. ed. Rio de Janeiro: Forense, 1967. p. 268-272.

comanditários, o que nos leva a crer que podem, também, constituir-se por pessoas jurídicas. Não se pode dar ao conteúdo da lei interpretação mais restrita do que aquilo que se depreende de sua própria literalidade.

A constituição da sociedade se faz através de contrato e somente o sócio comanditado poderá administrá-la (arts. 1.042, 1.046 e 1.047 do Código Civil). O sócio comanditário que, porventura, for administrar a sociedade ou participar de qualquer ato de gestão ficará sujeito às mesmas responsabilidades que possui o sócio comanditado.

A firma da sociedade, igualmente, somente poderá ser utilizada pelos comanditados, devendo ser constituída pelo nome de um, alguns ou todos eles sempre acrescida da denominação *& Cia.* ou *& Companhia*, o que é indicativo de que possuem responsabilidade ilimitada (art. 1.047 c/c art. 1.045 do Código Civil).

Não obstante ao sócio comanditário ser vedado dar nome à firma, pode participar da gestão, devendo "permanecer em sua posição discreta e secundária de simples prestador de capital".[65] A lei lhe permite participar, ainda, de deliberações da sociedade e fiscalizar operações, bem como ser constituído procurador da sociedade *para negócio determinado e com poderes especiais* (art. 1.047, parágrafo único, *in verbis*). Observe-se que isso não fará com que incida na pena de ficar sujeito às mesmas responsabilidades do sócio comanditado.

Se o sócio comanditário tiver sua quota diminuída, a alteração contratual somente produzirá efeito perante terceiros após a averbação, sem que isso vá prejudicar os terceiros preexistentes. Se o capital social for reduzido por perdas supervenientes, também não será lícito dar ao comanditário quaisquer lucros antes que o capital seja reposto. E, em recebendo, embora de boa-fé e com base nos balanços, lucros que lhe foram pagos equivocadamente, não terá obrigação de retorná-los à sociedade. Tais proteções decorrem dos arts. 1.048 e 1.049 do Código Civil.

A dissolução se fará na forma prevista para as sociedades em nome coletivo, remetendo o legislador expressamente a essa sociedade as disposições subsidiárias a serem aplicáveis à sociedade em comandita simples (art. 1.046 do Código Civil). Disso decorre que se aplicarão, também de forma subsidiária, normas relativas às sociedades simples, o que nos leva à conclusão de que a dissolução poderá ser realizada em qualquer das situações previstas no art. 1.033 do Código Civil. Some-se a tais situações, ainda, a relativa à ausência de qualquer das categorias de sócios por mais de 180 dias. Aliás, se tal ocorre em relação aos sócios comanditados, que

---

[65] REQUIÃO, Rubens. *Curso de direito comercial*. 18. ed. São Paulo: Saraiva, 1988. v. 2, p. 304.

são os que administram a sociedade, os comanditários poderão eleger alguém para exercer as funções de administrador provisório, o qual assumirá o cargo de forma efêmera e sem que com isso adquira o *status* de sócio (art. 1.051 do Código Civil).

Ressalte-se que a subsidiariedade das regras quanto às sociedades simples será relativa não só à questão da dissolução, mas também em relação a toda e qualquer regra que com sua natureza seja compatível.

B. Sociedade por quotas de responsabilidade limitada

Regulada pelo Decreto nº 3.708, de 10/1/1919, sofreu alterações pelo Código Civil, passando a ser regida, também, pelos arts. 1.052 a 1.087.

A denominação *sociedade limitada* não corresponde exatamente à figura social tratada. O que é limitado é a responsabilidade de seus sócios e não da sociedade a qual, como pessoa jurídica que é, é responsável pelos atos e omissões que pratica, responde de forma ilimitada por todas as relações assumidas.

A idéia de se criar este tipo social teve por finalidade suprir uma lacuna verificada entre as sociedades tradicionais, cujos sócios respondem solidariamente pelas obrigações sociais, e a sociedade anônima, que dá a idéia de empresas gigantes, com estrutura social complexa. Comenta Rubens Requião que

> faltava, pois, na escala societária, um tipo mais leve de estrutura jurídica, que atendesse melhor aos propósitos organizacionais das pequenas e médias empresas. O gênio dos juristas modernos concebeu uma sociedade na qual todos os sócios contribuíam para o capital social, mas sua responsabilidade limitava-se ou ao valor da contribuição individual, ou ao volume do capital social.[66]

Tanto as sociedades limitadas eram expectativa de comerciantes que as pequenas e médias empresas certamente são o maior número de pessoas constituídas sob seu manto. Há vantagens neste tipo social para aqueles que as compõem, já que não respondem com seu patrimônio pessoal por obrigações indesejáveis assumidas pela pessoa jurídica, salvo, evidentemente, as exceções legais. Também não ficam sujeitas ao complexo sistema reservado às sociedades anônimas, não obstante o Código Civil permitir que no contrato social haja previsão expressa de que a fonte subsidiária de aplicação às limitadas seja relativa às normas dispostas para as Sociedades por Ações (art. 1.053, parágrafo único). Observe-se que o Decreto de

---

[66]*Curso de direito comercial*. 18. ed. São Paulo: Saraiva, 1988. p. 328.

1919 já previa que em sua omissão deveriam ser aplicáveis as disposições relativas à Lei das Sociedades por Ações (art. 18).

A sociedade limitada poderá assumir a feição de sociedade de pessoas ou de capitais. Se o contrato social não disser ou dele não for possível deduzir se a sociedade é de pessoas ou de capital, incidirá a regra geral do Código Civil, ou seja, será de pessoas. Quando adotar expressamente normas relativas às sociedades anônimas, por exemplo, certamente será sociedade de capitais, posto que é da natureza das S.A. ser indiferente a pessoa dos sócios, prevalecendo a impessoalidade e, por isso, o capital. Ingressando ou se retirando qualquer acionista, as S.A. se mantêm sem qualquer alteração. Dependendo do conteúdo do contrato, serão sociedade de pessoas.

O fato de ter o legislador da reforma do Código Civil previsto várias situações que antes estavam dispostas apenas na Lei das S.A. não significa que, mesmo para aqueles casos em que não se opte pelas regras desta sociedade, a lei inteiramente se aplique. Assim, se não houver previsão expressa no contrato, as fontes normativas serão: o Código Civil, o Decreto nº 3.708/19 e as normas sobre sociedade simples. Caso os sócios façam a opção pela regulamentação das S.A., as fontes serão: Código Civil, Decreto nº 3.708/1919, Lei das S.A. e normas sobre a sociedade simples.

As normas do Decreto nº 3.708/1919 que se refiram ao Código Comercial estão todas revogadas (art. 2.045 do Código Civil).

Os sócios terão sua responsabilidade limitada ao valor da quota, mas todos respondem solidariamente pela integralização do capital social, o qual será dividido em quotas, em número igual ou desigual. Cada sócio poderá ter uma ou diversas quotas. Todavia, todos os sócios responderão solidariamente pelo prazo de cinco anos, contados da data do registro da sociedade, pela exatidão dos bens que conferiram à sociedade (art. 1.055 do Código Civil).

Cumpre lembrar que as quotas indicam o patrimônio da sociedade representado por tudo aquilo que cada sócio contribui para sua formação. Tem natureza de direito patrimonial e pessoal. Não se pode contribuir para a sociedade com prestação de serviços. O decreto fazia referência à vedação da participação do sócio de indústria, de forma que nada foi alterado com relação à contribuição do sócio.

Poderá haver condomínio de quota, respondendo cada condômino de forma solidária pela integralização da mesma. Fixa, assim, o legislador a regra de indivisibilidade da quota, admitindo-se a divisão somente nos casos de condomínio, ocasião em que os direitos a ela serão exercidos pelo seu representante ou, no caso de falecimento do sócio, pelo espólio (art. 1.056). Frise-se que em relação à sociedade a quota é indivisível, dividindo-se, em caso de condomínio de cotas, os direitos inerentes a ela, ocasião em que poderão ser exercidos por todos os condôminos.

Permite-se, ainda, a cessão da quota desde que: (1) não haja previsão contratual expressa em sentido contrário; (2) quando feita a terceiro, estranho à sociedade, haja audiência prévia sem oposição dos titulares que representem 1/4 ao menos do capital social. Se a cessão for realizada a quem já participa da sociedade, poderá ser concretizada independentemente da audiência com os demais titulares. A cessão poderá, ainda, ser total ou parcial (art. 1.057).

Deve ser observado que a cessão somente produz efeitos após a averbação ao contrato, não produzindo qualquer efeito, quer em relação à sociedade, quer em relação aos terceiros antes desta formalização. Não se olvide, ainda, que, pelo prazo de dois anos, o cedente responde solidariamente com o cessionário, perante a sociedade e terceiros, pelas obrigações que tinha como sócio, prazo este que, igualmente, se conta da data da averbação da modificação (art. 1.003 c/c 1.057 do Código Civil).

Se houver distribuição de lucros com prejuízo ao capital social, os sócios são obrigados a repô-lo, ainda que isso tenha sido autorizado regularmente pela administração (art. 1.059).

A sociedade está autorizada, ainda, a tomar para si ou transferir a terceiros quotas que não houverem sido integralizadas por sócio remisso.[67] O art. 7º do Decreto nº 3.708/1919 prevê que tal deliberação deverá ser tomada pelos demais sócios. O art. 1.071 do Código Civil prevê que a deliberação dos sócios será obrigatória nos casos em que importar alteração do contrato social. Sabendo-se, pois, que a exclusão do sócio remisso ocasionará a alteração na sociedade e, por isso, no seu contrato social, tem-se que a deliberação deverá ser tomada em reunião ou assembléia (arts. 1.062 e 1.063 do Código Civil).

A administração da sociedade será feita por sócio, sendo permitido que o contrato preveja a possibilidade de se dar por terceira pessoa, estranha ao quadro social. Nesta hipótese, necessário se faz que a nomeação do administrador seja precedida de aprovação dos sócios. Se o capital estiver integralizado, a aprovação dependerá do voto de 2/3 no mínimo. Se não estiver integralizado, da unanimidade (art. 1.061 do Código Civil).

---

[67]Sócio remisso quer dizer "aquele que não contribui para a formação do capital social com os valores a que se obrigar. Para excluir o sócio da empresa, deve ser feita modificação no contrato social, o que não implica a constituição de uma nova sociedade" (ACQUAVIVA, Marcus Cláudio. *Dicionário jurídico brasileiro Acquaviva*. 11. ed. São Paulo: Jurídica Brasileira, 2000. p. 1228).

Para Fábio Ulhoa Coelho, "o administrador da limitada tem os mesmos deveres dos administradores da anônima: diligência e lealdade. Se descumprir seus deveres, e a sociedade, em razão disso, sofrer prejuízo, ele será responsável pelo ressarcimento dos danos".[68] Situação típica, para nós, de responsabilidade direta do administrador.

Nomeado o administrador, seja sócio ou não, este terá prazo de 30 dias para tomar posse no cargo, o qual será formalizado por termo de posse no livro de atas da administração. Deverá, nos dez dias que se seguirem, promover a averbação da sua nomeação no registro competente, o qual deve ser entendido como o local onde estiverem arquivados os atos constitutivos da sociedade. Se não o fizer, responderá pessoalmente e de forma solidária pelos atos que praticar em nome da sociedade, respondendo na forma disposta nos artigos 1.010 a 1.021 do Código Civil, já estudada no item sobre as sociedades simples.

Somente poderão fazer uso da firma ou denominação social aqueles que tiverem poderes de administração, facultando o Decreto nº 3.708/19 a possibilidade de a sociedade adotar ou uma ou outra. Se decidir pela adoção de denominação, quando possível, esta deverá indicar o objeto da sociedade. Exige-se, ainda, que esteja acompanhada da partícula *Ltda.* ou *Limitada*, sob pena de, na omissão, responderem os sócios-gerentes de forma ilimitada e solidária (art. 3º).

O fato de ser a responsabilidade limitada não quer dizer que tal declaração represente a irresponsabilidade dos sócios em face dos negócios realizados em nome da sociedade e em seu benefício. Desta forma, os sócios e/ou administradores (nominados no decreto de gerentes) poderão responder pessoalmente perante a sociedade e terceiros:[69]

1. quando agirem com excesso de mandato ou violação do contrato ou da lei (art. 10 do Decreto nº 3.078/19); o excesso somente poderá ser oposto a terceiros se: *a limitação de poderes estiver inscrita ou averbada no registro próprio da sociedade; provando-se que era conhecida do terceiro; tratando-se de operação evidentemente estranha aos negócios da sociedade* (art. 1.015, Código Civil, incisos, *in verbis*);

---

[68]Op. cit. v. 2, p. 443.
[69]Observe-se que os artigos 1.023 e 1.024 têm por fim proteger os bens dos sócios. Por isso, sempre quem responde pelas obrigações é a sociedade. Os sócios ou administradores respondem com seu patrimônio pessoal e sempre nos limites de suas quotas por eventuais perdas. Tal é a regra geral no que diz respeito à responsabilidade solidária ou subsidiária em relação às pessoas física e jurídica em suas relações.

2. quando usarem indevidamente a firma ou dela abusarem (art. 11, Decreto nº 3.078/1919);
3. quando deliberarem contra preceitos legais ou contratuais ou infringirem o contrato social (art. 17, Decreto nº 3.078/1919, e art. 1.080, Código Civil);
4. quando não averbarem o ato de nomeação de administrador à margem da inscrição da sociedade (art. 1.012, Código Civil);
5. quando realizarem operações que sabem, ou deveriam saber, ser contrárias à vontade da maioria (art. 1.013, § 2º, Código Civil);
6. quando agirem com culpa no desempenho de suas funções (art. 1.016, Código Civil);
7. quando não restituírem à sociedade as aplicações de crédito ou bens sociais que tenham aproveitado a si próprios ou a terceiros (art. 1.017, Código Civil);
8. pelas obrigações tributárias nos casos dos arts. 134 e 135 do Código Tributário Nacional.

Com a destituição ou renúncia, cessa o exercício do cargo de administrador que, igualmente, deverá ser averbado nos dez dias subseqüentes à sua ocorrência, sob pena de responder pessoal e solidariamente pelas obrigações sociais (art. 1.063 c/c 1.012, Código Civil).

Faculta-se, ainda, a criação de Conselho Fiscal, cuja regulamentação será feita na forma disciplinada nos arts. 1.066 a 1.070 do Código Civil, com as atribuições que lhe são exclusivas (art. 1.070), as quais poderão ser designadas no contrato, além das elencadas no art. 1.069 do Código Civil.

A sociedade dissolve-se[70] na forma já estudada para as sociedades simples (art. 1.087 do Código Civil), sendo possível a exclusão do sócio que estiver colocando em risco a continuidade da empresa em virtude de atos de inegável gravidade. Para a exclusão por justa causa é necessária a previsão contratual expressa e deliberação em assembléia convocada especialmente para esse fim com a cientificação do acu-

---

[70]Cumpre esclarecer que a dissolução ocorre quando se verificar uma das causas de impossibilidade de continuidade da atividade, por vontade de todos ou de um dos sócios. O que distingue as espécies de dissolução é o instrumento pelo qual se viabiliza: judicial ou extrajudicial. A sociedade não perde, em nenhuma das hipóteses, de imediato, a personalidade jurídica, mas a conserva para liquidar as pendências. Sofre, assim, restrição considerável em sua personalidade. É necessário dar publicidade do ato de dissolução com o termo *em liquidação*. Liquidação quer dizer a arrecadação de todo o patrimônio da sociedade, a fim de liquidar ativo e passivo. A partilha é a divisão do acervo o qual, se for insuficiente ao pagamento das dívidas, autoriza o liquidante a pedir a falência da empresa, a fim de realizar os pagamentos em respeito à ordem de preferência da falência.

sado com tempo hábil para que ele possa a ela comparecer e exercer seu direito de defesa (arts. 1.085 e 1.086, Código Civil). De toda forma, a exclusão importará alteração do contrato social.

Por fim, poderá ocorrer aumento do capital social, o que somente se verifica se as quotas estiverem integralizadas; ou diminuição do capital, ocasião em que pode haver dispensa da prestação das quotas ainda não integralizadas ou restituição aos sócios dos respectivos valores já integralizados. Tanto num como noutro caso haverá mudança no contrato social, que deverá ser precedida de decisão em assembléia com a conseqüente averbação ao contrato.

C. Sociedade por Ações

As *sociedades anônimas*[71] fazem parte do tipo conhecido como *sociedade por ações*, cuja denominação refere-se ao fato de serem formadas por divisões do capital em frações. A Lei nº 6.404, de 15/12/1976, foi alterada pela Lei nº 10.303, de 31/10/2001.

São, por assim dizer, pessoas jurídicas de direito privado, de natureza mercantil por força de lei e com finalidade lucrativa (art. 1º da Lei nº 6.404/1976, e art. 1.088 do Código Civil). Os sócios que a compõem terão responsabilidade limitada ao preço das ações que subscrevem ou adquirem. Diferencia-se, assim, da responsabilidade de que se revestem os sócios na limitada, justamente porque, nesta, o sócio responderá sempre até o limite de sua cota e, até que esta seja integralizada, sua responsabilidade é solidária e ilimitada, não obstante seja subsidiária, isto é, primeiro responde a sociedade e depois os sócios. Aqui, nas sociedades por ações, os sócios respondem tão-somente até o limite do preço da emissão das ações subscritas ou adquiridas (art. 1º da Lei nº 6.404/1976).

Rubens Requião, com muita propriedade, ensina que esta previsão de limitação da responsabilidade dos sócios até o limite da emissão das ações é mais precisa do que a regulamentação que vigorava no Decreto-lei nº 2.627/40, que tratava das sociedades por ações, já que

> nem sempre a venda da ação pela sociedade se faz pelo valor da fração do capital que nela é incorporado, mas ao preço de venda pelo qual é lançado

---

[71] Fábio Ulhoa Coelho conceitua as sociedades anônimas dizendo ser "(...) a sociedade empresária com capital social dividido em valores mobiliários. Representativos de um investimento (as ações), cujos sócios têm, pelas obrigações sociais, responsabilidade limitada ao preço de emissão das ações que titularizam" (op. cit. v. 2, p. 66).

no mercado. É possível (...) que a sociedade emita ações com o valor de mercado superior ao da fração nominal do capital social que ela representa.[72]

É vedado às companhias terem por objeto social outro que não o mercantil, o que as faz uma sociedade empresária por natureza. Some-se a isso que não é qualquer atividade empresarial que poderão exercer, mas somente aquelas que forem lícitas e morais, de acordo com a ordem pública e os bons costumes.

É admitido, ainda, que a sociedade anônima tenha por objeto social participar de outra sociedade e, mesmo que isso não venha previsto em seu estatuto, será possível, desde que seja para: (1) realizar seu objeto social; (2) beneficiar-se ou receber incentivos fiscais.

As sociedades por ações foram idealizadas no século XVII, sendo que a primeira experiência surgiu na Holanda e depois se verificaram outras que foram fundadas em outros países da Europa, entre eles França, Portugal e Inglaterra. Rubens Requião nos dá notícia, ainda, da Companhia das Índias Ocidentais, com o fim de patrocinar a conquista do Brasil, fundada em 1621.[73]

As sociedades por ações foram responsáveis por um grande avanço na economia e capitalismo do país, permitindo que tanto as pessoas modestas como as abastadas pudessem participar de grandes negociações, responsabilizando-se tão-somente pelo capital investido.

Em razão do grande desenvolvimento industrial no país, principalmente vindo no pós-guerra, o governo, na época Ernesto Geisel, decidiu realizar um dos principais objetivos de sua campanha, que era a regulamentação das sociedades por ações, surgindo, assim, a Lei nº 6.404, de 15/12/1976.

Admitindo o governo a existência de uma sociedade aberta, disposta a captar recursos no mercado, sob fundamento institucionalista, exige que o Estado tenha certo controle e intervenha a fim de proibir abusos. Criou-se, assim, pela Lei nº 6.385, de 7/12/1976, com alterações ocorridas pela Lei nº 10.303, de 31/10/2001, a Comissão de Valores Mobiliários (CVM). Assim dispõe o *site* do Governo a respeito da CVM:[74]

> É uma entidade autárquica em regime especial, vinculada ao Ministério da Fazenda, com personalidade jurídica e patrimônio próprios, dotada de autoridade administrativa independente, ausência de subordinação hierárquica,

---

[72]*Curso de direito comercial*. 17. ed. São Paulo: Saraiva, 1988. v. 2, p. 2.
[73]Ibidem, p. 3.
[74]http://www.cvm.gov.br/.

mandato fixo e estabilidade de seus dirigentes, e autonomia financeira e orçamentária. (Redação dada pela Lei nº 10.411, de 26 de fevereiro de 2002.)

Missão da CVM

Desenvolver, regular e fiscalizar o Mercado de Valores Mobiliários, como instrumento de captação de recursos para as empresas, protegendo o interesse dos investidores e assegurando ampla divulgação das informações sobre os emissores e seus valores mobiliários.

As sociedades anônimas devem vir sempre acompanhadas desta denominação, que pode se mostrar de forma abreviada, S.A., ou simplesmente como *companhia* ou *cia*. Atente-se, no entanto, que é vedada esta última expressão ao final da denominação, justamente para que não seja confundida com a sociedade em nome coletivo.

As sociedades por ações têm por característica própria ser necessariamente mercantilistas, ter o valor subscrito como fator determinante da responsabilidade e ser identificadas exclusivamente por uma denominação e não por razão social com o nome daqueles que as compõem. Isso porque são sociedades de capitais em que, após subscrito o capital, impõe-se o anonimato, já que não possuem quadro social estável.

O Código Civil não traz especificamente novas regras a tais tipos sociais. Melhorou a redação do art. 1º da Lei nº 6.404/1976, mas manteve as disposições quanto a suas características, remetendo a regulamentação ao que prevê a lei especial.

As sociedades anônimas podem ser de dois tipos: abertas ou fechadas.[75] São abertas aquelas que permitem a negociação dos valores mobiliários de sua emissão no mercado de valores mobiliários. São fechadas as que não permitem a negociação dos valores mobiliários em bolsa ou mercado de balcão.[76] Tal conceituação é

---

[75]Em decorrência da fragilidade do mercado de capitais verificado em 1970 e após o *boom* na bolsa carioca de 1971, foi criada, em 1976, a CVM. "A partir de então, a constituição de sociedade anônima através de apelo aos investidores em geral – tecnicamente, por meio de subscrição pública – passou a depender de autorização do governo. Se o fundador, por qualquer razão não quer solicitar, tem a alternativa de constituir a mesma sociedade anônima, mas sem apelo, isto é, por meio de subscrição particular. Caracteriza o direito societário brasileiro, portanto, a dualidade de sistemas: o de regulamentação para as companhias fechadas e o de autorização para as abertas" (COELHO, Fábio Ulhoa. Op. cit. v. 2, p. 63).

[76]Ensina Waldo Fazzio Júnior que "*mercado de capitais* é o conjunto de meios e instrumentos geradores das negociações recíprocas entre investidores e grandes empresas (...) *bolsa de valores* órgão auxiliar de comércio, apresenta-se, legalmente como uma associação civil constituída por sociedades corretoras, operando no mercado secundário de capitais; (...) *mercado de balcão* entende-se o conjunto de operações praticadas fora da bolsa, por meio de instituição financeira habilitada para atuar no mercado de capitais ou por seus agentes autônomos" (*Manual de direito comercial*. São Paulo: Atlas, 2000. p. 246-247).

dada pelo art. 4º da Lei nº 6.404/1976, que sofreu alterações pela Lei nº 10.303/2001. Como ensinam Modesto Carvalhosa e Nelson Eizirik, não houve

> mudança real na definição legal de companhia aberta. Trocar o termo *negociação em bolsa ou no mercado de balcão* por *negociação no mercado de valores mobiliários* constitui mera alteração redacional (...) que nada acrescenta no conceito de companhia aberta, uma vez que o mercado de valores mobiliários é composto das negociações públicas em bolsa de valores ou no mercado de balcão, que é aquele constituído pelas transações intermediadas por instituições financeiras *fora* da bolsa de valores.[77]

Se a sociedade será de caráter aberto ou fechado é decisão de caráter unicamente administrativo que cabe tão-somente aos acionistas controladores decidir. O Estado não pode intervir a tal ponto nas companhias. A função de controle estatal existe tão-somente para garantir a transparência como acima já se firmou ser a missão da CVM.[78]

Já dissemos que o capital das sociedades anônimas é dividido em ações, que, na conceituação da CVM, representam a

> "fração negociável em que se divide o capital social da empresa, representativa dos direitos e obrigações do acionista". Títulos representativos de participação no capital de uma sociedade anônima, seja ela de capital fechado ou aberto. Uma companhia de capital fechado somente pode emitir e vender suas ações de modo particular – distribuição privada – vedada a veiculação de anúncios, prospectos etc. para sua colocação pública. A colocação de ações junto ao público depende de autorização da CVM para que seja feita e, neste caso, a emissora passa a ser uma companhia aberta.[79]

Cumpre frisar que a figura do(s) fundador(es) está presente nos dois tipos de constituição social e que nem sempre um fundador da companhia subscreve ações ou é acionista, podendo figurar como mero idealizador e preparador da sociedade.

---

[77]*A nova Lei das S/A*. São Paulo: Saraiva, 2002. p. 33.
[78]*A CVM entende que (in verbis) são abertas aquelas companhias registradas na Comissão de Valores Mobiliários e que, conseqüentemente, podem ter suas ações e/ou debêntures, e demais valores mobiliários, colocados junto ao público investidor. Quando os recursos próprios são insuficientes, a companhia busca alguma forma de financiamento. Para captar esses recursos a empresa abre seu capital, ou seja, registra-se como companhia aberta colocando disponíveis no mercado valores mobiliários de sua emissão, através das bolsas de valores e/ou das sociedades que constituem o mercado de balcão organizado (site: http://www.cvm.gov.br/).*
[79]*Site*: http://www.cvm.gov.br/.

Para que a companhia possa ser constituída, necessário se faz o preenchimento dos requisitos elencados no art. 8º da Lei nº 6.404/1976.

Observe-se que o número mínimo para formar uma S.A. é de duas pessoas, constituindo a única exceção legal a subsidiária integral prevista no art. 251 da Lei nº 6.404/1976. Sua formação poderá dar-se com um único acionista, desde que ele seja uma sociedade brasileira. Sem o cumprimento das formalidades legais quanto ao registro, a companhia não pode funcionar, respondendo os fundadores e instituições financeiras que participarem da constituição pública do capital por eventuais prejuízos causados a terceiros em razão da inobservância dos preceitos legais (arts. 80, 81, 83, 92 e 94 da Lei nº 6.404/1976).

Além do arquivamento e autorização da companhia na CVM, será necessário que proceda, ainda, à inscrição de seus atos no Registro do Comércio, salvo se houver sido constituída por instrumento público, ocasião em que poderá arquivar a certidão do respectivo instrumento.

Antes de cumpridas todas as formalidades legais de sua criação, a sociedade anônima não responderá por qualquer ato que venha a ser praticado em seu nome. Neste caso, serão responsabilizados os primeiros administradores, os quais responderão, inclusive, perante a companhia por eventuais prejuízos que esta venha a sofrer.

O sócio da sociedade anônima chama-se acionista. Este tem direitos e deveres, trazendo o art. 109 da Lei nº 6.404/1976 o elenco daquilo que o legislador entende como direitos essenciais dos acionistas, sendo vedado ao estatuto ou à assembléia subtrair-lhes. O acionista é mais do que mero aplicador de capital na companhia; é considerado também *seu proprietário* e pode até mesmo chegar a ser seu diretor ou administrador.

A companhia é fundada na teoria organicista, de modo que há centros de administração que recebem a denominação de órgãos sociais, cuja forma de integração é democrática, o que permite a escolha de seus membros de forma livre, mas em respeito às exigências legais quanto à qualidade de tais agentes.

Os órgãos de administração e controle social são estruturalmente congregados em três, quais sejam: (1) a assembléia, que é órgão de deliberação e expressa a vontade da sociedade; (2) a diretoria e/ou conselho de administração, que é órgão de execução e realiza a vontade social; e (3) o conselho fiscal, que é órgão fiscalizador, de controle e fiscalização sobre a execução da vontade social.

A Assembléia é a reunião de acionistas e sua vontade será manifestada de acordo com a lei, os estatutos da sociedade e o objetivo social. As atribuições privativas que lhe cabem estão disciplinadas no art. 122 da Lei nº 6.404/1976. As assembléias poderão ser ordinárias ou extraordinárias, reguladas, respectivamente, nos arts. 132 a 134 e 135 a 136 da Lei nº 6.404/76.

Entre a Diretoria e a Assembléia está o Conselho de Administração. Prevê a lei que a administração da sociedade caberá ao Conselho de Administração e à Diretoria ou somente a essa, conforme dispuser o estatuto (art. 138, da Lei nº 6.404/1976). Cumpre frisar que as companhias abertas e as de capital autorizado necessariamente deverão possuir o Conselho de Administração.

O Conselho de Administração é órgão de simples deliberação, posto que a representação da companhia se fará pela Diretoria (art. 138, § 1º da Lei nº 6.404/1976).

O Conselho de Administração será composto por, no mínimo, três conselheiros eleitos pela Assembléia Geral para mandato de três anos, permitida a reeleição. A lei cria, ainda, uma *faculdade estatutária* de participação neste conselho, de representantes de empregados, cuja eleição será feita por votação em separado. Quem deve organizar a eleição é a empresa, inovando a Lei nº 10.303/2001 no que concerne à participação do sindicato no processo de escolha.[80] A competência do Conselho está descrita no art. 142 da Lei nº 6.404/1976, a qual é ampla justamente porque, "como componente do órgão de execução, estabelece a política econômica, social e financeira a ser seguida pela sociedade, e exerce permanente vigilância sobre os executivos lotados na diretoria".[81]

A Diretoria é o órgão por excelência que representa a sociedade e o que executa os atos para que possa atingir sua finalidade. Quem elege os diretores é o Conselho de Administração e, se este não existir, a Assembléia. A composição do órgão é de dois ou mais diretores com mandato máximo de três anos, sendo permitida a reeleição. Qualquer dos diretores poderá representar a companhia, salvo se houver previsão em contrário deliberada pelo Conselho. Poderão, ainda, os diretores constituir mandatários, com poderes específicos e duração de tempo limitada. Se o mandato for judicial, a outorga poderá ser feita sem determinação de prazo.

Os diretores devem respeitar os limites e termos do mandato e não serão, necessariamente, acionistas da companhia (art. 146 da Lei nº 6.404/1976). Observe-se

---

[80]Modesto Carvalhosa e Nelson Eizirik pensam que esta participação sindical vai dificultar a adoção desse dispositivo no estatuto. "Dificilmente as companhias prevêem em seu estatuto a participação de sindicato na organização da assembléia especial, estabelecendo outras formas de apuração da vontade dos funcionários, seja através de clubes ou de participação direta dos mesmos na assembléia geral. Jamais com a participação do respectivo sindicato" (*A nova Lei das S/A*. São Paulo: Saraiva, 2002. p. 297).

[81]REQUIÃO, Rubens. *Curso de direito comercial*. 18. ed. São Paulo: Saraiva, 1988. v. 2, p. 166.

que, se há na companhia o Conselho de Administração, a Diretoria nada mais fará do que seguir as normas por ele fixadas e trabalhará de acordo com sua orientação.

Sabendo o legislador que tanto o Conselho como a Diretoria são órgãos de administração da sociedade, preocupou-se em regulamentar disposições comuns aplicáveis a ambos nos arts. 145 a 160 da Lei nº 6.404/1976. Portanto, tudo que disser respeito a investidura, remuneração, deveres e responsabilidade será aplicável a ambos.

Os diretores das sociedades por ações podem ser acionistas ou não, mas devem residir no país; os membros do Conselho devem ser acionistas e podem, na sua totalidade, residir fora do país.

A lei impõe aos administradores e conselheiros deveres e responsabilidades. Ambos têm deveres de diligência, não podendo agir com desvio de poder ou abuso de suas atribuições, esperada de um homem ativo e probo. O comportamento, portanto, é descrito na lei de forma objetiva (art. 153, da Lei nº 6.404/1976). Segue-se o dever de lealdade, devendo os administradores manter a reserva sobre os negócios sociais. Cabe-lhes fidelidade, que é um princípio ético e os proíbe de valer-se de seu cargo para obter vantagem pessoal ou para terceiro em razão da posição que ocupam e das informações que detêm.

> Dentro desse entendimento, a Lei nº 10.303/2001 acrescentou o § 4º ao art. 155, o qual dispõe que *qualquer pessoa* estará proibida de praticar o *insider trading* (...) será considerada *insider* qualquer pessoa que, em decorrência do *exercício de funções* na sociedade ou mercado ou mesmo por circunstâncias especiais de acesso à administração da companhia, venha a deter, antes dos demais acionistas investidores ou agentes e operadores do mercado de capitais, informações relevantes, relativas aos negócios e ao estado da companhia.[82]

Por fim, os administradores detêm o poder de informar, conhecido no direito americano como *disclosure*, visando à proteção do mercado de capitais e não necessariamente à realização do objetivo social da companhia que está protegido pelo princípio do sigilo profissional (art. 157 da Lei das S.A.).

Sabendo-se que os administradores são responsáveis pelo cumprimento das metas e objetivos da sociedade, a lei não lhes deixa imunes a responsabilidades quando agirem com má-fé, abuso de poder ou desvio de seus objetivos. Assim, o art. 158 da Lei nº 6.404/1976 estabelece que o administrador não responderá pes-

---

[82]CARVALHOSA, Modesto; EIZIRIK, Nelson. *A nova Lei das S/A*. São Paulo: Saraiva, 2002. p. 322-323.

soalmente pelos atos que praticar em nome da sociedade no exercício natural da gestão. Todavia, tal responsabilidade emerge:

a) se agir com culpa ou dolo, no exercício de suas funções;
b) se violar a lei ou o estatuto;
c) se agir com conivência com atos faltosos de outros administradores ou se negligenciar em apurar os fatos;
d) se todos os administradores não cumprirem com os deveres impostos pela lei ou estatuto, devendo responder solidariamente;
e) se se tratar de companhia aberta responderão pela infração da lei e do estatuto os administradores que tenham por atribuição específica dar cumprimento a tais postulados, salvo a hipótese dos que tenham conhecimento do não-cumprimento por aqueles e deixam de levar a notícia à Assembléia;
f) respondem solidariamente os administradores que, ao agirem com o fim de obter vantagem para si ou de terceiro, violarem disposição de estatuto ou de lei.

Podem propor a ação a própria companhia e os terceiros que se sentirem prejudicados, entre eles aqueles que com ela contrataram nesta qualidade ou o próprio acionista. Observe-se que, na ocorrência das situações descritas nos itens "a" a "f", eles próprios devem responder pessoalmente pelos atos praticados, porque foram eles, e não a companhia, que praticaram o ato. Eles aproveitaram-se do cargo que exerciam ferindo os deveres de diligência, lealdade e informação a que estavam sujeitos, e por isso devem responder pela gestão que fizeram.

O Conselho Fiscal é, enfim, o último órgão da companhia. É órgão fiscalizador e a lei deixou a critério da companhia seu funcionamento permanente ou somente para os exercícios que determinar o estatuto. Seu objetivo seria o de estabelecer uma fiscalização efetiva sobre as contas e a gestão dos administradores da companhia.

O Conselho Fiscal tem a competência estabelecida no art. 163 da Lei nº 6.404/1976. Para funcionar terá de possuir no mínimo três e no máximo cinco membros, com igual número de suplentes, podendo ser acionistas ou não. O Conselho Fiscal é órgão fiscalizador da companhia e não tem poderes ilimitados, restringindo-se sua finalidade às exigências legais e contratuais,

> não possui competência para apreciar o conteúdo da gestão societária, ou seja, não lhe cabe entrar no julgamento do mérito e da conveniência das decisões empresariais tomadas pelos administradores. Embora a Lei das S/A tenha previsto a competência do conselho fiscal para fiscalizar os atos dos adminis-

tradores (art. 163, I), não conferiu ao órgão qualquer poder para interferir na gestão ordinária dos negócios da companhia, conduzida pelos diretores.[83]

A responsabilidade pelos atos e omissões que eventualmente praticarem seguirá o que já se disse com relação aos diretores e membros do Conselho de Administração.

A Lei nº 6.404/1976 regula, posteriormente, as questões quanto à modificação do capital social (arts. 166 a 174), exercício social e demonstração financeira (arts. 175 a 188) e os lucros e reservas (arts. 189 a 205), matérias estas que dizem diretamente com a operacionalidade das companhias e das quais não trataremos por fugir ao propósito deste livro.

A lei traz, ainda, tipos especiais de companhias que mereceram tratamentos diferenciados em razão da especial forma que assumem, seja na sua estrutura ou em agrupamentos e concentrações que causam reflexos no mercado e em relação aos próprios acionistas. Waldo Fazzio Júnior,[84] numa classificação muito didática, as classifica como *modalidades especiais de companhias*, o que nos faz adotar a mesma posição, quer pelo contexto da lei, quer pela melhor compreensão do tema.

Passaremos à análise de cada uma das *modalidades especiais*, observando que o Código Civil trouxe normas a respeito das Sociedades em Comandita por Ações, Sociedades Coligadas, Transformação, Incorporação, Fusão e Cisão das Sociedades, as quais mereceram apreciação conjunta ao tema aqui tratado.

C.1 Sociedade de economia mista

Reguladas nos arts. 235 a 242 da Lei nº 6.404/1976 e pelo Decreto nº 200 de 25/2/1967, o qual sofreu inúmeras alterações, caracterizam-se por serem dotadas de personalidade jurídica de direito privado, não obstante guardem participação estatal na sua constituição. O Estado presta serviços, às vezes diretamente, outras vezes através de concessionários ou permissionários (art. 175 da Constituição Federal). Tupinambá Miguel Castro do Nascimento ensina com muita propriedade que o fato de o serviço prestado ser categorizado como público não vai afetar a natureza do seu prestador. "Há serviços públicos prestados por pessoas jurídicas de natureza privada como há serviços privados exercidos por pessoa jurídica de direito público."[85]

---

[83]CARVALHOSA, Modesto; EIZIRIK, Nelson. *A nova Lei das S/A*. São Paulo: Saraiva, 2002. p. 341.
[84]*Manual de direito comercial*. São Paulo: Atlas, 2000. Cap. 15, p. 300-312.
[85]*Comentários à Constituição Federal*: ordem econômica e financeira – artigos 170 a 192. Porto Alegre: Livraria do Advogado, 1997. p. 43.

As sociedades de economia mista são tipos permitidos pela Constituição Federal (art. 173), que prevê a possibilidade de sua existência desde que (*in verbis*) "*necessários aos imperativos da segurança nacional ou a relevante interesse coletivo, conforme definido em lei*". Tal fenômeno é conhecido como a

> descentralização por serviços, em que o poder público cria, por lei, a pessoa jurídica, e a ela outorga a titularidade de determinado serviço público. Em vez de instituir-se autarquia ou fundação pública (que têm regime jurídico semelhante ao da Administração direta), dá-se preferência às formas empresárias, precisamente pelo fato de que seu regime jurídico de direito privado e sua forma de organização e funcionamento são mais compatíveis com o caráter industrial ou comercial de determinados serviços públicos.[86]

São, assim, sociedades por ações com finalidade estritamente econômica, como o são todas as sociedades por ações. Sujeitas às regras quanto às pessoas privadas, devendo, no entanto, o Estado possuir a maioria das ações com direito a voto. Assim, o controle acionário e administrativo necessariamente é estatal.

O objeto a ser por elas explorado fica vinculado à lei que as criou e terão, obrigatoriamente, Conselho de Administração e Conselho Fiscal permanente, devendo os mesmos, enquanto na administração, atentar às finalidades legais e à finalidade pública para as quais foram criados e autorizados.

A Companhia Mista tem responsabilidade pelos atos que pratica e seus administradores também, nos termos e limites já tratados para as sociedades anônimas comuns.[87] Não se olvide que, não obstante seu objetivo constitucional, tais entidades são empresárias, explorando de modo empresarial atividade considerada relevante para a coletividade.

Inovação importante pela Lei nº 10.303/2001 foi quanto à revogação do art. 242 da Lei nº 6.404/1976. Tal dispositivo pregava que as sociedades de economia mista não estariam sujeitas a falência, lembrando Modesto Carvalhosa e Nelson Eizirik que a justificativa residia no fato de não poderem ser controladas por um síndico, ou transferidas a credores ou terceiros em razão do interesse público que ensejou sua criação e fundamentou o seu objetivo.[88] A partir de alteração, as sociedades de economia mista perdem a imunidade que possuíam e passam a ficar sujeitas ao processo falimentar, quando a situação de falência se verificar.

---

[86] DI PIETRO, Maria Sylvia Zanella. *Parcerias na administração pública*. 4. ed. São Paulo: Atlas, 2002. p. 59.
[87] Ver item "c" sobre Sociedades por Ações.
[88] *A nova Lei das S/A*. São Paulo: Saraiva, 2002. p. 365-371.

Portanto, entendemos que o intérprete deverá aplicar a norma com cautela, pois as sociedades de economia mista podem ser criadas para desenvolver prestação de serviços públicos ou podem praticar, simplesmente, atos puramente de comércio. Quando se verificar a situação de quebra, necessário se faz atentar para o fato de que a atividade de interesse público não poderá sofrer solução de continuidade, de modo que, independentemente do reconhecimento de que a sociedade tenha um passivo maior que um ativo, a atividade não pode ser interrompida.

A solução, quiçá, seja a transferência dessa atividade para outra pessoa ou encampada pelo próprio Estado e, só depois disso, a decretação de quebra e paralisação da empresa.

C.2 Sociedades coligadas, controladoras e controladas

Trata o legislador das coligações e controles nas regras dispostas nos arts. 243 a 279 da Lei nº 6.404/1976. O Código Civil trouxe algumas alterações com relação às coligadas nos arts. 1.097 a 1.101, traçando o conceito de sociedade controlada, coligada e de simples participação no art. 1.098.

Marcus Cláudio Acquaviva, diante da nova regulamentação, ensina que

> sociedade controlada é aquela de cujo capital outra sociedade possui a maioria dos votos nas deliberações dos cotistas ou da assembléia geral e o poder de eleger a maioria dos administradores, bem assim a sociedade cujo controle acima referido se ache em poder de outra, mediante ações ou cotas possuídas por sociedades ou sociedade por esta já controlada. Quanto à sociedade coligada ou filiada, vem a ser aquela de cujo capital outra sociedade participe com 10% ou mais do capital da outra, sem controlá-la. Finalmente, a sociedade de simples participação é aquela de cujo capital outra sociedade possui menos de 10% do capital com direito a voto.[89]

A participação de uma sociedade em outra deve respeitar os limites impostos no artigo 1.101 do Código Civil. Entendemos que tal dispositivo revogou o art. 244 da Lei nº 6.404/1976. Isso porque o *caput* desta última lei vedava a participação recíproca entre a companhia e suas coligadas e controladas. A lei civil, ao contrário, permite a participação de uma sociedade na outra que seja sua sócia, desde que essa participação não exceda a de suas próprias reservas, segundo o apurado em seu balanço. Tal é a intenção do legislador em permitir que o parágrafo único

---

[89]*Dicionário jurídico brasileiro Acquaviva*. 11. ed. São Paulo: Jurídica Brasileira, 2000. p. 1227.

do artigo 1.101 garanta que, mesmo que haja excesso, as quotas ou ações excedidas deverão ser alienadas em 180 dias a contar da aprovação e a sociedade perde, neste prazo, o direito ao voto correspondente tão-somente às ações ou quotas que ultrapassaram o limite legal.

Portanto, não há mais no ordenamento jurídico a proibição da participação recíproca e, como os parágrafos fazem parte integrante do corpo, não podem prevalecer diante da revogação constatada.

Prevêem os arts. 254 a 262 da Lei nº 6.404/1976 que poderá haver a alienação ou aquisição do controle da sociedade. A alienação ocorre quando o acionista controlador, seja pessoa física, seja jurídica, negocia juridicamente a fim de transferir o controle da companhia aberta. Tal alienação depende de prévia autorização da CVM, cujas finalidades já foram tratadas nesta seção. A lei e a CVM trazem regras relativas à oferta pública da alienação, cumprindo-nos lembrar que a mesma é obrigatória, bem como o respeito ao direito das minorias.

A alienação tratada pela lei diz respeito ao controle acionário (art. 116 da Lei das Sociedades por Ações),[90] podendo a oferta ser feita a todos aqueles que são acionistas com direito a voto, mas não fazem parte do controle (art. 254-A, alterado pela Lei nº 10.303/2001). Portanto, a aquisição do controle somente poderá ser realizada se a alienação for regularmente procedida e se no processo de aquisição houver a participação de instituição financeira que possa garantir o cumprimento das obrigações assumidas por aquele que promove a oferta, obedecendo à regulamentação dos arts. 257 a 263 da Lei nº 6.404/1976.

C.3 Consórcio

Permite, ainda, o legislador que as sociedades formem consórcio, figura esta regulada nos arts. 278 e 279 da Lei nº 6.404/1976. A finalidade desta união é específica para a realização e execução de determinado empreendimento, não exigindo o legislador que este se forme por empresas sujeitas ao mesmo controle.

Fator interessante do consórcio é que o mesmo não possui personalidade jurídica, conservando cada empresa a sua própria personalidade, obrigando-se cada

---

[90] Dizem Modesto Carvalhosa e Nelson Eizirik: "Sabiamente, optou o legislador por *não* exigir a propriedade de percentual mínimo de ações votantes para caracterizar a figura do acionista controlador. O poder de controle, como um poder de fato, manifesta-se mediante: 1. a titularidade de um bloco de ações que assegurem, cumulativamente: a maioria dos votos nas deliberações assembleares; o poder de eleger a maioria dos administradores da empresa; e 2. o uso efetivo de tal poder para dirigir as atividades sociais e orientar o funcionamento dos órgãos da companhia" (*A nova Lei das S/A*. São Paulo: Saraiva, 2002. p. 394).

uma nos limites do contrato, sem que a responsabilidade de todas seja solidária, não obstante negociem por meio deste consórcio. Tanta é a independência destas empresas que compõem o consórcio que a falência de uma delas não atingirá o grupo ou outra empresa que participe desta relação.

C.4 Subsidiária integral

Outra figura jurídica trazida quanto à constituição de sociedades é a chamada subsidiária integral, única sociedade admitida no direito brasileiro como sociedade de um único sócio (art. 251 da Lei nº 6.404/1976).

Caracteriza-se por ser um privilégio da sociedade nacional que, mediante escritura pública, subscreve todas as ações da companhia, tornando-se sua única sócia. Necessário para que isso ocorra que as duas companhias, a incorporada e a incorporadora, submetam à Assembléia Geral para aprovação a pretensão de incorporar todas as ações do capital social ao patrimônio de outra empresa.

Assim, a sociedade brasileira, que tem aprovação de sua Assembléia para tornar-se única sócia de outra, desprende-se daquela que a subsidia, permitindo a criação da subsidiária integral. Portanto, a sociedade que terá suas ações incorporadas também deve ter a aprovação de sua Assembléia Geral, posto que tal decisão autoriza a diretoria a subscrever o capital da incorporadora, o que corre por conta de seus acionistas.

C.5 Sociedade em comandita por ações

Regulada inicialmente pelas disposições dos arts. 280 a 284 da Lei nº 6.404/1976, sofreu alterações pelos arts. 1.090 a 1.092 do Código Civil. É um tipo societário em que o capital é dividido em ações, mesclando-se características da sociedade em comandita e das sociedades por ações.

Somente o acionista poderá administrar a sociedade e, na qualidade de diretor, responderá subsidiária e ilimitadamente pelas obrigações sociais. Da firma ou razão social constará o nome do diretor ou gerente, justamente porque, à semelhança da sociedade em comandita simples, o administrador responde solidariamente com a sociedade.

Os diretores ou gerentes serão nomeados sem limitação de tempo e somente podem ser destituídos por deliberação de acionista que representar no mínimo 2/3 do capital social. Pelo regime da Lei nº 6.404/1976 a responsabilidade dos mesmos se estendia, após a destituição, sem determinação de prazo, por todos os atos praticados no exercício do mandato. Com a nova regra exposta no art. 1.091, § 3º, do Código Civil, após dois anos de sua destituição ou exoneração o diretor se desincumbe de qualquer responsabilidade, fato este que demonstra claramente a intenção legislativa em limitar no tempo a vinculação da parte, visando à segurança das relações jurídicas.

D. Transformação, incorporação, fusão e cisão da sociedade

Os fenômenos da transformação, incorporação, fusão e cisão recebem o nome de *concentração de empresas*, podendo verificar-se entre sociedades de tipos iguais ou diferentes (arts. 220 e 223 da Lei nº 6.404/1976 e 1.113 a 1.122 do Código Civil).

Rubens Requião já criticava o fato de tais institutos virem previstos somente na Lei das Sociedades por Ações como se representassem situação que ocorresse tãosomente nos tipos sociais previstos naquela lei.[91] O Código Civil de 2002 prevê tais institutos sem que isso importe, segundo entendemos, em revogação das normas contidas na lei especial. Desta forma, a regulamentação trazida pelos arts. 220 a 234 e 264 da Lei nº 6.404/1976 continua em vigor, aplicando-se a todos os outros tipos sociais e, subsidiariamente, aos tipos previstos na Lei das Sociedades por Ações, a regulamentação contida no Código Civil.

Dá-se a transformação quando a sociedade passa por operação pela qual não se dissolve ou se liquida, mas simplesmente se transforma num outro tipo. Sabendo-se, portanto, que se trata de modificação da estrutura da própria sociedade, exige o legislador o consentimento unânime dos sócios ou acionistas, salvo previsão contratual ou estatutária. O sócio dissidente tem direito de retirar-se da sociedade e, se não houver previsão contratual ou estatutária, a apuração será realizada nos termos do art. 1.031 do Código Civil (arts. 109, V, 137 e 230 da Lei nº 6.404/1976).

Incorporação ocorre quando uma ou mais sociedades (ou várias, na linguagem do Código Civil, art. 1.116) são absorvidas por outra, que lhes sucederá em todos os direitos e obrigações. Não se trata do surgimento de outra sociedade, mas sim de ato pelo qual a incorporadora absorve as outras sociedades que se extinguem em virtude de tal operação (art. 1.118 do Código Civil, e art. 227, § 3º da Lei nº 6.404/1976).

O plano de incorporação da sociedade incorporada será aprovado pelos sócios, devendo ser definidas as bases da incorporação e o projeto da reforma do ato constitutivo. Igualmente, a incorporadora deverá ter assentimento de seus sócios para realizar a operação, obtido na Assembléia Geral, que determinará a confecção de laudo pericial para avaliação do patrimônio.

---

[91] Ver *Curso de direito comercial*. 18. ed. São Paulo: Saraiva, 1988. v. 1, p. 166, e v. 2, p. 213-215.

Se se tratar de incorporação a ser praticada pela controladora, a regra aplicável é a da Lei das Sociedades por Ações, com as alterações que lhe trouxe a Lei nº 10.303/2001.

Pela *fusão* duas ou mais sociedades se unem, formando uma nova sociedade, a qual sucederá as antigas em todos os direitos e obrigações. Observe-se que não é necessário que tenham as mesmas finalidades ou objetivos, podendo operar-se com empresas distintas. As sociedades envolvidas na operação extinguem-se, dando nascimento a uma nova, que, depois de constituída, deve ter seus instrumentos devidamente arquivados e registrados.

A decisão para fusão deverá ser tomada em Assembléia, respeitando-se as formas previstas relativas a cada sociedade (arts. 1.120 do Código Civil, e 228 da Lei nº 6.404/1976).

Por fim, ocorre a cisão quando a sociedade transfere parcelas do seu patrimônio *para uma ou mais sociedades, constituídas para esse fim ou já existentes, extinguindo-se a companhia cindida, se houver versão de todo o seu patrimônio, ou dividindo-se o seu capital, se parcial a versão* (art. 229, Lei nº 6.404/1976, *in verbis*).

Conforme se infere, pode haver a cisão com a extinção ou não da sociedade. Se houver a extinção, a sociedade que absorve as parcelas liquidadas sucede a extinta. No caso de não se extinguir, poderá acontecer de o patrimônio dela se destacar e formar uma ou diversas sociedades, ou mesmo de parte das parcelas ser fundida com outra já existente.

Em ocorrendo qualquer destas figuras, é assegurado ao sócio ou acionista dissidente o direito de recesso.

Deverão, também, as sociedades que pretenderem passar por qualquer desses atos de incorporação, fusão, cisão ou transformação, bem como aquelas que pretenderem concentrar-se, atentar para as normas existentes na Lei nº 8.884, de 11/6/1994, que trata da proteção à ordem econômica, que tipifica como condutas criminosas as que elenca nos artigos 20 e 21.

Quaisquer dessas práticas não prejudicarão direitos de credores. Estes terão seus direitos resguardados, e a sociedade transformada, incorporada, cindida, fundida ou concentrada terá todas as suas obrigações passadas àquelas que a sucederem. Na cisão parcial, inclusive, tais obrigações passam às sociedades que absorverem as parcelas do patrimônio da companhia ou sociedade cindida.

Cumpre frisar que, para efeito trabalhista, a disposição aplicável é a do artigo 10 da Consolidação das Leis do Trabalho, que impede que a reestruturação da empresa venha a causar prejuízos a seus empregados, sendo indiferente o fenômeno societário para efeito do cumprimento de compromissos assumidos decorrentes de contrato de trabalho.

E. Dissolução e liquidação da sociedade

Prevê o legislador civil, no art. 1.087, que as sociedades empresárias serão dissolvidas por qualquer das causas enumeradas nos arts. 1.031 e 1.032 do mesmo estatuto. Já nos referimos a esse ponto quando tratamos das sociedades simples, aplicando-se as regras gerais em face da aplicação subsidiária daquela regulamentação e das que aqui se comentam.[92]

Em relação às companhias, a Lei nº 6.404/1976 prevê que a dissolução ocorrerá: (a) de pleno direito: pelo término de sua duração; por causas previstas no estatuto; em razão de deliberação da assembléia geral; pela existência de um único acionista, salvo a hipótese da subsidiária integral; (b) em razão da extinção de autorização de funcionamento por causa prevista em lei; se qualquer acionista propuser ação judicial e lograr decisão favorável; se qualquer acionista que detenha 5% ou mais do capital social ingressar com ação judicial e acolher-se a tese de que a sociedade não preenche seu fim; em caso de falência; (c) por decisão de autoridade administrativa competente em casos previstos em lei especial (art. 206).

O fato de ser dissolvida não quer dizer que a sociedade perca sua personalidade jurídica imediatamente, posto que a mesma conserva sua personalidade até que finalmente seja extinta e procedida a liquidação.

A liquidação das sociedades anônimas seguirá as regras dispostas nos arts. 208 e 209 da Lei nº 6.404/1976, devendo a sociedade nomear liquidante, que terá por obrigação obedecer aos deveres elencados no art. 210, e, para tanto, é investido de poderes para a prática de todos os atos necessários a regular liquidação e pagamento dos passivos, devendo utilizar sempre em seguida à denominação o termo *em liquidação* (arts. 211 e 212).

Os pagamentos aos credores deverão respeitar aqueles que tenham créditos preferenciais, pagando todos os créditos vencidos e vincendos. Pagas as contas e rateado o remanescente, o liquidante convoca uma assembléia e presta as contas finais, encerrando-se a liquidação.

Se a liquidação for encerrada e restar algum credor não satisfeito, este poderá exigir dos acionistas, individualmente e até o valor que cada qual recebeu na liquidação, o valor do crédito reclamado.

O liquidante tem a mesma responsabilidade dos administradores e inclusive responde pessoalmente por perdas e danos perante terceiros e os próprios acionistas (arts. 217 e 218).

---

[92]Ver Capítulo 2, subtítulo 2.2.4.3.

O Código Civil trouxe normas que serão aplicáveis às sociedades empresárias em caso de liquidação, inclusive às sociedades anônimas naquilo que forem com ela compatíveis. Concluímos que o regime de dissolução para as companhias será o mesmo dispensado pelo legislador para as sociedades simples. Não podemos olvidar que, embora não exista previsão expressa de que se fará a aplicação subsidiária das sociedades simples às sociedades por ações, não se poderá deixar de a ele se socorrer nas hipóteses de omissão da lei e ausência de incompatibilidade, pois o sistema geral e comum às diversas sociedades está disciplinado em suas regras.

Os administradores, acionistas, liquidantes e fundadores terão suas responsabilidades limitadas por certo tempo, a partir do qual cessa o exercício do direito de ação dos credores em razão da superveniência da prescrição.

O art. 287 da Lei nº 6.404/1976 dispõe que prescreverá em um ano a ação dos credores que não tiveram seus créditos satisfeitos, contra os acionistas e liquidantes, contado o início do prazo a partir da data em que se encerra a liquidação da companhia. Se a ação que se pretender intentar for em face dos fundadores acionistas, administradores, liquidantes, fiscais ou sociedades de comando fundado no fato de terem eles agido, culposa ou dolosamente, com violação da lei ou do estatuto, e o credor objetivar a reparação civil, este prazo será de três anos contados (art. 287, II, *b, in verbis*, e art. 206, § 3º, VII, do Código Civil):

1 – para os fundadores, da data da publicação dos atos constitutivos da companhia;
2 – para os acionistas, administradores, fiscais e sociedades de comando, da data da publicação da ata que aprovar o balanço referente ao exercício em que a violação tenha ocorrido;
3 – para os liquidantes, da data da publicação da ata da primeira assembléia-geral posterior à violação.

Há, ainda, prazos prescricionais estabelecidos, de um e três anos, descritos no mesmo dispositivo acima comentado em favor dos demais acionistas e membros da própria sociedade a fim de assegurar suas próprias participações sociais e o cumprimento do objetivo a que a sociedade se propôs.

2.2.4.6 Sociedade dependente de autorização

Prevê o legislador civil instituto novo relativo às sociedades dependentes de autorização, dividindo-as em nacional e estrangeira. Chama-se estrangeira a sociedade, pessoa jurídica de direito privado, "constituída no exterior e subordinada à lei do país em que se constituir".[93] Nacional é a sociedade que se organiza conforme a lei brasileira e que tenha sua sede de administração no Brasil (art. 1.126).

Qualquer tipo social pode ser constituído na forma de sociedade nacional ou estrangeira. A sua característica está no fato de que depende de autorização governamental para poder funcionar dentro do país, sendo do Poder Executivo a competência para tanto (art. 1.123). Também poderá o Poder Executivo cassar a qualquer momento a autorização concedida à sociedade se esta infringir preceito de ordem pública ou normas constantes no respectivo estatuto.

A sociedade nacional é regulamentada nos artigos 1.126 a 1.133 e a sociedade estrangeira, nos artigos 1.134 a 1.141, todos do Código Civil.

A sociedade nacional poderá converter-se em estrangeira, desde que haja consentimento unânime dos sócios ou acionistas (art. 1.127). Poderá a lei exigir que a constituição seja feita por todos ou alguns sócios de origem nacional, devendo juntar ao requerimento de autorização cópia do contrato assinada por todos os sócios ou, em se tratando de sociedade anônima, documentos que a lei exige para sua formação, assinados pelos fundadores. Dispensa a lei tais formalidades se a constituição se deu por escritura pública, ocasião em que o requerimento virá acompanhado de respectiva certidão.

Somente após a obtenção da autorização e o cumprimento de todas as formalidades legais traçadas pelo Poder Executivo é que a sociedade poderá passar a funcionar.

As alterações contratuais ou estatutárias dependerão sempre de autorização do Poder Executivo, salvo se importarem em aumento do capital social obtido com a utilização de reservas ou realização do ativo da empresa. Isso não significa que a sociedade é sempre pessoal ou não. Isso se dará em razão do tipo social que for criado, o qual não se descaracteriza em razão de depender a sociedade de autorização.

A sociedade estrangeira também dependerá de autorização do Poder Executivo para funcionar no país, mesmo que se trate de estabelecimentos subordinados. Não se podem confundir as hipóteses em que a mesma é acionista de sociedade brasileira e, aí, se subordinará à lei respectiva, prescindindo de autorização.

O Poder Executivo pode negar ou conceder a autorização dependendo da defesa dos interesses nacionais, devendo o requerimento de autorização obedecer ao disposto nos parágrafos do art. 1.134 e a outros que venham a ser exigidos, eventualmente, pelo Poder Executivo.

---

[93]ACQUAVIVA, Marcus Cláudio. *Dicionário jurídico brasileiro Acquaviva*. 11. ed. São Paulo: Jurídica Brasileira, 2000. p. 1225.

A sociedade estrangeira somente poderá passar a funcionar após a aprovação e o registro de seus atos constitutivos no local onde vá exercer sua atividade, sujeitando-se a todas as leis e tribunais brasileiros. A sociedade deverá manter o nome que possui no país de origem, facultando-se o uso das expressões *do Brasil* ou *para o Brasil*.

Independentemente do motivo, qualquer alteração que se pretender fazer no contrato ou estatuto ficará subordinada à aprovação do Poder Executivo, podendo a sociedade nomear representante para agir em seu nome no Brasil, cujos poderes somente poderão ser exercidos após o registro e averbação junto ao contrato ou estatuto. Sem isso, o representante não estará agindo em nome da sociedade, responsabilizando-se pessoalmente por todos os atos praticados, posto que é da substância do ato tal formalidade.

Faculta-se à sociedade estrangeira nacionalizar-se, devendo, então, transferir sua sede para o Brasil, regulando-se, então, pelas normas relativas à sociedade nacional, e devendo juntar ao requerimento a prova da realização do capital e do ato governamental em que houve deliberação aprovando a nacionalização. O Governo poderá impor restrições ao funcionamento, dependendo a aprovação de decreto.

Quanto à responsabilidade dos sócios e administradores, será aplicada a norma existente para o tipo de sociedade criada, tanto na sociedade nacional como estrangeira, posto que não há regras específicas na lei, por razões óbvias, já que qualquer tipo social pode ser revestido de nacional ou estrangeiro.

2.2.5 De outras figuras jurídicas despersonalizadas

Há certas massas de bens que não são consideradas pessoas jurídicas e tampouco possuem personalidade jurídica. Todavia, o direito as reconhece e prevê sua existência, já que não se pode ignorá-las. São bens sem sujeitos, isto é, sem dono, de modo que sua personificação é dita anômala.

Ensina Pontes de Miranda que "à entidade não personificada falta a capacidade de ser parte ativa e a capacidade processual ativa".[94] Todavia, cumpre observar que o legislador a reconhece como sujeito de direitos e obrigações.

Assim, ao lado das pessoas de que já tratamos, há outras despersonificadas, mas que possuem nome, patrimônio, que respondem por suas relações. Todavia, não se apresentam subjetivamente a ponto de o direito lhes reconhecer o *status* de pes-

---

[94]*Tratado de direito privado*: parte geral. Campinas: Bookseller, 1999. t. 1, p. 403.

soa e, por isso, não se lhes pode conferir a personalidade. Orlando Gomes, dissertando sobre tais entes, explica que essas massas de bens, identificáveis como uma unidade, "não precisam de personalidade, porque podem agir por outros processos técnicos que, conquanto não lhes proporcionem a mesma homogeneidade, lhes possibilitam a ação sem maiores dificuldades".[95]

Tais situações não estão regularmente constituídas com a caracterização da *affectio societatis* ou com destinação específica. São massas reconhecidas e toleradas pelo direito em razão da importância que assumem na sociedade. São elas: (a) a massa falida; (b) a família; (c) a herança jacente e vacante (arts. 1.819 a 1.823 do Código Civil); (d) o espólio (arts. 985 e seguintes do Código de Processo Civil); (e) o condomínio (arts. 1.314 a 1.358 do Código Civil e Lei nº 4.591/64). Estas pessoas são conhecidas por *pessoas formais*, já que *não* possuem personalidade jurídica própria, mas são impulsionadas e justificadas na importância da finalidade que possuem.

Não se pode atribuir a tais pessoas personalidade jurídica ou querer equipará-las a pessoa jurídica.

A massa falida caracteriza-se por ser um patrimônio afetado pela declaração da falência, destinando-se ao regime da lei respectiva (Lei nº 11.101/2005). Os bens arrecadados que passam à massa continuam sendo de propriedade do falido, que não os perde imediatamente com a declaração, privando-se deles tão-somente, incontinenti à declaração, a administração sobre os mesmos em virtude da decretação da quebra. Desta forma, os credores que estão vinculados entre si por um complexo de interesses não são titulares do patrimônio, e nem constitui a massa um ente autônomo.

Quanto à herança jacente e vacante concernem ao direito "uma sucessão sem dono atual: é o estado da herança antes da aceitação do herdeiro. Ela se apresenta como uma massa de bens que precisa ser administrada enquanto são esperados os indivíduos a que tem de pertencer: herdeiros ou credores do *de cujus*".[96]

A Constituição Federal conceitua a família como base da sociedade, reconhecendo o legislador não haver distinção entre a família constituída pelo casamento civil e aquela formada como entidade familiar (art. 226, CF). No direito do trabalho há norma que considera a família empregadora, quando trata das relações de trabalho doméstico, não importando aqui a personalidade jurídica na contratação,

---

[95]*Introdução ao direito civil*. 6. ed. Rio de Janeiro: Forense, 1979. p. 221.
[96]ESPÍNOLA, Eduardo. Op. cit. p. 429-430.

podendo qualquer pessoa da família assinar a CTPS do empregado, já que, como ensinam Rodolfo Pamplona Filho e Marco Antônio César Villatore,[97] a Lei nº 5.859, de 11/12/1972, considera empregador doméstico a *pessoa ou a família* (grifo nosso) que admite o empregado doméstico nos termos daquela legislação.

A regulamentação sobre condomínio vem disposta na Lei Civil nos arts. 1.314 a 1.358. O condomínio é caracterizado por ser uma comunhão de pessoas em razão da indivisão do objeto. "É o direito sobre a coisa que se reparte entre diversas pessoas", ensina Orlando Gomes.[98] A comunhão de direitos em razão do condomínio pode ter origem na lei ou na vontade das partes. Pode ocorrer, ainda, de se caracterizar a comunhão por um evento natural, ainda que transitório, como ocorre no caso do direito hereditário, que causa uma situação de condomínio entre os herdeiros, ainda que provisoriamente.

O condomínio edilício é uma das matérias que maiores preocupações têm causado e dispensado grande estudo em razão da sua importância social e econômica, principalmente com a proliferação nos centros urbanos desta espécie de construção. A Lei nº 4.591/1964 regulou a matéria, que agora passa a ser tratada pelo novo Código Civil.[99] O representante do condomínio será o síndico escolhido em assembléia, que poderá ser ou não proprietário de alguma das unidades. O síndico

> exerce funções executivas de administrador. Entre suas principais funções, além da representação do condomínio, está a administração, devendo prestar contas à assembléia. Cabe-lhe impor multas na forma da convenção e do regulamento, além de cumprir e fazer cumprir tais atos normativos e zelar pelo patrimônio condominial (...) pode contratar administrador, pessoa natural ou jurídica, delegando-lhe funções administrativas. Deve submeter a aprovação do administrador à assembléia.[100]

Por fim, o espólio igualmente constitui uma massa de bens afetada ao juízo das sucessões. Constitui-se pelo acervo patrimonial deixado pelo *de cujus* e que será partilhado entre seus herdeiros, bem como responderá por todas as obrigações assumidas. A representação do espólio, que será feita em juízo ou fora dele, é feita

---

[97]PAMPLONA, Rodolfo Filho; VILLATORE, Marco Antônio César. *Direito do trabalho doméstico*. 2. ed. São Paulo: LTr, 2001. p. 34.
[98]*Direitos reais*. 8. ed. Rio de Janeiro: Forense, 1983. p. 191.
[99]Sílvio de Salvo Venosa entende que a Lei nº 4.591/1964 foi revogada pelo Código Civil de 2002 no que diz respeito ao condomínio edilício, continuando em vigor no tocante à incorporação. Ver *Direito civil: direitos reais*. 3. ed. São Paulo: Atlas, 2003. v. 5, p. 286-327.
[100]Ibidem, p. 321.

pelo inventariante ou, enquanto este não for nomeado, pelo administrador provisório (art. 985 do Código de Processo Civil).

2.2.6 Do empregador no direito do trabalho

Há grande divergência em torno do conceito de empregador trazido pela Consolidação das Leis do Trabalho. O legislador optou por uma definição legal inserida no art. 2º da Consolidação das Leis do Trabalho, dizendo ser *empregador a empresa, individual ou coletiva, que assumindo os riscos da atividade econômica, assalaria e dirige a prestação pessoal de serviços* (in verbis). Tal conceituação acabou por causar divergências principalmente porque para uns empresa é sujeito de direito e para outros objeto de direito. Para aqueles primeiros pode-se, assim, atribuir personalidade jurídica à empresa; para os segundos a definição deveria ser outra.

Já dissemos que empresa é objeto de direito. Uma das razões por que o legislador da reforma civil optou por definir o empresário, ou seja, aquele responsável pelo exercício da atividade empresarial, que organiza capital, trabalho, meios de produção com o fim de colocar em circulação bens ou serviços, deu-se, justamente, por considerar que a empresa é objeto e não sujeito de direito. A empresa, assim, é objeto de direito; é uma organização abstrata voltada a finalidade produtiva e de circulação de riqueza. O empresário é o profissional que exerce atividade empresarial.

Estabelecimento,[101] outra figura jurídica que não se confunde com a empresa ou empregador, é complexo de bens *organizado para o exercício da empresa, por empresário, ou por sociedade empresária* (art. 1.142, Código Civil, in verbis). Da conceituação legal decorre que a sociedade simples, fundações e associações não possuem estabelecimento, já que esta figura é típica das atividades empresariais.

Portanto, é equivocada a conceituação de que o empregador é a empresa, insistindo o legislador na falha quando conceitua no § 1º daquele dispositivo o que a doutrina e jurisprudência chamam de *empregador por equiparação*.

A caracterização de empregador decorre do conceito de empregado e se dá pela relação jurídica contratual estabelecida. Empregador é sujeito de contrato de trabalho, de forma que pode ser empregador a pessoa física, jurídica ou mesmo as chamadas massas patrimoniais. Não se pode dizer que há despersonalização da figura do empregador no conceito estabelecido na Consolidação das Leis do Tra-

---

[101]Fábio Ulhoa Coelho define estabelecimento como o "conjunto de bens que o empresário reúne para exploração de sua atividade. É elemento indissociável da empresa. É composto por bens materiais e imateriais. Não se confunde com aviamento (ou fundo de comércio) que é o potencial de lucratividade da empresa. Aviamento e clientela não são elementos do estabelecimento" (op. cit. p. 96-102).

balho, como quer Mauricio Godinho Delgado, a fim de "autorizar a ordem jurídica justrabalhista a plena modificação do sujeito passivo da relação de emprego (o empregado), sem prejuízo da preservação completa do contrato empregatício com o novo titular".[102]

A figura do empregador, embora não o diga a Consolidação das Leis do Trabalho, cria na relação de emprego uma certa pessoalidade, o que auxiliará na caracterização, inclusive, da existência do vínculo de emprego. Não se trata da pessoalidade estrita prevista no art. 3º da Consolidação das Leis do Trabalho em razão da pessoa do empregado e na mesma proporção. Trata-se, sim, de o empregado estar ligado a uma pessoa física ou jurídica, com ou sem finalidade lucrativa, ou mesmo a uma pessoa formal. O essencial para caracterizar o empregador é tê-lo como sujeito do contrato de trabalho, que dirige a prestação do serviço e exige um estado de subordinação forte, diferenciando-o da prestação de serviços autônomos ou de outras figuras inerentes a contratos de natureza civil. Tanto é verdade que os arts. 10 e 448 da Consolidação das Leis do Trabalho dispõem que não terão qualquer relevância as alterações na constituição interna ou externa da pessoa jurídica, vinculando-se o empregado ao sujeito contratual empregador, que não se confunde com as pessoas físicas que compõem uma pessoa jurídica, por exemplo.[103]

Portanto, a noção de que as pessoas elencadas no art. 2º, § 1º, da Consolidação das Leis do Trabalho, nominadas muitas vezes de empregadoras por equiparação, na verdade diz menos do que é, posto que as pessoas lá elencadas são empregadoras originariamente, desde que vinculadas a um contrato de trabalho, e não são empregadoras por simples equiparação.

O empregador não é o empresário ou o empreendedor, mas sim a pessoa jurídica quando voltada à prática da atividade empresarial ou qualquer outra pessoa ou sujeito que exija subordinação e assalarie, formando vínculo de natureza empregatícia.

---

[102]*Curso de direito do trabalho*. São Paulo: LTr, 2002. p. 381-382.
[103]Ensina Evaristo de Moraes Filho que "pouco importa aos exercentes de uma relação de emprego as transformações que se operem na estrutura jurídica do organismo fazendário: venda, cessão, doação, alteração, fusão, locação, usufruto ou qualquer outra modificação quanto à sua propriedade ou titularidade. O único critério válido e indispensável é que a empresa ou estabelecimento apresente reais e objetivas condições de sobrevivência e de continuidade. No seu exercício, com todos ou alguns elementos indispensáveis para o seu funcionamento. O que importa é a manutenção do seu aviamento, i.e., a esperança de lucros futuros, seu verdadeiro objetivo organizacional (...) Em direito do trabalho (...), para que haja sucessão nos direitos e obrigações da empresa, é bastante *in concreto*, identidade de finalidade econômica entre sucessor e sucedido, com permanência do pessoal" (*Sucessão nas obrigações e a teoria da empresa*. São Paulo: Revista dos Tribunais, 1959. p. 235-236).

A existência de riscos da atividade econômica, tratada no *caput* do art. 2º, igualmente não é esclarecedora, ou suficiente, posto que há atividades não econômicas, como é a situação das organizações sociais e fundações, por exemplo, onde não se tem nenhuma intenção de risco da atividade e, muito menos, atividade econômica, uma vez que a tais pessoas é vedado, expressamente, desenvolver qualquer finalidade lucrativa ou de interesse econômico.

O fato de determinadas sociedades sofrerem alterações e ter previsto o legislador que essas não afetam os contratos de trabalho em curso (arts. 10 e 448 da Consolidação das Leis do Trabalho) funda-se no princípio da continuidade do contrato de trabalho e prestação de serviço. Em qualquer situação de transformação de sociedades, cisão, fusão, incorporação, cessão de quotas ou mudança no quadro societário da pessoa jurídica, em nenhum momento causará prejuízo às pessoas que com ela contrataram, ao contrário, o direito assegura-lhes a reparação por eventual dano e conserva as relações negociais estabelecidas. Justamente porque a pessoa jurídica ou formal é sujeito do contrato e tem autonomia para praticar negócios em seu próprio nome é que qualquer alteração que vier a sofrer em sua estrutura ou funcionamento não altera os contratos em curso, salvo em situações de dissolução da pessoa jurídica e sua liquidação, cuja solução será dada em cada caso concreto e dependendo de cada situação jurídica ocorrida.

Quando dizemos, portanto, haver certa pessoalidade na figura do empregador, isso significa que, para o empregado, sujeito do contrato de trabalho no outro pólo negocial, importa a pessoa a que está vinculado, com exclusão de qualquer outra, já que é a ela que ele deve a prestação de serviço e a ela e suas regras que está subordinado.

Quanto ao grupo de empresa, figura tratada no inc. 2º do art. 2º da Consolidação das Leis do Trabalho, é figura jurídica também criada visando à proteção da relação de emprego. O legislador acabou por não se expressar bem quando se refere ao grupo de empresas nas situações em que cada uma das empresas, embora tendo personalidade jurídica própria, estiver sob direção, controle ou administração de outra. Para a caracterização de grupo não se faz necessário que haja situações simplesmente de direção, controle ou administração de uma empresa pela outra.

Nem toda coligação é grupo e nem todo grupo é juridicamente formado, sendo aceitáveis as situações de grupos de fato, em que há duas ou mais sociedades em que uma controla a outra sem que haja manifesta subordinação.[104] Os grupos eco-

---

[104]COMPARATO, Fábio Konder. *Direito empresarial*. São Paulo: Saraiva, 1995.

nômicos podem apresentar-se de forma subordinada, situação em que uma empresa tem poder de controle sobre as demais; ou de forma coordenada, em que não há dominantes e dominadas, mas simples atividade de coordenação entre as empresas do grupo. Os consórcios, em geral, não são formações de grupo econômico. Somente haverá a caracterização de grupo quando nas coligações formadas as pessoas não conservarem sua independência jurídica e econômica e poder de organização.

Importante frisar que o grupo não se caracteriza, necessariamente, por ser a mesma pessoa sócio ou administrador de duas ou mais empresas. Necessário para sua caracterização de grupo que se faça presente àquela dependência acima mencionada. Para auxiliar a interpretação, pode-se socorrer das disposições constantes no art. 269 da Lei nº 6.404/1976.

Ressalte-se que o Conselho Europeu publicou a Diretiva 94/45 em 22/09/1994 orientando e regulando os chamados grupos de empresa de dimensão comunitária. Observe-se que, segundo consta nos *considerandos* daquele documento, as noções ali desenvolvidas não prejudica a definição de grupo e controle de empresas que tenha sido elaborado por qualquer Estado-membro em período posterior ao daquela edição. Todavia, a diretiva estabelece uma definição importante de grupo de empresas em razão da grande movimentação de trabalhadores dentro da comunidade européia e o funcionamento do mercado interno que levou (e leva) ao surgimento de concentrações de empresas, fusões transfronteiras, absorções e associações, redundando tudo, em conseqüência, numa transnacionalização de empresas e grupos de empresas.

Assim prevê a diretiva (art. 3º):

> 2. *Presume-se que uma influência dominante, sem prejuízo de prova em contrário, quando essa empresa, directa ou indirectamente, em relação a outra:*
>
> *a) Tem a maioria do capital subscrito dessa empresa, ou*
>
> *b) Dispõe da maioria dos votos correspondentes às partes de capital emitidas por essa empresa, ou*
>
> *c) Pode nomear mais de metade dos membros do conselho de administração, do órgão de direcção ou de fiscalização da empresa.*

A chamada presunção da diretiva, decorre do fato de que, há uma conceituação geral de grupo de empresas e de grupo de empresas de dimensão comunitária, ou seja

> *"Grupo de empresas", um grupo composto pela empresa que exerce o controlo e pelas empresas controladas;*
>
> *c) "Grupo de empresas de dimensão comunitária", um grupo de empresas que preencha as seguintes condições:*

- empregue, pelos menos, 1.000 trabalhadores nos Estados-membros,
- possua, pelo menos, duas empresas membros do grupo em Estados-membros diferentes

e

- inclua, pelo menos, uma empresa do grupo que empregue, no mínimo, 150 trabalhadores num Estado-membro e, pelo menos, outra empresa do grupo que empregue, no mínimo, 150 trabalhadores noutro Estado-membro (art. 2º, definições 1).

A intenção da diretiva é a proteção do trabalhador e não a criação de um novo regulamento de natureza comercial. Isso tornou-se necessário em virtude das transações comerciais entre empresas, não se pode ver desprotegido ainda mais quando se trata de trabalho desenvolvido fora de seu país,[105] servindo de importante fonte de interpretação em nosso direito, em inúmeras situações de formações empresariais complexas, em que há dúvida quanto à existência ou não de grupos. Não se olvide, que, no mais das vezes dos casos práticos, temos dificuldades em encontrar uma solução ao caso concreto, de forma que, *mutatis mutandis*, pensamos que é absolutamente salutar recorrer-se a fonte da diretiva desde que não conflite com nosso direito interno (arts. 4º e 5º da Lei de Introdução ao Código Civil).

Das alterações em relação à pessoa jurídica social já tratamos no item 2.2.4.5, que cuida da transformação, incorporação, fusão e cisão.[106] Poderá, ainda, ocorrer a alienação do controle das sociedades controladas e das controladoras, situação em que haverá, igualmente, alteração na sociedade. As alterações na *estrutura de empresa* não fazem com que ela, efetivamente, desapareça do mundo jurídico, e, por isso, o empregado continua ligado àquela organização em razão dos laços negociais que mantém com a pessoa que o contratou para a prestação de serviços subordinados. Observe-se que o legislador utilizou a nomenclatura de forma equivocada, pois a empresa não se altera, mas sim a estrutura da pessoa jurídica.

Além desses casos antes regulados somente pela Lei das Sociedades por Ações e agora regulados no Código Civil, poderá ocorrer o fenômeno chamado no direito do trabalho de sucessão de empresas, tratada no art. 448 da Consolidação das Leis do Trabalho.

Ocorrerá a sucessão quando uma pessoa sai e ingressa em seu lugar outra pessoa, *substituindo-a*. Há a absoluta absorção de uma pessoa por outra que toma o seu lugar. Lembram Orlando Gomes e Elson Gottschalk que o legislador não utilizou aqui

---

[105]http://europe.eu.int/eur-lex/lex/es/legis/20060101/chap_05.pdf em 27/10/2006.
[106]Capítulo 2, item *d*, do subtítulo 2.2.4.5, que trata das sociedades empresárias.

um conceito estritamente jurídico, mas sim quis dar-lhe conotação econômica para evitar a fraude à lei e a direitos de trabalhadores. Ensinam os professores que, "de acordo com o novo critério, haverá sucessão toda vez que a empresa não sofra alteração *nos fins* para os quais se constituiu, trabalhando os empregados nos mesmos postos, prestando ou podendo prestar os mesmos serviços".[107]

Observe-se que, se houver simples mudança de sócios na sociedade, tecnicamente não há *sucessão de empresas*, mas sim simples alteração do quadro societário, ou seja, na estrutura da empresa, o que podemos chamar de sucessão de empresários.

Sempre que houver a transferência de um estabelecimento como unidade econômico-jurídica de um para outro titular e sempre que o contrato de trabalho dos empregados não sofrer solução de continuidade, tem-se que estão preenchidos os requisitos indispensáveis para a caracterização da sucessão, podendo a mesma ser configurada e declarada.[108]

2.2.7 Das entidades esportivas

A Lei nº 9.615, de 24/3/1998, além de outras providências, regulamentou a situação do Sistema Brasileiro de Desporto. Recentemente foi alterada pela Lei nº 10.672, de 15/5/2003. Esse sistema tem por fim garantir a prática desportiva, melhorando sua qualidade e padrão (art. 4º, § 1º).

O Sistema Brasileiro de Desporto é composto pelo Ministério do Esporte e Conselho Nacional do Esporte. Os Estados, Municípios e Distrito Federal podem constituir sistema desportivo, autônomo e desvinculado do sistema nacional, sendo interligados por regime de colaboração (art. 4º, Lei nº 9.615/1998).

Pelo sistema legal, o Ministério do Esporte, suas Secretarias e o Conselho de Desenvolvimento do Desporto Brasileiro são órgãos ligados à Administração direta do Estado e, por isso, pessoas públicas.

Além das pessoas públicas acima referidas, compõem o Sistema Nacional de Desporto pessoas jurídicas de direito privado, com ou sem finalidade lucrativa, elencando o legislador, no art. 13, as seguintes pessoas dessa natureza (*in verbis*):

I – o Comitê Olímpico Brasileiro (COB);

II – o Comitê Paraolímpico Brasileiro;

---

[107]*Curso de direito do trabalho*. 3. ed. Rio de Janeiro: Forense, 1994. p. 338.
[108]SÜSSEKIND, Arnaldo; MARANHÃO, Délio; SEGADAS, Viana. *Instituições de direito do trabalho*. 13. ed. São Paulo: LTr, 1993. p. 289.

III – as entidades nacionais de administração do desporto;

IV – as entidades regionais de administração do desporto;

V – as ligas regionais e nacionais;

VI – as entidades de prática desportiva filiadas ou não àquelas referidas nos incisos anteriores.

As pessoas supramencionadas poderão ser constituídas com ou sem finalidade lucrativa. Isso quer dizer que o legislador possibilitou que tais entes pudessem ter formação de sociedades simples, empresariais, ou mesmo tomassem forma de associação ou fundação, mas sempre com natureza jurídica de direito privado.

Há, ainda, as entidades de prática esportiva e as ligas, também pessoas jurídicas de direito privado, que podem ou não ser criadas na forma de sociedade simples ou empresarial, associação ou fundação.

Observe que o legislador não impede a figura da associação ou fundação e dispõe que é uma faculdade das entidades esportivas e das ligas se organizarem de forma livre (arts. 26 e 27, § 9º, da Lei nº 9.615/1998).

A afirmação quanto à organização das entidades desportivas e ligas não altera a máxima quanto à liberdade de escolha do tipo de pessoa jurídica, caracterizando-se por voltar-se a atividades desportivas profissionais com atletas profissionais. Aliás, nesse caso, poderão assumir tipos relativos às sociedades empresariais previstos no Código Civil.

Questão interessante é que pouco importa o tipo societário ou associativo assumido pela entidade ou liga esportiva, pois de toda forma estará subordinada, para efeito de fiscalização e controle, às regras atinentes às sociedades empresárias, *notadamente para efeitos tributários, fiscais, previdenciários, financeiros, contábeis e administrativos* (art. 27, § 13, Lei nº 9.615/1998). Em outras palavras, as entidades esportivas ou ligas poderão assumir a forma de sociedade simples ou empresarial, fundacional ou associativa, mas, para os efeitos legais, serão sempre equiparadas a sociedade empresária.

Capítulo 3

Responsabilidade Patrimonial

O fenômeno da personalização da pessoa jurídica gera para as pessoas físicas que a compõem a irresponsabilidade pelos negócios por ela praticados. Tal assertiva decorre do princípio de que aquele que pratica o negócio jurídico é que irá responder perante o credor pelas obrigações assumidas. Ensina Orlando Gomes que

> a *relação obrigacional*, encarada em seu conjunto, é um vínculo jurídico estabelecido entre duas pessoas, em virtude do qual uma delas fica adstrita a satisfazer uma prestação patrimonial de interesses da outra, que pode exigi-la, se não for cumprida espontaneamente, mediante ação sobre o patrimônio do obrigado.[1]

Sabendo-se que a pessoa jurídica, uma vez constituída regularmente, adquire a personalidade, é ela ente de direitos e obrigações nas relações jurídicas que pratica. Vimos, assim, que dois são os tipos estabelecidos na legislação quanto à responsabilidade que os sócios ou acionistas podem assumir quando integrantes de quadro social: limitada ou ilimitada. Naquela primeira situação, integralizado o capital social ou subscritas as ações, é a sociedade que responderá pelos atos praticados, pois a vontade na negociação é sua e não da pessoa física que possui patrimônio absolutamente distinto do seu. No segundo caso, as pessoas físicas acabam por assumir, em razão do tipo social, responsabilidade solidária juntamente com a sociedade, fenômeno esse que ocorre, também, com a figura dos grupos de empresa prevista no art. 2º, § 2º, da Consolidação das Leis do Trabalho.

---

[1] *Obrigações*. 2. ed. Rio de Janeiro: Forense, 1963.

Prevê, ainda, o legislador hipóteses em que os sócios ou administradores vão ser responsabilizados com seu patrimônio pessoal por negócios da pessoa jurídica, hipóteses essas elencadas na legislação e que devem ser respeitadas, já que a responsabilidade solidária, no nosso sistema jurídico, decorre sempre da lei ou da vontade das partes (arts. 265 do Código Civil de 2002 e 896 do Código Civil de 1916).

Aquele que negocia se obriga com o credor, sendo chamado de devedor, isto é, aquela pessoa que, sendo parte passiva numa relação obrigacional, coloca à disposição do credor o seu próprio patrimônio como garantia do cumprimento da obrigação.[2] Tal é a expectativa do credor que necessita dessa segurança no momento da negociação. Essa é a regra do art. 591 do Código de Processo Civil, cujo conteúdo é de direito material e não processual, embora esteja previsto em lei subjetiva.

O devedor que assume uma obrigação responde com seus bens presentes e futuros junto ao credor para o cumprimento daquilo que se obrigou, ou seja, responde com os bens que estão em seu patrimônio no momento da negociação, bem como com todos aqueles que vier a adquirir posteriormente, salvo as exceções legais.[3]

Diz-se, assim, que o devedor, que é o titular da obrigação de prestar, é responsável primário pela obrigação assumida, a qual deverá ser cumprida espontaneamente.

Alcides de Mendonça Lima ensina com muita propriedade que o

> princípio de que o devedor tem de solver sua obrigação assumida perante o credor é de direito material, que se completa pelos meios processuais de que se pode utilizar o credor para tornar efetiva a responsabilidade do devedor. Em tese, todo o patrimônio do devedor responde imediatamente pelo adimplemento de sua obrigação.[4]

Se o devedor não cumpre a obrigação de modo espontâneo, então surge para o credor o direito de pedir ao Estado que retire do patrimônio do devedor o montante suficiente para satisfazer à obrigação ajustada e frustrada, isto é, pede que o patrimônio que garante a obrigação seja subordinado forçosamente ao seu cumprimento. A regulamentação desses atos executivos é que se faz pela norma processual.

---

[2] "Em toda obrigação há o dever de prestar (débito), ou seja, o compromisso que o devedor assume de satisfazer ao credor, cumprindo a obrigação; e há, do ponto de vista objetivo, a vinculação ao patrimônio do obrigado, ou de parte dele, a fim de que o credor obtenha a satisfação do seu direito nos bens do devedor, quando este espontaneamente não cumpra a obrigação. Este vínculo patrimonial de sujeição dos bens do devedor para satisfação do credor é que se denomina *responsabilidade*" (SILVA, Ovídio A. Baptista. *Curso de processo civil*. 3. ed. São Paulo: Revista dos Tribunais, 1998. v. 2, p. 69).
[3] Exemplos de exceção legal são aqueles que a lei considera absolutamente impenhoráveis, *v. g.*, bem de família.
[4] *Comentários ao Código de Processo Civil.* Rio de Janeiro: Forense, 1974. p. 462-463.

No nosso sistema, no entanto, a norma processual vai mais longe, trazendo a previsão da responsabilização do devedor, como se disse, e indicando, ainda, que, sendo insuficientes os bens ou patrimônio do devedor para responder pelas obrigações assumidas e não cumpridas, poderá a responsabilidade recair sobre pessoas que, embora não tenham obrigação, conservam responsabilidade sobre os atos praticados pelo devedor em situações jurídicas absolutamente definidas na lei. Estamos aqui nos referindo ao responsável secundário, criando o legislador um caso típico de responsabilidade subsidiária de algumas pessoas que elenca no art. 592 do Código de Processo Civil.

Interessa-nos aqui a figura do sócio, prevista no art. 592, II, do Código de Processo Civil.

Em todos os tipos de pessoas jurídicas de que tratamos, referimo-nos à responsabilidade que elas possuem e, conseqüentemente, o dever que tem de responder pelas obrigações assumidas. Dissemos também que, em situações excepcionais, o legislador dispõe que os sócios ou administradores poderiam responder por obrigações que, em princípio, seriam das pessoas jurídicas. Em tais situações, esses sócios e administradores possuem a responsabilidade secundária pela obrigação, já que não figuram no título executivo, não são seus sucessores ou negociaram em seu próprio nome. Todavia, o legislador permite que, *nos casos previstos em lei* (art. 596 do Código de Processo Civil), respondam com seu patrimônio pessoal perante o credor do devedor primário.

A situação de se responsabilizar o sócio por obrigações da sociedade é fundada em circunstâncias especiais, cujos contornos e limites serão dados pela lei material e não instrumental. Daí o cuidado do legislador em relegar as hipóteses a situações expressas na lei (art. 596 do Código de Processo Civil).

A situação de subsidiariedade criada pelo legislador permite que o sócio, uma vez chamado a responder pela obrigação, exerça o benefício de excussão (*exceptio excussionis*), que possibilita que o mesmo indique *bens da sociedade, sitos na mesma comarca, livres e desembargados, quantos bastem para pagar o débito* (art. 596, § 1º do Código de Processo Civil).

Importa saber, então, em que qualidade o sócio ingressa na relação processual. Há divergência na doutrina e jurisprudência, de modo que duas correntes surgem. A primeira, daqueles que entendem ser o sócio terceiro; a segunda, dos que entendem ser sujeito passivo na execução.

Analisando a norma jurídica e o sistema em que a mesma está inserida, entendemos que outra não pode ser a conclusão que não a de considerá-lo sujeito passivo da execução, devendo, por isso, utilizar-se em sua defesa dos embargos do devedor, vindo compor a relação processual instaurada na qualidade de parte.

Há um alargamento na relação processual. O sócio não faz parte do título executivo, já que o devedor é a pessoa jurídica. Todavia, na qualidade de responsável secundário, há permissão legislativa para que seus bens sejam atingidos, já que, não obstante não seja obrigado, é responsável subsidiário pela dívida não satisfeita. O fundamento da norma é de garantir o credor, concedendo-lhe segurança jurídica. Como ensina Teori Albino Zavascki,

> há casos em que, por força de lei, o patrimônio pessoal dos sócios constitui uma espécie de garantia dos credores da sociedade, e nessa condição está sujeito a ser chamado para, subsidiariamente, responder pelas obrigações sociais (...) Em qualquer dos casos de responsabilidade subsidiária, proposta a execução contra a pessoa jurídica e não tendo ela força patrimonial suficiente para suportar a obrigação, poderão os atos executivos ser "redirecionados contra o patrimônio do sócio responsável".[5]

Pensamos que o fato de se confundir a posição do sócio na relação processual iniciada está na teoria da relação processual, em que se considera terceiro todo aquele que não tenha participado da relação processual firmada. Ocorre que a hipótese trazida pelo art. 592 do Código de Processo Civil é uma exceção legal, permitindo o legislador que o responsável secundário, estranho ao título judicial, ingresse na relação jurídica a fim de garantir, com seu patrimônio, o crédito não honrado pelo obrigado a que está vinculado por alguma previsão legal. Há concessão legislativa, assim, para se elastecer, inclusive, o próprio título judicial, se nele se fundar a execução.

Assim já decidiu o Egrégio Supremo Tribunal Federal, entendendo, inclusive, que tal situação não ofende a coisa julgada, pois autorizada por lei a responsabilização secundária, fundada na diferença entre dívida e responsabilidade. Tal é a ementa do v. Acórdão, cujo relator foi o Ministro Sálvio de Figueiredo Teixeira:[6]

> PROCESSO CIVIL. EXECUÇÃO DE TÍTULO JUDICIAL. RESPONSABILIDADE PATRIMONIAL. ART. 592, CPC. OFENSA À COISA JULGADA. INEXISTÊNCIA. VÍNCULO SOCIETÁRIO. OBRIGAÇÃO E RESPONSABILIDADE (SCHULD E HAFTUNG). DISREGARD DOCTRINE. INVOCAÇÃO EXEMPLIFICATIVA. RECURSO DESACOLHIDO.

---

[5]ZAVASCKI, Teori Albino. *Comentários ao Código de Processo Civil*: do processo de execução, arts. 566 a 645. Coordenação de Ovídio Araújo Baptista da Silva. São Paulo: Revista dos Tribunais, 2000. v. 8, p. 266-267.
[6]Resp. 225051/DF; Recurso Especial 1999/0068128-2 – Julgamento de 7/11/2000.

I – O princípio da responsabilidade patrimonial, no processo de execução, origina-se da distinção entre débito (Schuld) e responsabilidade (Haftung), admitindo a sujeição dos bens de terceiro à excussão judicial, nos limites da previsão legal.

II – A responsabilidade pelo pagamento do débito pode recair sobre devedores não incluídos no título judicial exeqüendo e não participantes da relação processual de conhecimento, considerados os critérios previstos no art. 592, CPC, sem que haja, com isso, ofensa à coisa julgada.

III – O processo de conhecimento e o de execução têm autonomia, cada qual com seus pressupostos de existência e validade. Enquanto no primeiro se apura a obrigação, no segundo se permite ao credor exigir a satisfação do seu direito.

O sócio que vier a ser responsabilizado, nos limites de contornos da lei, deverá ser citado para o processo executivo. Necessário fazer sua inclusão na relação, concedendo-lhe a possibilidade de indicar bens da sociedade e defender seu patrimônio.

Queremos, por fim, referir-nos à figura do administrador. O fato de o legislador do Código de Processo Civil não ter a ele se referido não afasta a aplicação da norma processual quanto à responsabilidade secundária e tudo que se disse sobre o instituto. Tal figura foi tratada com nova regulamentação pelo Código Civil, estando o administrador na mesma condição do sócio, conforme já nos referimos no Capítulo 2, nas hipóteses tratadas na lei material.

Quanto às sociedades em que o sócio é responsável solidário por força do tipo societário, como ocorre nas sociedades comuns e em nome coletivo, a regra de ser chamado em processo de execução em andamento na qualidade de responsável secundário não se altera, ou seja, possui o mesmo o benefício da *exceptio excussionis*. Isso porque o legislador não excepcionou a regra quanto à espécie de sociedade, o que veda que o intérprete-limite o alcance da norma. Observe que estamos aqui tratando de situações em que o sócio não participa da relação jurídica posta desde seu início, sofrendo, posteriormente, os efeitos da cobrança forçada.

A obrigação dos sócios na sociedade comum, por exemplo, é solidária, uma vez que sequer tal pessoa chegou a se constituir de forma regular. Poder-se-ia questionar o fato de que a mesma não possui personalidade jurídica, por isso não teria patrimônio. Todavia, não é esse o tratamento legislativo que lhe foi dispensado, tanto que o próprio legislador refere-se *aos bens e dívidas sociais* a fim de considerá-los patrimônio comum (art. 988 do Código Civil). A responsabilidade, portanto, é solidária. Todavia, se eventualmente houver ação contra a sociedade e verificar-se que a mesma não possui patrimônio para responder pelas obrigações, necessário será o chamado do sócio exatamente nos termos do art. 592 do Código de Processo Civil, com os benefícios e limites traçados pelo art. 596 do mesmo ordenamento.

Capítulo 4

Desconsideração da Pessoa Jurídica

4.1 CONSIDERAÇÕES INICIAIS

Todo homem é pessoa, no sentido de que, por sua própria natureza, a ordem jurídica o reconhece como capaz de aquisição de direitos, obrigações e deveres nas diversas relações jurídicas ou sociais. Todavia, independentemente da existência de lei ou de regulamentação, não se lhe pode negar a existência ou a capacidade. O ente jurídico, ao contrário, depende para sua existência da vontade humana, fato esse que independe da posição que se tome quanto à natureza jurídica da pessoa moral, sobre a qual já tratamos no Capítulo 2, quando nos referimos à pessoa jurídica. A doutrina não é unânime e a busca por uma posição pacífica é árdua.

Uma afirmativa é certa: a pessoa jurídica é criação da vontade humana, já que sua constituição e criação são fruto de ato legislativo, que permite o surgimento de unidades jurídicas com finalidades diversas, e poderá ser formada a partir de um complexo de bens ou pessoas.

O Código Civil de 1916 trazia expressamente a inconfundibilidade entre a pessoa jurídica e a física (art. 20). O Código atual não se preocupou com tal distinção, não trazendo regra similar.[1] Entendemos ser absolutamente justificável tal fato.

O Estado de Direito originariamente preocupou-se em assegurar aos indivíduos a liberdade para que pudessem atingir seus objetivos. Ou seja, não havia intervencionismo estatal na vontade, privilegiando-se o individual. As diversas mudanças

---

[1] Discordamos de Eduardo Gabriel Saad, quando indicava o art. 61 do Código Civil de 2002 como correspondente ao antigo art. 20 do Código Civil de 1916 (*Comentários ao Código de Defesa do Consumidor*. 5. ed. São Paulo: LTr, 2002. p. 332).

passadas na sociedade, principalmente surgidas após as Revoluções Industrial e Francesa e acentuadas no período do pós-guerra, deram origem a constituições liberais, que exaltavam direitos fundamentais do homem, ensinando J. J. Gomes Canotilho que isso se manifesta de duas formas: "(1) a primeira acentua o desenvolvimento do sujeito moral e intelectual livre; (2) a segunda parte do desenvolvimento do sujeito económico (sic) livre no meio da concorrência".[2]

Desse modo, o Estado passa a intervir nas relações entre os sujeitos, acentuando-se essa intervenção na forma até de participação no negócio jurídico, como se vê em diversas passagens do Código Civil de 2002.

O homem, sujeito de direitos e fonte de vontades, é capaz de realizá-las através do exercício de atividades próprias e, ainda, de se organizar a ponto de formar uma terceira pessoa, distinta, a quem o direito reconhece individualidade, responsabilidades, provendo-a de subjetividade. Esse mesmo ato de criação confere-lhe o *status* de sujeito de direitos e obrigações na esfera civil.

Nosso direito sabiamente não traz o conceito de pessoa jurídica e pessoas formais. Contudo, a análise do ordenamento jurídico e o direito constitucional conferem às pessoas físicas o direito de se associar, assegurando o Estado a livre concorrência na área empresarial (art. 170 da Constituição Federal) e incentivando a criação de pessoas com finalidade altruísta, como ocorre, por exemplo, com a formação de organizações sociais,[3] que faz resplandecer a força existencial desses entes, não se podendo ignorar o quanto poderão interferir nas relações sociais e individuais.

O Código Civil de 2002 traz uma nova feição ao instituto das pessoas. Deixando de fazer a expressa alusão quanto à diferenciação entre pessoa física e jurídica, permite, segundo nosso entender, o melhor enquadramento das pessoas jurídicas que se constituem pela união comum de idéias, forças econômicas e sociais, interesses e finalidades, permitindo o nascimento de um ente que possui uma vida interior – respondendo, inclusive, os sócios pelas perdas e lucros da sociedade formada (art. 1.008 do Código Civil) – e uma vida exterior, o que lhe permite falar e agir em nome próprio, isto é, do ente autônomo formado, visando ao alcance e à realização dos objetivos. Para tanto, o Estado resolve atribuir-lhe personificação, a fim de que possa negociar validamente e com independência no mundo jurídico.

Observe-se que ao Estado interessa essa permissão de formação de entes independentes inconfundíveis com a figura humana, principalmente na sociedade ca-

---
[2]*Direito constitucional e teoria da constituição*. 2. ed. Coimbra: Almedina, 1998. p. 104.
[3]Ver Capítulo 2, sobre as pessoas jurídicas.

pitalista, entendida essa no sentido preconizado por Max Weber, ou seja, uma sociedade que busca o lucro renovado "por meio da empresa permanente, capitalista e racional".[4] Todavia, não somente essas pessoas que exercem atividade empresarial interessam ao Estado. Há pessoas que vão desenvolver o papel social e humanitário que o próprio Estado deveria fazer e que, por razões várias, principalmente de ausência de estrutura nos países subdesenvolvidos, não pode ser por ele realizado, de modo que o incentivo à criação dessas instituições interessa não só ao Estado, mas e principalmente à própria sociedade.

Com muita propriedade, Marçal Justen Filho observa que a

> personificação societária envolve uma sanção positiva prevista pelo ordenamento jurídico. Trata-se de uma forma de incentivação, pela qual o direito busca conduzir e influenciar a conduta dos integrantes da comunidade jurídica. A concentração de riqueza e a conjugação de esforços inter-humanos afigura-se um resultado desejável não em si mesmo, mas como meio de atingir outros valores e ideais comunitários. O progresso cultural e econômico propiciado pela união e pela soma de esforços humanos interessa não apenas aos particulares mas ao próprio Estado (...). Para estimular a realização dessas associações e incentivar os seres humanos à concentração de recursos e esforços, o Estado vale-se da "personificação societária". A atribuição de personalidade jurídica corresponde, assim, a uma sanção positiva ou premial, no sentido de um benefício assegurado pelo direito a quem adotar a conduta desejada.[5]

Dessa forma, como já dissemos, a pessoa jurídica adquire a personificação com a inscrição de seus atos no registro próprio. Todavia, o legislador do Código Civil de 2002, sabendo das transformações que a sociedade passa e da necessidade de regulamentar situações fáticas, a princípio marginalizadas, tratou de regulamentar, inclusive, as sociedades em comum (ou de fato), o que nos permite considerá-las sujeitos de direitos e obrigações, embora não dotadas de personalidade. Dessa forma, forçoso o reconhecimento de que, à semelhança do que ocorre com as massas patrimoniais (despersonalizadas), as sociedades em comum e em conta de participação são, igualmente, despersonalizadas, mas sujeitas de relações jurídicas, não

---

[4] *A ética protestante e o espírito do capitalismo*. Tradução de Pietro Nassetti. São Paulo: Martin Claret, 2001. p. 24.
[5] *Desconsideração da personalidade societária no direito brasileiro*. São Paulo: Revista dos Tribunais, 1987. p. 48.

só com capacidade para contrair obrigações e direitos, mas também com responsabilidade de responder perante seus credores.

Reconhecemos assim que há, certamente, uma nova categoria de pessoas em nosso direito, que, não obstante não possuírem personalidade, detêm capacidade, tanto de direito como de fato, reconhecida, expressamente, pelo sistema legal e a qual não podemos ignorar, assim como o legislador o fez, preocupando-se com a situação de fato social, carente, até então, de proteção e regulamentação.

O instituto do *disregard of legal entity*,[6] ou simplesmente, para nós, desconsideração da personalidade jurídica, tem aplicação somente para aqueles entes dotados de personalidade.

Tal instituto tem por fim a permissão de se penetrar no âmago da personalidade atribuída por concessão legislativa a um ente jurídico, permitindo que se encontre seus administradores a fim de responsabilizá-los por atos praticados através do uso da pessoa jurídica.

A pessoa jurídica continua existindo. Não se trata de anulá-la ou de reconhecer-lhe a ineficácia. Ao contrário, a pessoa jurídica regularmente constituída nos termos das leis respectivas inerentes a cada tipo social, associativo ou fundacional, existe no mundo jurídico de forma válida e produz todos os efeitos de sua criação.

A teoria da desconsideração foi alicerçada no abuso da pessoa jurídica ou na fraude, contra o absolutismo da personalidade jurídica da pessoa moral. O estudo da possibilidade de se desconsiderar a personalidade da pessoa jurídica e atingir aqueles que lhe deram vida por ato previsto e permitido em lei surgiu da análise de casos americanos e ingleses julgados pelas respectivas Cortes de Justiça. Rolf Serick foi o responsável pelo levantamento de estudos comparativos na década de 1950,[7] visando, através disso, criar uma teoria que pudesse impedir a perpetração da fraude ou abuso cometido através da pessoa jurídica.

---

[6] O *disregard* é uma conseqüência da estrutura da sociedade "(...) Diante do abuso de direito e da fraude no uso da personalidade jurídica, o juiz brasileiro tem o direito de indagar, em seu livre convencimento, se há de consagrar a fraude ou abuso de direito, ou se deva desprezar; a personalidade jurídica, para, penetrando em seu âmago, alcançar as pessoas e bens que dentro dela se esconderam para fins ilícitos ou abusivos" (Rubens Requião, *RT*, p. 14, 1969).

[7] DENARI, Zelmo. *Código Brasileiro de Defesa do Consumidor*: comentado pelos autores do anteprojeto. 5. ed. Rio de Janeiro: Forense Universitária, 1997. p. 190-191. Observe-se que Fábio Ulhoa Coelho nos dá conta que em 1910 e 1920 Maurice Wormser tratou do tema, mas sem a centralização que lhe deu Rolf Serick na defesa de seu doutoramento na Universidade de Tübigen, em 1953 (*Curso de direito comercial*. 6. ed. São Paulo: Saraiva, 2003. v. 2, p. 36).

Rubens Requião cuidou da matéria no direito nacional, introduzindo a doutrina através de artigo publicado na Revista dos Tribunais intitulado "Disregard Doctrine", em 1969.[8]

Observou-se que a personalização de sociedades comerciais dava azo a manobras maliciosas de pessoas que agiam por detrás da pessoa jurídica, causando prejuízos e danos a terceiros ou à própria sociedade, aproveitando-se da autonomia patrimonial que a personalidade lhe concede. Considera, assim, Fábio Ulhoa Coelho que:

> pela teoria da desconsideração, o juiz pode deixar de aplicar as regras de separação patrimonial entre sociedade e sócios, ignorando a existência da pessoa jurídica num caso concreto, porque é necessário coibir a fraude perpetrada graças à manipulação de tais regras.[9]

A primeira observação a ser feita é que está equivocado o uso da expressão **despersonalização da pessoa jurídica**, posto que tal fenômeno não ocorre quando tratamos da questão ora estudada. Despersonalizar quer dizer retirar a personalidade que lhe foi atribuída, e o que ocorre nas hipóteses aqui tratadas é, dentro do caso concreto, desconsiderar aquela atribuição inicial de personalidade para, dentro de determinados limites, atingir pessoas e bens que se encobrem atrás daquela personalidade.

Não há que se confundir a desconsideração com as hipóteses em que a pessoa jurídica é constituída de forma irregular, situação em que certamente não chega a se constituir de forma válida a ponto de adquirir a personalidade. Prevê, por exemplo, a legislação uma forma específica para a criação de fundações e associações (arts. 62 e seguintes e 53 e seguinte, do Código Civil). A irregularidade na formação dessas pessoas fará com que ela não se constitua para o fim pretendido, não adquirindo personalidade. É fenômeno distinto daqueles em que a pessoa jurídica foi constituída validamente, em respeito às disposições legais e, por razões de sua má utilização, penetra-se em seu interior para atingir seus bens e/ou seus sócios.

É acertado dizer-se, como fez Marçal Justen Filho, que a situação de personalização é abuso permitido por lei.[10] É tolerável que se incentive a personalização de certos entes a fim de que a atividade empresarial ou simplesmente civil seja cumprida, trazendo benefícios vários para o desenvolvimento econômico e social, assim justifica Justen, com quem concordamos nesse particular:[11]

---

[8]*RT* 410/16.
[9]Ibidem. p. 40.
[10]*Desconsideração da personalidade societária no direito brasileiro*. São Paulo: Revista dos Tribunais, 1987. p. 120-122.
[11]Ibidem. p. 121.

Os malefícios da personificação são assumidos pelo direito como necessários e inafastáveis, perante os benefícios que decorrem de sua consagração. Trata-se de abuso com que a sociedade humana tem de conviver – é o preço que se paga pela promoção do desenvolvimento.

A autonomia patrimonial é, assim, uma das mais importantes conseqüências da personalização, permitindo que os sócios e administradores sejam considerados, em suas relações com a sociedade e com terceiros, como pessoas estranhas, a ponto de isentá-los de responsabilidade pelos atos sociais.

Portanto, o abuso no manejo das pessoas jurídicas por seus sócios ou administradores traz a possibilidade de se responsabilizar pessoalmente seus dirigentes, penetrando-se, desconsiderando-se, ou, simplesmente, levantando o véu da pessoa jurídica, a fim de atingir-lhes, uma vez que somente se sacrifica um bem jurídico por outro desde que este possa trazer maiores benefícios, fundamento esse da própria personalização legal.

Considerando que nosso sistema jurídico admite a personificação, é absolutamente conveniente e justificável que nos preocupemos com suas conseqüências e aplicações.

A aplicação do instituto do *disregard* é largamente utilizada pelos tribunais alemães, americanos, argentinos e ingleses. Dois casos com repercussões mundiais que iniciaram o estudo do tema foram Bank of United States v. Deveaux, em que o Juiz Marshall

> manteve a jurisdição das cortes federais sobre as *corporations* (Constituição Americana, art. 3º, seção 2ª, que reserva a tais órgãos judiciais as lides entre cidadãos de diferentes Estados). Ao fixar a competência acabou por desconsiderar a personalidade jurídica, sob o fundamento de que não se tratava de sociedade, mas sim de "sócios contendores".[12]

O segundo caso que citamos concerne ao

> ocorrido na Inglaterra (Salomon v. Salomon & Co.) que, ao contrário do indigitado, não foi o pioneiro, datando, portanto, de 1897. De toda sorte, tal julgado delineou o instituto da desconsideração. Aaron Salomon com mais seis membros de sua família criou uma *company*, em que cada sócio era detentor de uma ação, reservando 20.000 ações a si, integralizando-as com o seu estabelecimento comercial, sendo certo que Aaron Salomon já exercia a mercancia, sob a forma

---

[12]GUIMARÃES, Márcio Souza. Disponível em: http://www.amperj.org.br/port/marcio05body.htm.

de firma individual. Os credores oriundos de negócios realizados pelo comerciante individual Aaron Salomon viram a garantia patrimonial restar abalada em decorrência do esvaziamento de seu patrimônio em prol da *company*. Com esse quadro, o juízo de primeiro grau declarou a fraude com o alcance dos bens do sócio Aaron Salomon. Ressalte-se, entretanto, que a *House of Lords*, reconhecendo a diferenciação patrimonial entre a companhia e os sócios, não identificando nenhum vício na sua constituição, reformou a decisão exarada.[13]

Na Alemanha, está ocorrendo o julgamento de Wilhelm Just, ex-sócio de empresa, que, entre outros crimes prescritos na lei alemã, está respondendo por fraude perpetrada contra a pessoa jurídica e terceiros, levando a sociedade, inclusive, à falência, segundo a acusação daquele tribunal. Tal feito está em andamento e, sabendo-se que o acusado está no Brasil, o Supremo Tribunal Federal julgou o pedido de extradição, concedendo-a em parte.[14]

Em geral, os sistemas jurídicos estrangeiros que acolhem a possibilidade de se desconsiderar a personalidade jurídica a fim de responsabilizar os sócios ou administradores aplicam a teoria em situações excepcionais, em razão de abuso ou fraude à lei ou ao contrato e, conseqüentemente, quebra do princípio da boa-fé.

Cite-se o direito espanhol:

> *En ocasiones los administradores de una sociedad realizan actuaciones abusivas mediante la instrumentación fraudulenta de la autonomía **patrimonial** societaria. Para la represión de estas situaciones el derecho sanciona a los integrantes de la sociedad mediante la aplicación de la técnica de origen anglosajón de desentenderse de la personalidad jurídica autónoma de la sociedad ("disregard of legal entity") y deducir que las consecuencias de los actos jurídicos se extienden a los administradores; también se habla de levantar la máscara, pero, sobre todo de habla de levantar el velo ("to lift the veil") de la persona jurídica, frase que se ha consagrado en la práctica judicial española.*
>
> *Con esta técnica se pretende que las personas jurídicas con forma societaria no sean un refugio ante el que se detienen los principios fundamentales del **derecho** y el principio de la **buena fe** o, dicho en términos negativos, se trata de impedir la existencia de un ámbito donde impere la simulación, el abuso de derecho y el fraude; en definitiva de poner de relieve que la persona jurídica no puede colisionar con el ordenamiento económico y social.*

---

[13]Ibidem.
[14]Pedido de Extradição nº 841, Ministro Relator Carlos Velloso.

> La técnica del levantamiento del velo no pretende socavar la seguridad jurídica de las instituciones societarias que los ciudadanos crean en el uso de sus derechos legítimos, sino que proscribe el uso en propio beneficio de quienes utilizan la forma societaria para fines extraños o contrarios a los que justifican la figura jurídica.[15]

No sistema nacional, recentemente tivemos o caso da empresa Encol, em que foi autorizada a desconsideração da pessoa jurídica para que se atingissem administradores e empresas controladas e controladoras. Decidiu o MM. Juiz da Vara de Falências, Concordatas e Insolvência Civil de Goiânia (GO) que havia provas suficientes de utilização abusiva da pessoa jurídica com a finalidade de causar, de forma fraudulenta, danos aos credores, caracterizados por diversos atos praticados e transferência de bens quando já estava em estado de insolvência.[16]

Nesse mesmo diapasão, o Superior Tribunal de Justiça, em decisão unânime sobre o tema, entendeu ser possível a desconsideração da pessoa jurídica. Relatou o eminente Ministro Ruy Rosado de Aguiar que

> a aplicação da doutrina da desconsideração, para julgar ineficaz a personificação societária sempre que for usada com abuso de direito, para fraudar a lei ou prejudicar a terceiros.[17]

No mesmo diapasão, portanto, em que se alicerça a jurisprudência estrangeira, os nossos tribunais aplicam a teoria da desconsideração da pessoa jurídica, inferindo-se dos julgados que a medida é excepcional e fundada, principalmente, nas hipóteses de fraude ou abuso. A regra a que se subordina o instituto é de que somente em situações excepcionais se fará a desconsideração, não se justificando o afastamento da personalidade pela simples razão de não ter o credor a condição de satisfazer ao crédito. Em outras palavras, é indispensável o mau uso, o desvio de finalidade da pessoa jurídica, que não atingiria a função social, fundamento pelo qual o direito suporta e permite sua existência.

4.2 SISTEMA LEGAL BRASILEIRO E DIREITO DO TRABALHO

A questão da desconsideração da pessoa jurídica já vinha sendo considerada no sistema jurídico trabalhista, através de inúmeras decisões dos tribunais em todos

---

[15]http://es.wikipedia.org/wiki/Levantamiento_del_velo#Jurisprudencia_sobre_el_levantamiento_del_velo_en_Espa.C3.B1a, em 30/10/2006.
[16]Processo autuado sob nº 862/1997.
[17]Recurso Especial 86.502/SP, decisão de 21/5/1996, 4ª Turma.

os níveis, tendo a jurisprudência e a doutrina trabalhista por posição, pode-se dizer unânime, que o art. 2º da Consolidação das Leis do Trabalho teria assegurada a possibilidade de se desconsiderar a personalidade jurídica.

Em algumas situações, entende a grande maioria da doutrina e jurisprudência nacional, a matéria teria sido legislada prevendo a responsabilidade de sócios e administradores pela prática de atos contrários à sociedade causados até mesmo por dolo ou culpa. Isso ocorre, por exemplo, com o administrador, conforme definido no art. 1.016 do Código Civil; ou nas sociedades por ações nas hipóteses em que o administrador responde pessoalmente.[18] Portanto, ao mesmo tempo em que os tribunais formavam posições cada vez mais crescentes da possibilidade de se desconsiderar a personalidade jurídica em situações de verificação de abuso ou fraude, havia uma legislação, embora específica para alguns casos, que cuidava de forma expressa dessa possibilidade.

Muito se escreveu sobre a questão no direito do trabalho. O próprio Rubens Requião, precursor da matéria, ponderou que a legislação trabalhista havia tratado do tema no art. 2º da Consolidação das Leis do Trabalho quando cuidou da responsabilidade de empresas do mesmo grupo econômico. Conseqüentemente, os juristas que se seguiram corroboravam a tese do ilustre professor, entendendo que, na verdade, o direito do trabalho teria permitido de forma expressa a desconsideração nas hipóteses daquele dispositivo. Seguiu-se, assim, na doutrina e na jurisprudência trabalhista, o entendimento de que, na verdade, as hipóteses de responsabilidade solidária entre as empresas de um mesmo grupo era uma forma de desconsideração, como também o seriam as hipóteses de sucessão de empresas tratada nos arts. 10 e 448 da Consolidação das Leis do Trabalho.

Não obstante os diversos entendimentos no mesmo sentido, esposados por especialistas do mais alto gabarito, ousamos deles discordar. Entendemos que a Consolidação das Leis do Trabalho não tratou do tema, e, em nenhum momento, previu o legislador trabalhista a hipótese de desconsideração da personalidade jurídica, a qual sempre foi aplicada na esfera trabalhista fundamentada, em entendimento equivocado sobre a norma jurídica invocada.

Primeiramente, cumpre lembrar que o instituto da desconsideração tem por base doutrinária e jurisprudencial a superação da autonomia patrimonial, calcada na coibição da fraude ou abuso de direito cometida pelo(s) sócio(s) ou administrador(es) quando manipula a pessoa jurídica. A tese existe para privilegiar o insti-

---

[18]Ver Capítulo 2, subtítulo 2.2.4.5, item *c*.

tuto da personalização, assegurando direitos daqueles que contratam com a pessoa jurídica e confiam na sua idoneidade aparente.

A primeira lei a tratar da matéria no direito brasileiro foi o Código Brasileiro de Defesa do Consumidor (Lei nº 8.078/1990), no art. 28, cuja redação é a seguinte (*in verbis*):

> Art. 28. *O juiz poderá desconsiderar a personalidade jurídica da sociedade quando, em detrimento do consumidor, houver abuso de direito, excesso de poder, infração da lei, fato ou ato ilícito ou violação dos estatutos ou contrato social. A desconsideração também será efetivada quando houver falência, estado de insolvência, encerramento ou inatividade da pessoa jurídica provocados por má administração.*
>
> § 1º *(Vetado).*
>
> § 2º *As sociedades integrantes dos grupos societários e as sociedades controladas, são subsidiariamente responsáveis pelas obrigações decorrentes deste código.*
>
> § 3º *As sociedades consorciadas são solidariamente responsáveis pelas obrigações decorrentes deste código.*
>
> § 4º *As sociedades coligadas só responderão por culpa.*
>
> § 5º *Também poderá ser desconsiderada a pessoa jurídica sempre que sua personalidade for, de alguma forma, obstáculo ao ressarcimento de prejuízos causados aos consumidores.*

Em seguida, houve a regulamentação da Lei nº 8.884/1994, chamada Lei Antitruste, cuja redação é a que segue (*in verbis*):

> Art. 18. *A personalidade jurídica do responsável por infração da ordem econômica poderá ser desconsiderada quando houver da parte deste abuso de direito, excesso de poder, infração da lei, fato ou ato ilícito ou violação dos estatutos ou contrato social. A desconsideração também será efetivada quando houver falência, estado de insolvência, encerramento ou inatividade da pessoa jurídica provocados por má administração.*

Em 1998, promulgada a legislação sobre responsabilidade por danos ao meio ambiente, Lei nº 9.605, de 12 de fevereiro, o legislador, mais uma vez, regulamentou a possibilidade de se desconsiderar a pessoa jurídica, prevendo que:

> Art. 4º *Poderá ser desconsiderada a pessoa jurídica sempre que sua personalidade for obstáculo ao ressarcimento de prejuízos causados à qualidade do meio ambiente.*

Observe-se a evidente intenção do legislador em trazer para o ordenamento jurídico nacional, de forma legislada, a possibilidade de se desconsiderar a personalidade jurídica. Uma das diversas alterações ao Projeto do Código Civil deve-se à redação do art. 50, que trouxe de modo expresso a possibilidade de se desconsiderar a personalidade da pessoa jurídica. Estudiosos na matéria criticavam a redação originária, dizendo que de desconsideração não se tratava e que, na verdade, acabava por impedir a aplicação do instituto que já vinha sendo realizado de forma mais ou menos pacífica pelos tribunais e doutrinadores.[19]

Quando a Consolidação das Leis do Trabalho diz que as empresas pertencentes a um mesmo grupo econômico serão, para efeito da relação de emprego, solidariamente responsáveis pelas obrigações trabalhistas assumidas por uma delas, não está estabelecendo uma situação de desconsideração da personalidade jurídica. Ao contrário, está criando uma situação de responsabilidade solidária. Somente é cabível falar em desconsideração da personalidade jurídica quando a responsabilidade pelo ato não puder ser imputada diretamente ao sócio, administrador ou qualquer outra pessoa jurídica. Ou seja, somente terá pertinência falarmos em se desconsiderar a pessoa jurídica quando a personalidade que a lei lhe atribui é obstáculo à consecução dos fins a que se destina, ou essa personalização desviar-se dos fins sociais para o qual foi suportada e aceita pelo direito. Caso contrário, não há razão para se aplicar o instituto da desconsideração, pelo simples fato de que a própria lei permite a responsabilização direta do sócio ou administrador, sem qualquer necessidade de se comprovar desvio, fraude ou qualquer das situações previstas nas disposições legais anteriormente citadas.

Tratamos dos diversos tipos de pessoas jurídicas existentes no direito nacional. Em todas as situações estudadas, pudemos observar que, quando se trata de associação, fundação ou organizações sociais, estas últimas conhecidas por organizações não-governamentais, as leis civil e especial estabelecem que os administradores e responsáveis responderão pessoalmente com seus bens particulares, sendo possível o seqüestro de bens e a decretação de indisponibilidade dos mesmos por simples ato do Ministério Público, independentemente de qualquer medida burocrática (art. 13 da Lei nº 9.790/1999).

A intenção do legislador é que, como as entidades sem finalidade lucrativa prestam um trabalho social e, por isso, de grande importância para a sociedade, sua

---

[19]A respeito das críticas ao Projeto, ver JUSTEN FILHO, Marçal. *Desconsideração da personalidade societária no direito brasileiro*. São Paulo: Revista dos Tribunais, 1987. p. 151-153; e REQUIÃO, Rubens. *Aspectos modernos do direito comercial*. 2. ed. São Paulo: Saraiva, 1988. v. 1, p. 218-220.

continuidade deve ser garantida ou, na impossibilidade de manter-se a pessoa jurídica, o serviço prestado é transferido a entidade com fim semelhante, ou o próprio Estado pode dar-lhe continuidade enquanto os administradores e dirigentes respondem pessoalmente.

Quando se trata de pessoa jurídica empresária, a situação é similar. Há tipos sociais em que o legislador estabeleceu a responsabilidade solidária entre pessoa física e jurídica e outros em que essa responsabilidade é limitada ao montante do capital social. Integralizadas as quotas ou ações, os sócios ficariam isentos de responsabilidade pessoal, pois a pessoa jurídica, agora com autonomia financeira absoluta, tem respaldo para prática de seus atos e cumprimento das obrigações necessárias à realização do seu fim social. Todavia, se o administrador ou sócio age com excesso de poder, abuso aos termos do contrato ou das disposições legais, a regra é a de que respondem pessoalmente pelas obrigações.

O Código Civil de 2002 criou um sistema em que todos os tipos sociais ficam sujeitos às disposições aplicáveis às sociedades simples. Até mesmo as sociedades por ações e sociedades por quotas de responsabilidade limitada, quando optarem estas últimas pelo regime jurídico das companhias, sujeitam-se, nas omissões legais, às regras estabelecidas para as sociedades simples, já que tais normas são comuns e estão contidas dentro do mesmo sistema jurídico. Por isso, na nova sistemática, as regras são pelo reconhecimento da nulidade da cláusula que estabeleça qualquer estipulação de ausência de responsabilidade de qualquer sócio por perdas e lucros (art. 1.008 do Código Civil); e a de que o administrador, seja pessoa estranha ao quadro societário, ou sócio, responderá perante à sociedade e a terceiro todas as vezes em que agir com culpa no desempenho de suas funções (art. 1.016).

Não olvidemos, que aqui a Lei das Sociedades por Ações estabelece regra similar e atribui à Diretoria, à Assembléia, ao Conselho de Administração e ao Conselho Fiscal certas atribuições com responsabilidade pessoal daquele que não agir de acordo com a função da instituição (arts. 145 a 160 da Lei nº 6.404/1976).

Sabemos, ainda, que o Código Civil estabeleceu a unificação de sistemas, de modo que as sociedades, sejam empresárias ou simples, estão submetidas às regras acima expostas, bem como são constituídas por contrato (art. 981). Dessa forma, devem obedecer ao princípio da função social do contrato, devendo as partes (sócios) se comportarem de acordo com a boa-fé objetiva, não somente na constituição, mas também durante e após o término da relação (arts. 421 e 422 do Código Civil). Os diversos institutos jurídicos se entrosam e merecem estudo sistematizado, submetendo-se às técnicas das cláusulas gerais e dos conceitos legais indeterminados.

Entendemos assim que nosso direito criou dois sistemas distintos. O primeiro relativo à responsabilidade pessoal da pessoa física com a pessoa jurídica, em determinadas situações previstas expressamente pela lei, e que dispensaria a aplicação do instituto da desconsideração da pessoa jurídica, posto que absolutamente inócua a pesquisa por esse campo, ante a situação fática ocorrida aplicada imediatamente por autorização da norma jurídica. Em todas essas situações, observe-se que o sócio ou administrador estaria agindo em seu próprio nome, e não manipulando o uso da pessoa jurídica para a prática do ato. A novidade estaria na regra do art. 1.016 do Código Civil, que prevê expressamente a responsabilidade solidária do administrador nas hipóteses em que causar prejuízo em razão de ter agido com culpa no desempenho de suas funções. Queremos frisar a hipótese da *culpa*, já que a situação é de responsabilidade subjetiva e, por isso, a norma condiciona a responsabilização do agente do dano à prova da existência de culpa, que deverá ser realizada pela vítima do evento. Aplicação, simplesmente, do disposto no art. 186 do Código Civil de 2002, antigo art. 159 do Código Civil de 1916.

A segunda situação é a da desconsideração da pessoa jurídica, prevista nos dispositivos acima elencados e no art. 50 do Código Civil de 2002. Aqui, quem pratica o ato é a pessoa jurídica, mas não por sua vontade própria, ou porque sua finalidade estaria sendo cumprida. Ao contrário; a prática do ato se dá porque os sócios ou administradores, manipulando a pessoa jurídica, utilizam-na como instrumento de fraude ou abuso de direito, justamente para causar prejuízo a terceiro que com ela negocia acreditando na boa-fé com que o negócio jurídico é estabelecido. Daí a denominação, utilizada por Rolf Serick, *to Pierce veil*, ou *to lift de courtain*, ou, o que é mais comum ouvir, *lifting the corporate veil*;[20] qualquer das expressões significa *levantando o véu da pessoa jurídica*. Faz-se necessária a incursão por seu interior, justamente para se atingir os sócios que a estão manipulando e utilizando de forma contrária aos fins sociais a que deveria destinar-se, e violando o princípio da boa-fé e da função social do contrato.

Queremos, portanto, frisar que as situações jurídicas são diversas e nem tudo que se decide como desconsideração da pessoa jurídica, causando inúmeros incidentes desnecessários na prática jurídica e forense, precisaria ser resolvido ante a aplicação de tal instituto, posto que o próprio legislador trouxe, em inúmeras situações e dependendo do tipo de pessoa jurídica, a possibilidade de se atingir, di-

---

[20]MARINONI, Luiz Guilherme; LIMA JUNIOR, Marcos Aurélio de. Fraude – configuração – prova – desconsideração da personalidade jurídica, *RT*, ano 90, v. 783, p. 141, jan. 2001.

retamente, o patrimônio de seus administradores, sem se perscrutar se houve ou não o uso indevido da personalidade jurídica do ente moral.

É acertada a afirmação de que as inúmeras hipóteses em que o legislador estabeleceu como situação fática autorizadora da desconsideração da pessoa jurídica acabam por coincidir com aquelas em que os sócios ou administradores respondem solidariamente pelas obrigações da pessoa jurídica, como, por exemplo, quando a ação é praticada com excesso de poder. O que importa é saber em que momento o autor do dano terá a certeza e a prova de que a situação fática se caracterizou: se não houve a verificação de má utilização da pessoa jurídica, mas houve excesso de poder na ação do administrador, o autor do dano poderá propor a ação contra a pessoa física e jurídica, requerendo a declaração da responsabilidade solidária, sem que isso importe em ato de desconsideração. Contudo, se existir prova de que houve excesso de poder praticado em virtude da má utilização da pessoa jurídica, a situação será de desconsideração da pessoa jurídica, cuja decretação poderá ocorrer no momento da sentença final, já que o autor delimitou seu pedido e causa de pedir nesse fato, ou reconhecimento, mesmo de ofício, pelo juiz, a qualquer momento dentro do processo.

Observe-se que há duas situações legais diversas, com fundamentos jurídicos diversos, inovados pelas leis supramencionadas e não pela Consolidação das Leis do Trabalho, que nada mais fizeram do que estabelecer hipótese de obrigação solidária.

Assim, a hipótese do art. 2º da Consolidação das Leis do Trabalho refere-se tão-somente à hipótese de obrigação solidária entre empresas do grupo, não sendo necessária a desconsideração da personalidade jurídica para se chegar à obrigação solidária daquelas empresas. Não há, por assim dizer, a necessidade do reconhecimento da quebra do princípio da autonomia patrimonial para verificação de responsabilidade entre as empresas, situação típica e necessária nas hipóteses de desconsideração da personalidade jurídica.

Nesse mesmo diapasão, é equivocado dizer que pessoas jurídicas que passam por transformações, fusões, incorporações ou situações afins são despersonalizadas e por isso responsáveis pelas obrigações trabalhistas assumidas pela originária, hipóteses essas dos arts. 10 e 448 da Consolidação das Leis do Trabalho.

A sucessão[21] importa na *substituição* de uma pessoa por outra. Alguém sai do mundo jurídico e outra pessoa ingressa em seu lugar e, por isso, essa nova pessoa assume aquela primeira com todas as suas qualidades e seus defeitos, créditos e débitos. Portanto, não se fala em desconsideração, por absoluta ausência de necessidade de aplicação do instituto, uma vez que no simples fato da sucessão já se

---

[21] Ver Capítulo 2, título 2.2.6.

inclui a obrigação da sucessora em responder por todas as obrigações, direitos, deveres e ônus, pois não se trata de nova pessoa, mas da mesma pessoa que sofre alguma alteração em sua estrutura originária.

Em todas as situações de transformação, incorporação, fusão e cisão, a legislação pertinente aqui já estudada[22] prevê a conservação da responsabilidade, de sorte que se faz absolutamente desnecessário e equivocado o socorro ao instituto da desconsideração.

Quiçá o equívoco esteja naquilo que se entenda por empregador. Deve-se ter em mente que o empregador não é a unidade orgânica produtiva, o que representa um conceito fictício, mas sim a pessoa física, jurídica, ou massa patrimonial (pessoa formal) que contrata, ou seja, que faz parte de um dos pólos da relação negocial.[23] Dessa forma, concluímos que em nenhum momento a Consolidação das Leis do Trabalho trouxe qualquer previsão a respeito da desconsideração da personalidade jurídica, e todos os julgados e doutrinas construídas sob tal entendimento são, *data maxima venia*, equivocadas.[24]

Cumpre-nos, por fim, a citação da última lei promulgada reguladora da possibilidade de se atingir bens particulares de seus componentes. Estamos dizendo da Lei nº 10.672/2003, que trouxe nova redação à Lei nº 9.615/1998, que trata do desporto. Dispõe o art. 27 inserido (*in verbis*):

> *As entidades de prática desportiva participantes de competições profissionais e as entidades de administração de desporto ou ligas em que se organizarem, independentemente da forma jurídica adotada, sujeitam os bens particulares de seus dirigentes ao disposto no art. 50 da Lei nº 10.406, de 10 de janeiro de 2002, além das sanções e responsabilidades previstas no caput do art. 1.017 da Lei nº 10.406, de 10 de janeiro de 2002, na hipótese de aplicarem créditos ou bens sociais da entidade desportiva em proveito próprio ou de terceiros.*

Portanto, a nova disposição legal conserva as hipóteses dispostas no art. 50 do Código Civil, bem como cria mais duas situações que possibilitam a responsabili-

---

[22]Ver Capítulo 2, título 2.2.4.5, subtítulo *d*.
[23]Ver ALMEIDA, Amador Paes de. *Execução de bens dos sócios*: obrigações mercantis, tributárias e trabalhistas – da desconsideração da personalidade jurídica (doutrina e jurisprudência) 5. ed. São Paulo: Saraiva, 2001. p. 150-151.
[24]Entre os outros, há os seguintes autores com tal entendimento: FREITAS, Elizabeth Cristina Campos Martins. *Desconsideração da personalidade jurídica*: análise à luz do Código de Defesa do Consumidor e do Novo Código Civil. São Paulo: Atlas, 2002; DELGADO, Mauricio Godinho. *Curso de direito do trabalho*. São Paulo: LTr, 2002; JUSTEN FILHO, Marçal. *Desconsideração da personalidade societária no direito brasileiro*. São Paulo: Revista dos Tribunais, 1987.

zação dos dirigentes, quais sejam, a aplicação de créditos ou bens da entidade desportiva em proveito próprio ou a aplicação de créditos ou bens da entidade desportiva em proveito de terceiro.

Cumpre assinalar que dirigente será o sócio ou administrador, nos exatos limites da figura jurídica criada. Assim, nem sempre um Presidente de clube será, necessariamente, administrador da entidade, sendo imprescindível para se definir a responsabilidade do dirigente o estatuto ou contrato social respectivo.

4.3 FUNDAMENTOS LEGAIS DA DESCONSIDERAÇÃO E ENTROSAMENTO DE SISTEMAS JURÍDICOS

Fábio Ulhoa Coelho ensina-nos que há duas formulações teóricas sobre a desconsideração, as quais chama de *teoria maior* e *teoria menor*. A primeira é baseada no fato pelo qual "o juiz é autorizado a ignorar a autonomia patrimonial das pessoas jurídicas, como forma de coibir fraude e abuso praticados através dela; e a menor, em que o simples prejuízo do credor já possibilita afastar a autonomia patrimonial".[25]

A primeira pergunta que se faz é qual delas seria a teoria acolhida pelos ordenamentos jurídicos legislados nacionais, quais sejam, Código de Defesa do Consumidor, Lei Antitruste, Lei Ambiental, Código Civil e Lei de Desporto. A questão que se segue é qual o sistema aplicado ao direito do trabalho.

O Código de Defesa do Consumidor e a Consolidação das Leis do Trabalho têm por base de princípio a proteção ao direito da parte mais fraca da relação jurídica. Assim, o legislador traça normas que vão desigualar a parte na relação a fim de mantê-las iguais no plano da negociação. Portanto, os princípios protetivos dos dois institutos acabam por ser idênticos, guardadas evidentemente as diferenças relacionadas ao objeto da relação jurídica, uma de consumo e outra de trabalho. Todavia, ambas tidas pelo legislador constitucional como necessárias e suficientes ao desenvolvimento da ordem econômica (art. 170 da Constituição Federal).

Portanto, dada a grande proximidade entre os dois direitos, bem como considerando o fato de ambos fazerem parte do direito privado tendo-se desmembrado do Código Civil para ganhar autonomia, não menos certo é que se entrosem na aplicação prática. Observe-se que o direito comum é fonte subsidiária do direito do trabalho. O tronco comum é o direito civil; o princípio mais próximo, o direito do consumidor.

As regras existentes na lei da livre defesa da concorrência poderiam igualmente ser aplicadas ao direito do trabalho. Observe-se que estamos fazendo aqui a aplicação da norma constitucional que autoriza o entrelaçamento dos sistemas, de

---

[25]*Curso de direito comercial*. 6. ed. São Paulo: Saraiva, 2003. v. 2, p. 35.

modo que somente haverá ordem econômica regular se houver respeito à valorização do trabalho e a observância ao princípio da busca do pleno emprego (art. 170 da Constituição Federal). O dispositivo constitucional, portanto, remete à observância do respeito às relações de trabalho não só como fundamento da ordem econômica, mas também como princípio seu.

Por último, com relação à aplicação dos dispositivos relativos ao meio ambiente, a Consolidação das Leis do Trabalho traz capítulo específico às questões ambientais. Todo trabalhador tem direito a prestar o serviço em ambiente sadio e que garanta sua qualidade de vida e dignidade. Portanto, a infração às normas relativas ao meio ambiente do trabalho faz com que o empregador (pessoa física ou jurídica) possa ser responsabilizado à indenização pelo dano causado nos exatos termos das leis concernentes a matéria ambiental. Parece-nos, portanto, que o correto enquadramento, inclusive quanto à desafetação da personalidade jurídica, deva dar-se pela aplicação da lei ambiental.

Não olvidemos que o Código de Defesa do Consumidor abrange, além das hipóteses tratadas na lei ambiental, outras mais que devemos considerar em razão da aplicação do princípio protetivo, ponto de partida da Consolidação das Leis do Trabalho e do Estatuto do Consumidor. Dispensa-se, assim, o recurso a ordenamentos que partem do fato de serem as partes iguais no momento da negociação, no seu curso ou após o seu encerramento.

Portanto, se se tratar de questão ambiental, temos para nós que a aplicação correta é a da lei ambiental, específica para a matéria, frisando-se que a aplicação assim será desde que o objeto protegido e reclamado seja a questão do meio ambiente. O mesmo raciocínio não se fará se, por exemplo, o empregado estiver reclamando adicional por trabalhar em ambiente insalubre, situação em que o objeto discutido é de natureza eminentemente trabalhista e não ambiental.

Quanto às disposições trazidas no art. 50 do Código Civil, elas igualmente irão interferir na aplicação do instituto da desconsideração da pessoa jurídica; todavia, suas disposições deverão ser utilizadas não somente na aplicação da norma, mas, principalmente, no estudo da delimitação da responsabilidade. Não se diga que haveria contradição nesse entendimento, pois o Código Civil trouxe a delimitação da responsabilidade daqueles que sofrerão o ato, bem como é lei comum que se aplica em toda e qualquer situação, seja de forma subsidiária ou não.

O art. 28 do Código de Defesa do Consumidor traz um vasto rol de hipóteses fáticas que, se ocorridas, ocasionarão a possibilidade de aplicação do instituto estudado.

A começar, a previsão legal permite que o juiz aplique de ofício a desconsideração da personalidade jurídica, ao contrário da norma civil, que condiciona a aplicação do instituto ao requerimento da parte ou Ministério Público. Assim, reza o art. 50 do Código Civil (*in verbis*):

> Art. 50. *Em caso de abuso da personalidade jurídica, caracterizado pelo desvio de finalidade, ou pela confusão patrimonial, pode o juiz decidir, a requerimento da parte, ou do Ministério Público quando lhe couber intervir no processo, que os efeitos de certas e determinadas relações de obrigações sejam estendidos aos bens particulares dos administradores ou sócios da pessoa jurídica.*

Percebe-se aqui o fato de ser o consumidor a parte mais fraca na relação e, diante do princípio protetivo, a regra do art. 28 do Código de Defesa do Consumidor é no sentido de permitir a aplicação *ex officio* do juiz. Nesse mesmo sentido é a regra do art. 18 da Lei Antitruste e da Lei Ambiental, que tem como fundamento não o fato da aplicação do princípio protetivo à parte mais fraca na relação negocial, mas sim o interesse público e estatal que rege tais relações. Justifica-se, assim, a regra diferenciada do direito privado, uma vez que o Código Civil de 2002, não obstante seu caráter mais social que individual, continua sendo um estatuto que presume estejam as partes no mesmo degrau na negociação. A regra do art. 28 do Código de Defesa do Consumidor diz que o juiz *poderá desconsiderar a personalidade jurídica da sociedade,* o que nos dá o exato sentido de que há um dever imposto ao juiz que, verificada a situação em concreto, tem por dever de ofício aplicar o instituto.

Não entendemos que o juiz tenha faculdade e que quando o legislador fez uso da expressão *poderá* quis criar uma obrigatoriedade. Não tem o juiz poder discricionário, o qual é inerente à Administração Pública e não aos órgãos judiciais. A esse respeito, socorremo-nos do magistério da Prof.ª Teresa Arruda Alvim Wanbier, que dispõe não ser aconselhável que se atribua ao Poder Judiciário o termo *discricionariedade* quando se "está referindo à interpretação de *conceitos vagos e indeterminados* (...) o papel da *função* do aplicador do direito é efetivamente relevante, uma vez que o 'espaço em branco' da norma só pode ser preenchido pela sua subjetividade, que há de ser, entretanto, e sempre, '*objetivamente justificada*'".[26]

Há, ainda, a necessidade de nexo de causalidade entre a ação (ou omissão) e o prejuízo do empregado. Não se desconsidera personalidade jurídica da pessoa moral se não houver dano. Tanto é verdade que em qualquer das situações legisladas há a ne-

---

[26]*A reforma do Código de Processo Civil*. Ministro Sálvio de Figueiredo Teixeira (coord.). São Paulo: Saraiva, 1996. p. 606-607.

cessidade de verificação de *detrimento do consumidor* (art. 28 do Código de Defesa do Consumidor); *infração à ordem econômica* (art. 18, da Lei Antitruste); *prejuízo ao meio ambiente* (art. 4º, Lei Ambiental). O Código Civil não traz previsão expressa quanto à ocorrência do dano, o que não exime a necessidade de existir o nexo entre a possibilidade de desestimar a personalidade da pessoa jurídica e aquilo que se requer. Não podemos perder de vista que somente a autoridade judiciária poderá lançar mão desse instituto, pois em todos os ordenamentos que tratam da matéria o legislador parte do pressuposto de que o requerimento, ou ato, é realizado pelo juiz.

Poder-se-ia questionar se o árbitro poderia valer-se do instituto do *disregard*. Respondemos afirmativamente, já que a Lei de Arbitragem (Lei nº 9.307/1996) confere-lhe a função de juiz de fato e de direito nos exatos termos do art. 18. Não restringe a lei o uso do instituto ao juiz de direito. Logo, onde o legislador não restringiu cumpre ao intérprete não fazê-lo, de forma que somos favoráveis à ação do árbitro, não se olvidando de que o título pode inclusive ser executado, considerando o Código de Processo Civil que o mesmo tem natureza de título executivo judicial (art. 584, VI).

Criou-se um rol de situações em que a personalidade jurídica pode ser desconsiderada, não se podendo atribuir-lhe o rol de taxativo. Isso porque, em qualquer situação onde o julgador inferir da existência de fraude ou abuso de direito, fundamentos esses da teoria na sua origem, a desconsideração poderá ser decretada. Aliás, tão vasto é o campo das hipóteses trazidas pelo art. 28 do Código de Defesa do Consumidor que certamente difícil seria imaginar outra situação que não houvesse sido prevista.

4.3.1 Hipóteses fáticas de superação da personalidade jurídica

São hipóteses fáticas: abuso de direito, excesso de poder, infração da lei, fato ou ato ilícito ou violação dos estatutos ou contrato social, falência, estado de insolvência, encerramento ou inatividade da pessoa jurídica provocados por má administração. Poderá haver, ainda, a decretação de desconsideração sempre que a personalidade for, de alguma forma, obstáculo ao ressarcimento dos prejuízos causados.

Antes de passarmos à análise das figuras acima, cumpre frisar que a desconsideração em nosso direito deixou o campo meramente teórico. Isso importa porque a base da teoria em que se apóia a norma jurídica tem como pressuposto para a desconsideração uma situação excepcional e a fraude ou abuso de direito. O elenco de hipóteses fáticas legais relativas a desconsideração da pessoa jurídica não está, necessariamente, ligado a pessoa moral em si ou ato por ela praticado diretamente, mas sim a seus administradores. As situações de excesso de poder, infração da lei, fato ou ato ilícito ou violação dos estatutos ou contrato social são consideradas ato atribuído à pessoa do administrador e não necessariamente ato da sociedade. O administrador vai além do que a lei, contrato ou estatuto lhe permite fazer, extrapolando os limites de ação que lhe foram outorgados. De forma que a responsabilização é direta a tais agentes e não situação de desconsideração propriamente dita. Aliás, tais figuras já vinham regulamentadas, por exemplo, na Lei das Sociedades por Ações e Sociedade Limitada, sendo ratificada pela nova regulamentação civil.

As hipóteses de ato ilícito estarão caracterizadas em qualquer situação que vá contra qualquer lei imperativa. Dessa forma, se, por exemplo, um gerente ofende moralmente o empregado, atribuindo-lhe a pecha de ladrão, o ato cometido contrário à lei faz com que ele seja responsável pela reparação diretamente, já que o agente do dano foi ele, gerente, e não a pessoa jurídica.

O que se pode concluir é que o legislador trouxe uma nova regulamentação sobre o instituto e, sem excluir as situações de responsabilidade direta, fez questão de incluí-las, também, como hipótese fática de desconsideração da pessoa jurídica. Não obstante as considerações feitas por Flávia Lefèvre Guimarães em defesa da regulamentação, tendo-a como uma redefinição da teoria no direito brasileiro,[27] entendemos que o cuidado tomado pelo legislador era dispensável e exagerado, decorrente da nossa cultura de legislar repetidamente matérias já pacificadas, seja em outra lei, seja na própria jurisprudência. Bastaria, pensamos, já que nosso sistema jurídico é de *civil law*, que quiçá pudesse o legislador prever tão-somente as hipóteses de fraude e abuso para situações que tais, o que traria segurança jurídica equivalente.

Abusar de um direito é cometer o ato de forma legal, mas excessiva, ultrapassando os limites traçados pelo legislador ou pelo contrato. Há um desvio de função da norma, causado pelo uso irregular ou anormal do direito. A afetação do ente moral é permitida para que ele possa cumprir uma finalidade social, voltada à melhoria da condição do próprio homem. Todavia, os administradores, manipulando indevidamente a pessoa jurídica, desvirtuam a finalidade originária, causando prejuízos a terceiros que com ela negociam acreditando no cumprimento da finalidade buscada pela norma.

A última hipótese é situação típica de desconsideração, pois a pessoa jurídica é utilizada a fim de criar obstáculo ao ressarcimento dos prejuízos causados. Portanto, será possível o superamento sempre que o empregado lesado for impedido de se ver ressarcido porque a pessoa jurídica constitui o óbice à satisfação do seu crédito. Como bem pondera Flávia Lefèvre Guimarães, na situação em que o consumidor, substituiríamos aqui essa expressão por *trabalhador*, viesse a sofrer em razão de dificuldades para reparação do seu dano, é possível,

---

[27]*Desconsideração da personalidade jurídica no Código de Defesa do Consumidor*: aspectos processuais. São Paulo: Max Limonad, 1998. p. 51-52.

independentemente da presença de abuso de direito, excesso de poder, infração da lei, fato ou ato ilícito ou violação dos estatutos ou contrato social, desconsidera-se a personalidade jurídica, caso a autonomia patrimonial desta represente um empecilho para a satisfação do direito do consumidor.[28]

Podemos assim concluir, ao nosso questionamento inicial, que o sistema jurídico nacional exige que haja subjetivismo na aplicação da desconsideração da personalidade jurídica, ou seja, necessário se faz perguntar a respeito da vontade do agente em causar dano e utilizar a pessoa jurídica para tanto, manipulando-a de forma ardilosa e fraudulenta. Enquadrando tal conclusão nas formulações de Fábio Ulhoa Coelho,[29] seria correto dizer que nosso sistema adota a teoria maior, sendo necessária à desconsideração a caracterização da fraude ou abuso de direito praticados através da personalidade jurídica.

4.3.2 Da hipótese da falência, insolvência e liquidação extrajudicial

Constitui, ainda, hipótese fática para a desconsideração da personalidade jurídica às situações de falência, insolvência, encerramento ou inatividade de pessoa jurídica, causadas por má administração. Há, portanto, nexo de causalidade entre a situação de crise da pessoa jurídica e a má administração para que se possa decidir pela desconsideração. Tal hipótese, inédita no sistema jurídico, possibilita que a pessoa jurídica possa ser desconsiderada pelo simples fato da má gestão provocadora da quebra, e não por aquilo que originariamente teria fundado o instituto, ou seja, a utilização da pessoa jurídica de forma abusiva ou fraudatória.

Sabe-se que a garantia dos credores é o patrimônio do devedor. Não se fala mais, a partir do desenvolvimento do processo legal, em escravidão do devedor insolvente. Se alguém deve e não honra sua prestação, deve o credor procurar o judiciário, que se encarregará de executar os bens do patrimônio do devedor.[30] Ocorre, todavia, que, se esse patrimônio for insuficiente ao pagamento de suas dívidas, torna-se injusta a regra da execução individual, pois certamente outros credores que até possuam créditos da mesma grandeza de importância ficarão sem qualquer garantia de se verem ressarcidos. Necessário se torna conceder a credores que se encontrem numa mesma situação jurídica perante o devedor as mesmas oportunidades de co-

---

[28]Ibidem. p. 85.
[29]*Curso de direito comercial*. 6. ed. São Paulo: Saraiva, 2003. v. 2, p. 35.
[30]Não se está falando aqui das exceções relativas ao depositário infiel e devedor de alimentos em que a Constituição Federal permite a prisão pelo descumprimento da obrigação (art. 5º, LXVII , *não haverá prisão civil por dívida, salvo a do responsável pelo inadimplemento voluntário e inescusável de obrigação alimentícia e a do depositário infiel*).

brar aquilo que lhes é devido. Daí a solução legal ser a execução única, de modo que todos possam concorrer em igualdade de condições com os demais.

Fábio Ulhoa Coelho ensina que esse "tratamento paritário dos credores pode ser visto como uma forma de o direito tutelar o crédito, possibilitando que melhor desempenhe sua função na economia e na sociedade".[31] Dessa forma, se o devedor está em situação em que seu patrimônio é negativo, ou seja, seus bens são insuficientes ao integral cumprimento de suas obrigações, a execução não poderá ser feita de forma individual, pois seria extremamente injusto, devendo processar-se em forma de concurso, através da reunião de todo o passivo e ativo do devedor com envolvimento de todos os seus credores.

Se o devedor for empresário,[32] o processo a que se submete denomina-se *falência* ou *recuperação judicial ou extrajudicial*; se o devedor não for empresário, deverá subordinar-se ao procedimento da *execução civil concursal*, regulada nos arts. 748 e seguintes do Código de Processo Civil. Há, ainda, situações de determinadas empresas ou instituições em que, não obstante desempenharem atividade tipicamente empresarial, são excluídas pela lei do processo falimentar, ou seja, não podem quebrar. São, por assim dizer, pessoas que não estão sujeitas ao processo falimentar.

A Lei 11.101 de 09/02/2005 que instituiu o novo processo falimentar e de recuperação de empresas, relacionou empresas que não se sujeitarão ao seu império, sendo regulamentadas por regime próprio que lhes é destinada. São elas (art. 2º):

> *I – empresa pública e sociedade de economia mista;*
> *II – instituição financeira pública ou privada, cooperativa de crédito, consórcio, entidade de previdência complementar, sociedade operadora de plano de assistência à saúde, sociedade seguradora, sociedade de capitalização e outras entidades legalmente equiparadas às anteriores.*

Cumpre mencionar sem aprofundar o tema, pois foge ao objeto deste estudo, que há vozes contra a exclusão do processo falimentar das empresas públicas e sociedade de economia mista, entendendo-se pela inconstitucionalidade da norma, por entenderem que deve se submeter ao mesmo regime jurídico ante a norma inserta no art. 172, §. 1º, II da CF. Renato Ventura Ribeiro, lembra que:

> como a legislação de recuperação de empresas dispõe sobre direitos e obrigações comerciais, tanto a empresa pública quanto a sociedade de economia

---

[31]*Curso de direito comercial.* 6. ed. São Paulo: Saraiva, 2003. v. 3, p. 227.
[32]Não se olvide que a doutrina e a jurisprudência têm entendido que a sociedade de fato deve ser submetida a processo falimentar e, o fato de guardarem previsão legal após o advento do Código Civil de 2002, com mais razão tal entendimento deve ser aplicado.

mista devem estar sujeitas a ela, segundo o mandamento constitucional, por ficarem sujeitas ao regime jurídico próprio das empresas privadas (...) O escopo da norma constitucional "visa a assegurar a livre concorrência, de modo que as entidades públicas que exerçam ou venham a exercer atividade econômica não se beneficiem de tratamento privilegiado em relação a entidades privadas que se dediquem a atividade econômica na mesma área ou em área semelhante" (cf. Pleno do STF, RE 172.816, RTJ 153/337 e RDA 195/197). Por isto, o dispositivo constitucional é aplicável às entidades públicas que exercem atividade econômica em regime de concorrência (idem, ibidem).[33]

Em sentido contrário, comentário no *site* Consultor Jurídico, ressalva a finalidade do instituto falimentar e sustenta que, ainda que a lei não o dissesse, não se poderia admitir a falência da sociedade de economia mista, estendo as razões para as empresas públicas, cujo fundamento é o mesmo. Diz o comentário, que:

> a partir dos graves efeitos que reflete sobre a pessoa do falido, esse instituto tem como escopo dar mais força e segurança às relações creditícias em geral, proibir o comerciante inidôneo de continuar exercendo a atividade mercantil e assegurar, no concurso dos credores, a mais absoluta igualdade de tratamento, conforme pacífica e melhor doutrina. Nenhuma dessas finalidades se refere à situação do Estado como devedor, situação jurídica que já vem regulada pela Constituição e pelas normas do Direito Administrativo (CF, arts. 37 e 100).Verifica-se, portanto, que a quebra só se justifica ao impor ao devedor particular efeitos exemplares, para evitar qualquer ato do comerciante que revele a fraude, a má-fé e a intenção de enriquecimento ilícito com o conseqüente prejuízo à praça. Na verdade, o que não se tolera é a exploração da atividade mercantil danosa aos interesses sociais. Por isso o comerciante falido fica proibido de continuar a exercer o comércio (art. 2º, 4 do Código Comercial,). Contudo, não se pode proibir o Estado, por meio de decreto judicial, de exercer atividades que só passou a explorar por expressa e específica autorização legal (art. 37 da Constituição Federal e art. 236 da Lei 6.404/1976).[34]

Portanto, as empresas públicas, sociedades de economia mista estão submetidas ao regime de intervenção e liquidação extrajudicial, não se olvidando que o Estado é o devedor e, portanto, está sujeito às regras do art. 37 da Constituição Federal e fiscalização do Tribunal de Contas.

---

[33] http://conjur.estadao.com.br/static/text/32886,1, em 03/11/2006.
[34] http://conjur.estadao.com.br/static/text/26286,1, em 06/11/2006.

As instituição financeira pública ou privada, consórcios, cooperativa de crédito, sociedade de capitalização e outras entidades a elas equiparadas sujeitam-se ao regime de liquidação extrajudicial fixada pela Lei 6.024/1974 que será efetuada pelo Banco do Brasil. Tal diploma deverá ser adaptado à redação da Lei 11.101/2005, pois, antes dela, era possível a decretação da quebra destas entidades e, depois dela, não será mais possível.

Quanto às entidade de previdência complementar, sociedade operadora de plano de assistência à saúde e sociedade seguradora e as entidades legalmente a ela equiparadas ficarão submetidas ao regime imposto pela Lei 9.656/1998.

Tais pessoas serão submetidas à liquidação extrajudicial, como é o caso das prestadoras de serviços ligados à área da saúde, em que a liquidação será decretada pela Agência Nacional de Saúde Suplementar – ANS (Lei nº 9.656/1998).

Quanto a estas agências, o art. 24-A da Lei nº 9.656/1998 determina que os bens dos administradores ficarão indisponíveis, e eles responderão solidariamente pelas obrigações assumidas na respectiva gestão pelos prejuízos causados, independentemente de nexo de causalidade, havendo preferência ao pagamento do crédito trabalhista em todas as vezes que se verificar o regime de direção fiscal ou liquidação extrajudicial (arts. 24-A, § 6º, 24-C e 26). Portanto, perceba que nestas situações o legislador dispôs sobre situações de responsabilidade direta objetiva do dirigente, situação esta não considerada nas demais hipóteses de responsabilidade direta e tampouco nas situações de desconsideração da personalidade da pessoa jurídica.

Uma palavra com relação ao artigo de lei supramencionado. A Lei nº 9.656/1998 teve sua redação alterada pela Medida Provisória nº 2.177-44, de 24/08/2001. Não houve a conversão desta medida em lei, todavia, a mesma acabou-se por incorporar ao sistema legal em virtude da Emenda Constitucional nº 32 de 11 de setembro de 2001 que previu a continuidade em vigor das medidas provisórias não convertidas em lei ou revogadas expressamente ou até deliberação do Congresso Nacional (art. 2º). Desta forma, inexistindo qualquer ato posterior em contrário, forçoso entender-se que a Medida Provisória acabou por ingressar de forma definitiva, no âmbito daquela lei, corroborando-se a responsabilidade dos administradores de planos privados de assistência à saúde, conforme dito anteriormente.

Estas pessoas jurídicas serão submetidas a um regime próprio de intervenção judicial, de modo que não poderão ser submetidas ao processo da quebra ou recuperação judicial, mas, em certas situações específicas e dentro do procedimento que a lei respectiva lhes reserva, ficarão sujeitas as diretrizes expostas pelo interventor.

O fato daquelas pessoas serem excluídas do regime de falência e recuperação previstos na Lei 11.101/2005 não implica em excluí-las da eventual decisão de desconsideração da pessoa jurídica. Havendo motivos determinantes, os administradores e sócios responderão diretamente por seus atos, conforme especifica em cada lei já estudada a respeito da responsabilidade que detêm em razão da direção da pessoa jurídica; ou, de forma solidária, em havendo desconsideração da pessoa jurídica. Aplicação aqui, das normas subsidiárias, Código Civil e Código de Defesa do Consumidor, que regulam o tema de forma expressa.

A competência para a decisão da desconsideração será do juízo civil que, eventualmente, for instado a conhecer e julgar qualquer questão relativa ao processo interventivo, ainda que isso se dê tão-somente para a apuração da responsabilidade dos sócios e/ou administradores. Isso não impede que o Juízo trabalhista profira decisão incidente na eventual ação trabalhista proposta.

Mas, havendo insolvência da pessoa jurídica não excluída expressamente do regime falimentar, primeiramente, o intérprete deverá distinguir, se tal pessoa é civil ou empresarial. É a insolvência que caracteriza a necessidade de um procedimento concursal entre credores. Todavia, a caracterização da insolvência civil é diferente da empresarial, de modo que precisam ser entendidas em sentido jurídico dentro do ordenamento em que se encontram. A insolvência civil caracteriza-se pelo simples fato de as dívidas do devedor excederem a importância de seus bens (art. 748 do Código de Processo Civil). O Juízo competente para conhecer e decidir sobre o procedimento de insolvência contra o devedor civil, é o Cível, através da instauração da execução por quantia certa contra devedor insolvente regulamentada pelos arts. 748 e seguintes do Código de Processo Civil. Caracterizando-se qualquer ação ou omissão por parte do sócio ou administrador da pessoa jurídica em fraude ou abuso de poder, ou qualquer das hipóteses mencionadas nos arts. 28 do Código de Defesa do Consumidor ou 50 do Código Civil, poderá o juiz desconsiderar a pessoa jurídica a fim de responsabilizar o sócio e/ou administrador que responderão com seus bens pessoais.

A competência para a decisão da desconsideração é do juízo por onde corre o processo de insolvência, sendo lícito ao Juízo trabalhista proferir tal decisão, desde que o faça de forma incidente, pois a matéria é estranha a sua competência.

Tratando-se de empresa, a insolvência, capaz de possibilitar a decretação de quebra, ocorrerá (art. 94 da Lei 11.101/2005):

> *I – sem relevante razão de direito, não paga, no vencimento, obrigação líquida materializada em título ou títulos executivos protestados cuja soma ultrapasse o equivalente a 40 (quarenta) salários mínimos na data do pedido de falência;*
>
> *II – executado por qualquer quantia líquida, não paga, não deposita e não nomeia à penhora bens suficientes dentro do prazo legal;*

III – pratica qualquer dos seguintes atos, exceto se fizer parte de plano de recuperação judicial:

a) procede à liquidação precipitada de seus ativos ou lança mão de meio ruinoso ou fraudulento para realizar pagamentos;

b) realiza ou, por atos inequívocos, tenta realizar, com o objetivo de retardar pagamentos ou fraudar credores, negócio simulado ou alienação de parte ou da totalidade de seu ativo a terceiro, credor ou não;

c) transfere estabelecimento a terceiro, credor ou não, sem o consentimento de todos os credores e sem ficar com bens suficientes para solver seu passivo;

d) simula a transferência de seu principal estabelecimento com o objetivo de burlar a legislação ou a fiscalização ou para prejudicar credor;

e) dá ou reforça garantia a credor por dívida contraída anteriormente sem ficar com bens livres e desembaraçados suficientes para saldar seu passivo;

f) ausenta-se sem deixar representante habilitado e com recursos suficientes para pagar os credores, abandona estabelecimento ou tenta ocultar-se de seu domicílio, do local de sua sede ou de seu principal estabelecimento;

g) deixa de cumprir, no prazo estabelecido, obrigação assumida no plano de recuperação judicial.

A Lei nº 11.101/2005, que regulou a recuperação judicial e a falência, sofre críticas e elogios dos especialistas. Não nos cabe, no âmbito deste trabalho, analisar e nos posicionar a respeito dela como um todo, mas sim, naquilo que toca a matéria aqui discutida.

O texto vigente trouxe novas regras explicitando a preocupação do legislador em manter a atividade produtiva enquanto possível e viável. Tanto que o art. 75 prevê que *a falência, ao promover o afastamento do devedor de suas atividades, visa a preservar e otimizar a utilização produtiva dos bens, ativos e recursos produtivos, inclusive os intangíveis, da empresa;* e o art. 47 que *a recuperação judicial tem por objetivo viabilizar a superação da situação de crise econômico-financeira do devedor, a fim de permitir a manutenção da fonte produtora, do emprego dos trabalhadores e dos interesses dos credores, promovendo, assim, a preservação da empresa, sua função social e o estímulo à atividade econômica.* As discussões no Congresso foram acaloradas, justamente porque, intenciona-se a manutenção da ordem produtiva, fonte, inclusive, de postos de trabalho e arrecadação de impostos.

A lei aprovada nada mais fez que corroborar nosso entendimento quanto à universalidade do juízo falimentar e de recuperação judicial, a fim de se garantir a igualdade.³⁵ Não vai ai qualquer prejuízo ao trabalhador para cobrança de seu crédito, pois a decisão que decreta a quebra ou determina a recuperação judicial da empresa tem como um dos efeitos a suspensão do prazo prescricional, inclusive relativo às ações contra o sócio solidário em caráter particular, mas obviamente, sempre conexo à dívida empresarial (art. 6º). Além disso, assegura a participação dos trabalhadores como membros do comitê e nas assembléias, a fim de garantir a transparência na fiscalização e acompanhamento da recuperação e do andamento do processo falimentar (arts. 26 e 41, v.g.).

Quanto aos créditos trabalhistas, o legislador traz regras específicas, permitindo que as ações prossigam no juízo próprio, a fim de que lá se apure o valor devido para que seja inscrito no quadro geral de credores, sem prejuízo de que, o juízo por onde corre a ação trabalhista, faça pedido de reserva de crédito para garantia do valor reclamado. Mas o legislador vai mais longe e estabelece que, tratando-se de recuperação judicial, esta suspensão vigorará pelo prazo de 180 dias a contar da data da decisão que a determinou. O intérprete poderia estar se perguntando se a suspensão se refere, inclusive, ao andamento da ação já interposta ou a se propor. A resposta é negativa. O que quis o legislador foi evitar que uma eventual execução de valores venha prejudicar o plano de administração. Por isso, especificamente para créditos trabalhistas, matéria que estamos a tratar, estabeleceu que o credor não poderá executar eventual decisão, mas isso não impede a propositura da ação ou a continuidade do processo já instaurado no juízo trabalhista para apuração do *quantum* devido. Tanto é que prevê a expedição de ofício com pedido de reserva de crédito. Portanto, a ação para a apuração do *quantum* poderá ser feita, mas a cobrança efetiva ou qualquer ação que venha implicar em constrição de bens, estará suspensa em razão da ordem de recuperação pelo prazo de 180 dias.

Decorridos os 180 dias, sem que haja solução ao processo de recuperação judicial, determina o legislador que os prazos voltarão a correr, possibilitando que o credor, agora, faça a cobrança, na Justiça Especializada, prevendo a continuidade da ação ali. Essa possibilidade independe de decisão judicial a respeito e correrá tão logo se verifique o decurso do prazo. Tal decorre da letra expressa do parágrafo 4º da lei, que estabelece um prazo peremptório: *Na recuperação judicial, a suspensão de que trata o* caput *deste artigo em hipótese nenhuma excederá o prazo improrrogável de 180 (cento e oitenta) dias contados do deferimento do processamento da recuperação, resta-*

---

³⁵A lei anterior, também, previa de forma expressa a universalidade do juízo mas, com fundamento na aplicação subsidiária dos executivos fiscais e Código Tributário Nacional, muitos juristas trabalhistas penderam sua posição para a exclusão do crédito trabalhistas da massa e prosseguimento da cobrança na Justiça do Trabalho.

belecendo-se, após o decurso do prazo, o direito dos credores de iniciar ou continuar suas ações e execuções, independentemente de pronunciamento judicial. Entenda-se por solução do processo de recuperação a inércia total. Verificando-se o desenvolvimento de atividades e decisões quanto à recuperação, não se pode permitir a fluência do prazo ou mesmo ações que importem em constrição de bens, sob pena de inviabilizar o plano de recuperação desenhado e proposto pelo administrador e, por assim dizer, inviabilizar-se a própria recuperação da empresa. Parece-nos ser este o melhor entendimento e interpretação da Lei nº 11.101/2005.

Atente-se para o fato de que o prazo de suspensão de 180 dias somente se aplicará em caso de deferimento de pedido de recuperação judicial e inércia no plano administrativo e desde que o juiz não tenha decretado a quebra da empresa. Em situações de falência, a suspensão do prazo prescricional e a necessidade de se fazer a cobrança dos valores no juízo falimentar, permanece até o momento do seu encerramento, mas sempre com a possibilidade de se acionar a empresa e o sócio solidário, se assim for a situação, no curso do processo falimentar. O que deve ser feito no juízo falimentar é a cobrança do montante da condenação da sentença ou o valor expresso no título extrajudicial.

A intenção do legislador em não obstar o seguimento do processo trabalhista se mostra evidente no § 5º do art. 6º da referida lei, pois a remissão ao § 2º do mesmo dispositivo, demonstra que as ações de cobrança terão curso normal, mesmo durante a suspensão dos prazos. O que se suspende é a possibilidade de se *executar* o valor devido e que deverá ser requerido ao administrador, para que possa inscrever o crédito no quadro geral de credores, salvo a hipótese do decurso do prazo de 180 dias, contados entre a data do deferimento da recuperação judicial e a da efetiva cobrança que, aliás, nesta hipótese, poderá ser realizada junto a Justiça do Trabalho (art. 6, § 4º da Lei nº 11.101/2005).

Devemos questionar se, nas hipóteses de recuperação e quebra, seria possível a desconsideração da pessoa jurídica. O art. 28 do Código de Defesa do Consumidor e o art. 18 da Lei Antitruste permitem tal pedido e decisão. E, ainda que não houvesse permissão expressa, o instituto da desconsideração, evidentemente, permite que isso seja feito, pois, não olvidemos, está fundado na fraude e no abuso ou desvio de finalidade da pessoa jurídica, estando ai subentendida a confusão patrimonial. Com o que devemos nos preocupar é com o fato de que, havendo um processo em andamento junto ao juízo falimentar ou de recuperação empresarial, de quem seria a competência para tanto. A resposta nos dá a própria Lei nº 11.101/2005, no seu art. 82. A competência é do juízo universal. E, por tudo que já dissemos, não poderia ser diferente.

Havendo ação trabalhista em andamento, os valores serão aqui apurados. Se necessário, o juízo trabalhista ordena a remessa de ofício a fim de garantir a reserva de crédito e, por fim, com o trânsito em julgado da decisão, ordena a expedição da certidão a fim de se fazer a cobrança e pagamento no juízo universal.

No plano de recuperação, deverá ser observado que os créditos trabalhistas e decorrentes de acidentes do trabalho terão de ser pagos no máximo em um ano. Assim reza o art. 54:

> Art. 54. O plano de recuperação judicial não poderá prever prazo superior a 1 (um) ano para pagamento dos créditos derivados da legislação do trabalho ou decorrentes de acidentes de trabalho vencidos até a data do pedido de recuperação judicial.
>
> Parágrafo único. O plano não poderá, ainda, prever prazo superior a 30 (trinta) dias para o pagamento, até o limite de 5 (cinco) salários mínimos por trabalhador, dos créditos de natureza estritamente salarial vencidos nos 3 (três) meses anteriores ao pedido de recuperação judicial.

Em havendo decretação de quebra, a lei dispõe que o crédito trabalhista será preferencial até o valor de limitados a 150 (cento e cinqüenta) salários mínimos por credor, e os decorrentes de acidentes de trabalho, aqui pelo seu valor integral. Isso quer dizer que, se o crédito trabalhista ultrapassar o montante de 150 salários mínimos, o excedente entrará para a massa como crédito quirografário. Observe-se que, se o trabalhador cedeu seu crédito, o cessionário será considerado credor quirografário (§ 4º, art. 83).[36]

Atente-se, no entanto, que o art. 84 estabelece uma preferência, inclusive sobre os créditos supramencionados, chamados pelo legislador de extraconcursais. Portanto, a linha de preferência de pagamentos deve ser lida na seguinte ordem:

> I – remunerações devidas ao administrador judicial e seus auxiliares, e créditos derivados da legislação do trabalho ou decorrentes de acidentes de trabalho relativos a serviços prestados após a decretação da falência;

---

[36] V. Provimento no 6/2000 (Republicado DJ 21/02/2001) da Corregedoria:
O MINISTRO FRANCISCO FAUSTO PAULA DE MEDEIROS, CORREGEDOR-GERAL DA JUSTIÇA DO TRABALHO, no uso de suas atribuições legais e regimentais, considerando a nova ordem constitucional originária da Emenda Constitucional no 30, de 13/12/2000, RESOLVE:
1. A cessão de crédito prevista em lei (artigo 1.065 do Código Civil) é juridicamente possível, não podendo, porém, ser operacionalizada no âmbito da Justiça do Trabalho, sendo como é um negócio jurídico entre empregado e terceiro que não se coloca em quaisquer dos pólos da relação processual trabalhista.
2. Fica revogado o Provimento nº 2, de 09/5/2000, da Corregedoria-Geral da Justiça do Trabalho.
FRANCISCO FAUSTO PAULA DE MEDEIROS
MINISTRO CORREGEDOR-GERAL DA JUSTIÇA DO TRABALHO

II – quantias fornecidas à massa pelos credores;

III – despesas com arrecadação, administração, realização do ativo e distribuição do seu produto, bem como custas do processo de falência;

IV – custas judiciais relativas às ações e execuções em que a massa falida tenha sido vencida;

V – obrigações resultantes de atos jurídicos válidos praticados durante a recuperação judicial, nos termos do art. 67 desta Lei, ou após a decretação da falência, e tributos relativos a fatos geradores ocorridos após a decretação da falência, respeitada a ordem estabelecida no art. 83 desta Lei.

Realizados tais pagamentos, passa-se ao art. 83:

II – créditos com garantia real até o limite do valor do bem gravado;

III – créditos tributários, independentemente da sua natureza e tempo de constituição, excetuadas as multas tributárias;

IV – créditos com privilégio especial, a saber:

a) os previstos no art. 964 da Lei nº 10.406, de 10 de janeiro de 2002;

b) os assim definidos em outras leis civis e comerciais, salvo disposição contrária desta Lei;

c) aqueles a cujos titulares a lei confira o direito de retenção sobre a coisa dada em garantia.

V – créditos com privilégio geral, a saber:

a) os previstos no art. 965 da Lei nº 10.406, de 10 de janeiro de 2002;

b) os previstos no parágrafo único do art. 67 desta Lei;

c) os assim definidos em outras leis civis e comerciais, salvo disposição contrária desta Lei.

VI – créditos quirografários, a saber:

a) aqueles não previstos nos demais incisos deste artigo;

b) os saldos dos créditos não cobertos pelo produto da alienação dos bens vinculados ao seu pagamento;

c) os saldos dos créditos derivados da legislação do trabalho que excederem o limite estabelecido no inciso I do caput deste artigo.

VII – as multas contratuais e as penas pecuniárias por infração das leis penais ou administrativas, inclusive as multas tributárias;

VIII – créditos subordinados, a saber:

a) os assim previstos em lei ou em contrato;

b) os créditos dos sócios e dos administradores sem vínculo empregatício.

§ 1º Para os fins do inciso II do caput deste artigo, será considerado como valor do bem objeto de garantia real a importância efetivamente arrecadada com sua venda, ou, no caso de alienação em bloco, o valor de avaliação do bem individualmente considerado.

§ 2º Não são oponíveis à massa os valores decorrentes de direito de sócio ao recebimento de sua parcela do capital social na liquidação da sociedade.

§ 3º As cláusulas penais dos contratos unilaterais não serão atendidas se as obrigações neles estipuladas se vencerem em virtude da falência.

§ 4º Os créditos trabalhistas cedidos a terceiros serão considerados quirografários.

Não nos parece tenha o legislador sido justo com aqueles que já possuíam em data anterior à quebra um crédito trabalhista contra a falida sejam preteridos pelo crédito do administrador e de outros trabalhadores que venham a obter créditos em data posterior a quebra. Além do que, o credor trabalhista, anterior à quebra, tem sua preferência limitada a 150 salários mínimos e os *créditos extraconcursais* tem a preferência assegurada pelo valor total. Todavia, esta é a ordem que deve ser obedecida no momento do pagamento.

Correndo a cobrança no juízo universal e, limitando-se o juízo trabalhista a decidir sobre a procedência ou não do que se vem reclamar nesta esfera, questiona-se se poderia o juiz trabalhista decidir sobre a desconsideração da pessoa jurídica. A Lei nº 11.101/2005 parece ter findado com a dúvida e controvérsia sobre a matéria. O art. 82 assegura que a decisão sobre desconsideração da pessoa jurídica deva ser proferida pelo juízo universal, decidindo-se lá acerca da responsabilidade dos sócios, tendo, inclusive competência para decretar a indisponibilidade dos bens dos sócios. Assim prescreve o legislador:

Art. 82. A responsabilidade pessoal dos sócios de responsabilidade limitada, dos controladores e dos administradores da sociedade falida, estabelecida nas respectivas leis, será apurada no próprio juízo da falência, independentemente da realização do ativo e da prova da sua insuficiência para cobrir o passivo, observado o procedimento ordinário previsto no Código de Processo Civil.

....

§ 2º O juiz poderá, de ofício ou mediante requerimento das partes interessadas, ordenar a indisponibilidade de bens particulares dos réus, em quantidade compatível com o dano provocado, até o julgamento da ação de responsabilização.

A regra de é competência absoluta, de modo que, tão-somente a decisão proferida por ele, poderá passar em julgado. Isso não exclui, todavia, a competência de o Juízo trabalhista de decidir pela desconsideração da pessoa jurídica, o que somente poderá ser feito de forma incidente sem força para fazer coisa julgada material (arts. 325 e 470, do Código de Processo Cível).

Poderá, ocorrer, todavia, de o juízo universal nada decidir acerca da questão da responsabilidade pessoal dos sócios. Seja porque nada lhe foi requerido, ou porque nada se constatou que pudesse acarretar tal decisão. O processo falimentar pode ter chegado ao fim e a falência encerrada sem que o trabalhador tenha recebido o seu crédito em razão da insuficiência de patrimônio ativo.

Não se olvide que os prazos, com a decretação da quebra, ficam suspensos. Assim como se suspendem todos os poderes do sócio e/ou administrador de gerir seu patrimônio,[37] o que impede, inclusive, a fluência de cobrança de juros, pois não se fala mais em mora.[38]

Com o encerramento da falência os prazos voltam a fluir normalmente e, daí, poderá o credor trabalhista retomar o curso do processo trabalhista para tentar receber seu crédito. Inexistindo decisão no juízo falimentar quanto à responsabilidade dos sócios, poderá o trabalhador pleitear, aqui, a desconsideração da pessoa jurídica, sendo lícito ao juiz trabalhista que decida acerca da questão, frise-se, de forma incidente. Necessário ressaltar, todavia, que o prazo para tanto é de **dois anos**, nos termos disposto no § 2º do art. 82 da Lei nº 11.101/2005, prazo este prescricional, disposição expressa inserida naquela norma.[39]

Diante da possibilidade aberta pelo legislador processual de um juiz incompetente decidir questões de forma incidente aplicáveis tão-somente à lide entre as partes, de coexistirem julgamentos contraditórios. Entendemos que o julgador deverá sempre ficar atento à hipótese de o juiz absolutamente competente para a matéria ter decidido a questão aplicando-a no caso que lhe é submetido, mesmo que isso não faça coisa julgada ou constitua título executivo. Isso porque a segurança jurídica é um dos objetivos que se deve ter para a realização do princípio da efetividade da tutela jurisdicional.

---

[37] "Art. 103. Desde a decretação da falência ou do seqüestro, o devedor perde o direito de administrar os seus bens ou deles dispor."
[38] "Art. 124. Contra a massa falida não são exigíveis juros vencidos após a decretação da falência, previstos em lei ou em contrato, se o ativo apurado não bastar para o pagamento dos credores subordinados. Parágrafo único. Excetuam-se desta disposição os juros das debêntures e dos créditos com garantia real, mas por eles responde, exclusivamente, o produto dos bens que constituem a garantia."
[39] "Art. 82.
§ 1º Prescreverá em 2 (dois) anos, contados do trânsito em julgado da sentença de encerramento da falência, a ação de responsabilização prevista no *caput* deste artigo."

Importa citar que tramita projeto em absoluta contradição com o anteriormente exposto, prevendo, entre outras inserções e modificações, a alteração ao art. 877 da Consolidação das Leis do Trabalho, cuja redação é a seguinte, *in verbis* (Projeto nº 4.696/1998):

> § 1º A competência da Justiça do Trabalho para a execução do crédito trabalhista exclui a de qualquer outro juízo, inclusive o da falência, da concordata e da liquidação.
>
> § 2º A cobrança judicial do crédito trabalhista não é sujeita a concurso de credores ou habilitação em falência, concordata ou liquidação (NR).

Importa dizer que o Projeto, ainda está em tramitação, havendo passado pela Comissão de Constituição e Justiça que proferiu parecer, entendendo pela juridicidade e legalidade e pela aprovação, rejeitando algumas emendas feitas. O projeto segue em apenso ao o de nº 4.814/1998 e o último andamento é de junho de 2005 quando foi devolvido ao Relator Deputado Mauricio Rands.[40]

Resta-nos, assim, concluir que é possível a desconsideração da personalidade jurídica da pessoa moral em todas as hipóteses em que haja uma situação de insolvência, civil ou empresarial, causada por má administração, sendo necessária a verificação dessa insolvência pela decretação da falência, concurso universal de execução civil ou liquidação extrajudicial, ou mesmo encerramento ou inatividade da pessoa jurídica. Não entendemos que a lei tenha dito mais do que precisava dizer, ao contrário, apenas ressalvou que, mesmo nas situações em que haja a decretação de estado de insolvência a fim de estabelecer o juízo universal ou a intervenção estatal, será possível, ainda assim, desconsiderar-se a personalidade jurídica a fim de ressarcir os lesados.

Não obstante, *data maxima venia*, a evidência legislativa com relação ao procedimento para cobrança dos créditos perante o devedor insolvente, permanecem as divergências quanto ao procedimento para cobrança dos créditos trabalhistas reconhecidos em sentença judicial. Há quem entenda que o crédito trabalhista deva ser executado e pago na Justiça do Trabalho, independentemente da instauração do concurso universal ou do processo de intervenção. A aplicação seria a subsidiariedade do art. 5º da Lei nº 6.830/1980, que trata dos executivos fiscais e que guarda previsão expressa no art. 769 da Consolidação das Leis do Trabalho. Para outros, o crédito trabalhista poderia ser apurado na Justiça Especial e, após a confirmação do respectivo valor, ser habilitado no Juízo Universal ou sob intervenção mediante simples

---

[40] O acompanhamento do Projeto por ser obtido pela consulta a página na internet: http://www.camara.gov.br/sileg/Prop_Detalhe.asp?id=21064

certidão. Há, ainda, um terceiro entendimento, que divide o processo executivo: se houve penhora antes da decretação da quebra, insolvência ou intervenção, a execução prossegue na Justiça Especial; o bem é vendido, paga-se o credor e eventual remanescente é remetido ao juízo falimentar, em liquidação ou insolvência. Se ainda não houve penhora, extrai-se a certidão do crédito para habilitação na massa.

Observe-se que a Lei nº 11.101/2005 guardou para os créditos trabalhistas um procedimento próprio para cobrança, manteve a distinção de procedimentos para as ações de natureza fiscal. Diz o § 7º que *as execuções de natureza fiscal não são suspensas pelo deferimento da recuperação judicial, ressalvada a concessão de parcelamento nos termos do Código Tributário Nacional e da legislação ordinária específica.* A leitura literal do dispositivo pode levar à interpretação de que a cobrança do crédito trabalhista e fiscal deverá ser feita de forma idêntica. Todavia, não se pode entender que a letra do art. 769 da Consolidação das Leis do Trabalho prevalece nestas hipóteses quanto à aplicação da Lei nº 6.830/1980 ante a evidente contradição do texto legal, restando revogado o texto anterior ante a incompatibilidade aparente do posterior.

Um segundo problema que vem ocorrendo regularmente na Justiça do Trabalho é a desconsideração da pessoa jurídica e a responsabilidade dos sócios e administradores em razão da decretação de quebra, insolvência civil ou intervenção, por aplicação do art. 28 do Código de Defesa do Consumidor. Há muitas decisões que vêm sendo proferidas em absoluta contradição com aquelas já pronunciadas pelo Juízo falimentar, acarretando insegurança jurídica e descredibilidade nas decisões.

Entendemos que, como já se disse, o juízo universal foi estabelecido principalmente por uma questão de igualdade e justiça. Não há qualquer razoabilidade no entendimento que permite que determinados créditos possam ser cobrados pelo método da execução individual, enquanto outros, de credores na mesma situação jurídica, correm o risco de não serem pagos, justamente porque a pessoa jurídica na situação de insolvência certamente terá seu quadro agravado por execuções individuais que tramitam fora do juízo universal. O prejuízo aos demais credores, que possuem créditos da mesma grandeza, é inestimável, pois, ao se acolher à execução individual em situações em que o próprio judiciário reconhece que determinada pessoa é insolvente, acaba por causar um estremecimento na segurança jurídica, seja em relação aos credores, seja ao próprio devedor, pois haveria decisões absolutamente contraditórias, o que vai contra a instituição do princípio do devido processo legal.

A norma estabelecida na lei de executivos fiscais que autoriza o Estado a processar seu crédito fora do juízo universal não é aplicável ao processo trabalhista. Quer pela disposição, agora, expressa da Lei nº 11.101/2005, quer pela interpretação sistemática do regime anterior. Mesmo se se entender de forma contrária, deverá ser observado, contudo, que a lei de executivo fiscal diz que a ação intentada pela Fazenda Pública contra o devedor será processada no Juízo próprio até a apuração do respectivo valor. Não podemos concordar que o pagamento seja realizado fora da massa; no mesmo diapasão, repita-se, entendemos que o trabalhador não pode receber seu crédito fora do concurso no caso de quebra da empresa ou de decretação de recuperação judicial dentro do prazo de suspensão previsto no art. 6º da Lei nº 11.101/2005.

O crédito do trabalhador deve ser privilegiado, sim. Mas nenhum trabalhador pode ser mais privilegiado que outro, pois não há trabalho mais importante ou menos importante a ponto de um merecer ser pago e o outro não. O Estado não pode fugir ao sistema capitalista, dentro do qual está também envolvido, e, "como no sistema capitalista de organização da economia a produção cabe aos empresários privados e todos, em última análise, dependemos do sucesso das empresas para atendimento de nossas necessidades, é justa a socialização das perdas provocadas pelo risco empresarial".[41] O interesse público não justifica a exclusão de seu crédito do sistema universal e a manutenção de outros em situação de absoluta desigualdade e ferimento ao princípio da isonomia.

A norma prevista no art. 187 do Código Tributário Nacional não pode prevalecer diante do sistema jurídico eqüitativo. Diz aquela norma que o crédito tributário não estaria sujeito à habilitação em *falência, concordata, inventário* ou *arrolamento*. Esse Código é de 1967. A regulamentação sobre falência e recuperação judicial é de 2005. A lei de executivos fiscais, de 1980. Esta última disciplina que o processo e o julgamento da execução de dívida pública são de competência da Justiça Especializada, excluindo a de qualquer outro juízo, inclusive da *falência, concordata,* da *liquidação de insolvência* ou de *inventário*.

Portanto, a melhor interpretação de todas as normas apontadas é a que reserva ao juízo próprio, no caso trabalhista, a apuração do crédito líquido do trabalhador, havendo, após a lei de 2005, norma expressa neste sentido e que deve ser respeitada. Liquidado, faz-se a habilitação para recebimento no juízo universal, em que cada qual competirá na mesma classe de crédito. As disposições da lei tributária não podem prevalecer, isoladas do sistema jurídico, mesmo porque esse mesmo Código, que muitos invocam para estabelecer a ignorância do juízo universal, prevê que nada pode preferir o crédito tributário, o que já causaria prejuízo ao próprio crédito trabalhista (arts. 188 e 189 do Código Tributário Nacional).

---

[41]COELHO, Fábio Ulhoa. *Curso de direito comercial*. 6. ed. São Paulo: Saraiva, 2003. v. 3, p. 229.

Entendemos assim que, uma vez decretada a falência, insolvência civil ou intervenção extrajudicial em determinada pessoa jurídica, outra não pode ser a solução que não a de submeter todos os créditos ao juízo universal, único, aliás, com competência para dizer se houve ou não má administração, a fim de determinar a situação de insolvência a ponto de autorizar a desconsideração por tal motivo. O Código de Defesa do Consumidor em nenhum momento revogou ou quis revogar as disposições legais existentes a respeito da insolvência decretada naqueles tipos de procedimentos. O devido processo legal não se coaduna com um Judiciário absolutamente injusto e contraditório, a ponto de decidir de forma absolutamente diversa em situações jurídicas idênticas, pagando uns credores em detrimento de outros.[42]

Se o credor trabalhista, portanto, depara-se com a insolvência da pessoa jurídica para a qual prestou serviços, deverá fixar o montante do seu crédito, sendo o caso, na Justiça Especial. Contudo, a cobrança deverá ser submetida ao juízo universal. Se, quando da decretação da quebra, insolvência ou intervenção o juízo por onde corre a ação individual cível ou trabalhista houver marcado o praceamento dos bens, com dia definitivo já fixado por editais, a praça será realizada e o produto da arrematação ou adjudicação será encaminhado para o juízo falimentar a fim de acrescer ao monte para divisão final (art. 24, § 1º da Lei de Falência). Não pensamos que essa norma afetaria a unidade e a paridade do tratamento dos credores, pois, nessas situações, o credor individual já percorreu todo o *iter* processual para lograr seu crédito, o que teoricamente já foi feito, restando tão-somente a realiza-

---

[42]Nesse sentido decidiu o TRT da 2ª Região:
Tipo: Mandado de Segurança
Data de julgamento: 3-12-2002
Relator(a): João Carlos de Araujo
Revisor(a): Vania Paranhos
Acórdão nº: 2003001032
Processo nº: 11136-2002-000-02-00-4 **ano:** 2002 **turma:** SDI
Data de publicação: 28-3-2003
Partes: Impetrante(s): Ariane Luiza Coelho Pereira
Impetrado(s): Ato do Exmo. Sr. Juiz do Trabalho da MM – 28ª Vara do Trabalho de São Paulo
Litisconsorte(s): William Lima Cabral – Síndico da massa falida
Ementa: "MANDADO DE SEGURANÇA. HABILITAÇÃO DO CRÉDITO NO JUÍZO FALIMENTAR. Atua em estrita consonância com as regras relativas à competência desta Justiça Especializada e com a Lei nº 7.661/45 (Lei de Falência), o Juiz Executor que indefere o prosseguimento da execução na pessoa dos sócios e determina a habilitação do crédito trabalhista no juízo falimentar, cuja indivisibilidade e o princípio *par conditio creditorum* tornam necessária a referida providência. Cabe à impetrante habilitar o seu crédito no juízo competente, para que este participe do rateio com os créditos dos demais empregados, igualmente privilegiados, uma vez que pertencem à mesma classe. O prosseguimento da execução na pessoa dos sócios só poderá ocorrer após a regular habilitação de seu crédito e se constatada a insuficiência dos bens da massa. Aplicação dos artigos 449, parágrafo 1º e 768, ambos da CLT."

ção formal da praça, pois o bem já está fora do patrimônio da massa, havendo necessidade do cumprimento de mera formalidade de transferência de bens.

Pensamos que, em uma hipótese, o trabalhador poderá requerer a desconsideração da personalidade jurídica do empregador por esse fundamento na justiça especial. É a hipótese de encerramento do processo no juízo universal sem o pagamento de seu crédito.[43] Nessa oportunidade, poderá requerer o desarquivamento dos autos e requerer o prosseguimento, comprovando, no entanto, a má administração do empregador resultante da insolvência. Não se olvide que poderá enfrentar outra discussão que diz respeito à ocorrência da prescrição, tanto para a cobrança do crédito via ação executiva, quanto para a responsabilidade do administrador ou sócio gestor, assunto esse a que voltaremos mais à frente.

Observe-se que, nesse diapasão, a Rede Judiciária Européia,[44] em matéria civil e comercial, entende que em relação às empresas tanto em processo de recuperação – entendidas aquelas que podem ser salvas da quebra e, por isso, submetem-se a um plano de salvaguarda aprovado por um juiz –, como nos casos de falência, a partir do momento da decisão judicial, todos os credores deixam de poder acioná-las a fim de resguardar a igualdade dos credores e o patrimônio do devedor,[45] solução que vai no mesmo sentido por nós defendido.

De toda forma, a título de conclusão, o Projeto que visa à alteração da Consolidação das Leis do Trabalho nasce com vícios de inconstitucionalidade, não obstante o parecer da Comissão de Constituição e Justiça. Não se diga que o interesse público justificaria tais distorções; ao contrário, o Estado de direito as repele, na mesma medida em que deve garantir o devido processo legal ileso de discrepâncias que tais.

4.3.3 Dos grupos econômicos e dos consórcios

Já dissemos que a Consolidação das Leis do Trabalho estabeleceu a responsabilidade solidária entre empresas que pertençam ao mesmo grupo econômico (art. 2º,

---

[43]Assim decidiu o TRT da 4ª Região (Rio Grande do Sul):
Número do processo: 00160-1995-302-04-00-4 (AP) (ver andamentos do processo)
Juiz: Vanda Krindges Marques
Data de Publicação: 7/7/2003
Ementa: "PROCESSO FALIMENTAR ENCERRADO. PROSSEGUIMENTO DA EXECUÇÃO NA PESSOA DOS SÓCIOS DA EXECUTADA. Encerrado o processo falimentar e não possuindo a falida qualquer bem, deve prosseguir a **execução** na pessoa dos **sócios**, merecendo provimento, portanto, o agravo de petição interposto pelo exeqüente."
[44]A Rede Judiciária Européia foi criada por decisão do Conselho da Comunidade Européia em 28-5-2001.
[45]Disponível em: http://europa.eu.int/comm/justice_home/ejn/bankruptcy/bankruptcy_gen_pt.htm#top.

§ 2º). Entendemos, repita-se, que não se trata de situação de desconsideração da personalidade jurídica, mas simples regra de responsabilidade solidária entre pessoas. Não se olvide que a responsabilidade solidária somente pode decorrer da lei ou do contrato (art. 265 do Código Civil). Ocorre a responsabilidade solidária quando, para a mesma obrigação, concorra mais de um credor ou devedor (art. 264 do Código Civil).

Portanto, diante do texto celetista, inócua é a regra do artigo 28, § 2º, do Código de Defesa do Consumidor, pois há norma própria que já estabelece, independentemente de qualquer outra, a responsabilidade entre as empresas componentes do mesmo grupo. Assim, sendo empresas que constituam o mesmo grupo, todas responderão pelas obrigações assumidas por uma delas de forma solidária, assegurando o seu direito de ver-se ressarcido, posteriormente, por aquilo que pagou (art. 283 do Código Civil).

Frise-se, por fim, que o fato de o credor decidir cobrar a dívida de uma só das empresas não importará em renúncia à solidariedade, sendo opção sua optar pelo devedor, ou devedores, que deverá responder pela obrigação pactuada e cobrada.

A regra quanto às empresas coligadas, estatuída no § 4º do artigo 28, igualmente, não tem qualquer relevância no direito trabalhista. Isso porque tais empresas são responsáveis solidárias para efeito da relação de emprego, conforme disposto no artigo 2º, § 2º, da Consolidação das Leis do Trabalho. Assim, não pode querer, para eximir-se da obrigação que lhe é imposta, alegar que não teve culpa pelo ato, posto que a legislação trabalhista não é omissa quanto à sua condição.

Quanto às empresas consorciadas, vimos que não fazem parte de um mesmo grupo econômico e, portanto, ficariam excluídas da regra do art. 2º, § 2º, da Consolidação das Leis do Trabalho. Entretanto, o art. 28, § 3º, do Código de Defesa do Consumidor dispõe que, sendo a sociedade consorciada, será responsável solidária pelas obrigações assumidas por qualquer delas. O que se poderia questionar é se essa solidariedade se manifestaria somente nas situações de desconsideração da personalidade jurídica ou em todas as situações previstas no Código de Defesa do Consumidor, ou seja, para relações de consumo e, para nós que entendemos pela aplicação subsidiária do sistema, pelas obrigações trabalhistas.

Da análise do dispositivo infere-se que somente poderá haver a responsabilização solidária das empresas consorciadas nas situações em que houver o reconhecimento da disfunção da pessoa jurídica, sendo imprescindíveis o reconhecimento e a decretação de desconsideração. A regra, portanto, é a da irresponsabilidade das empresas participantes do consórcio (art. 278 da Lei nº 6.404/1976). Discordamos de Suzy Elizabeth Cavalcante Koury, quando diz que houve revogação do § 1º do art. 278 da Lei nº 6.404/1976.[46] Ao contrário, as normas harmonizam-se e a regra do art. 28, § 3º, somente se aplica para as hipóteses de prejuízo ao consumidor, no nosso caso, ante a aplicação subsidiária, ao trabalhador. Há uma exceção à regra prevista na Lei das Sociedades por Ações quando aplicável a determinado tipo de relação, estranha àquelas existentes entre sociedades e empresas.[47]

Em todas as hipóteses em que houver a desconsideração, poderá o juiz determinar que a responsabilidade seja estendida às demais empresas consorciadas e não necessariamente aos sócios ou administradores, como tradicionalmente se entendia. Todavia, não poderá o trabalhador desejar a responsabilidade solidária das consorciadas se não houver a caracterização da disfunção, ou seja, a decretação de desconsideração, pois lhe falta respaldo legal para tanto. A norma inserida no corpo do art. 28 não pode ser entendida desvinculada do seu *caput,* que trata do instituto jurídico da desconsideração da personalidade jurídica e da responsabilidade de seus sócios ou administradores.

Havendo a decretação da desconsideração, o juiz deverá determinar quais as empresas consorciadas que deverão responder de forma solidária com a devedora principal, a fim de que venham fazer parte do pólo passivo da ação, nos termos dispostos nos arts. 592 e 596 do Código de Processo Civil.

4.3.4 Limite da responsabilidade dos sócios e administradores

Dissemos que o Código Civil alterou profundamente as regulamentações acerca das sociedades. Podemos resumir que as pessoas jurídicas, no sistema atual, podem assim ser divididas:

- pessoas jurídicas de direito público, cuja regulamentação continua subordinada às normas concernentes a esse ramo do direito;
- fundações, constituídas por uma massa patrimonial destinada a uma finalidade necessariamente não lucrativa e que não possui sócios em razão de suas próprias características, mas sim administradores;
- associações, reunião de pessoas para realização de determinada atividade necessariamente não lucrativa e que são constituídas por sócios e/ou administradores;

---

[46]*A desconsideração da personalidade jurídica* (disregard doctrine) *e os grupos de empresas.* 2. ed. Rio de Janeiro: Forense, 1998. p. 192.
[47]No mesmo sentido, MORAES, Márcio André Medeiros. *A desconsideração da personalidade jurídica no Código de Defesa do Consumidor.* São Paulo: LTr, 2002. p. 167-171.

- sociedades, que podem ser simples ou empresariais. Aquelas primeiras podem ou não ter finalidade lucrativa, mas não podem exercer atividades tipicamente empresariais, entendidas assim, resumidamente, como aquelas que caracterizam a profissão de empresário, capazes de colocar em circulação bens, produtos ou serviços, fazendo verdadeira mediação entre o produtor e consumidor, com prática de atos tipicamente de comércio ou, na definição do Código Civil atual, empresariais.

A possibilidade de se desconsiderar a personalidade jurídica pode ocorrer para qualquer das pessoas há pouco elencadas. O instituto da desconsideração vem regulado no Código Civil, no art. 50, isto é, dentro das disposições gerais acerca das pessoas jurídicas, o que autoriza sua aplicação a qualquer uma delas. As regras existentes na parte especial do Código Civil e em leis esparsas sobre a possibilidade de o administrador e/ou sócio ter responsabilidade solidária, não querem significar, necessariamente, que o intérprete terá de se socorrer da teoria da Desconsideração, podendo tratar-se da responsabilidade direta, instituto diverso. É o que ocorre, por exemplo, com as normas que autorizam o credor a reclamar do sócio a reparação de danos sofridos, por exemplo, em razão da sua constituição societária, como ocorre na sociedade comum.[48]

Nosso sistema legal permite a responsabilização solidária dos sócios e administradores em algumas situações específicas, sem a necessidade da decretação da desconsideração, exigindo a prova do fato ensejador da incidência da norma jurídica.

Devemos considerar, no entanto, as situações em que o juiz decide pela desconsideração da personalidade jurídica, entendendo que houve disfunção, aplicando as hipóteses legais autorizadoras. A pergunta seria até que ponto, ou até onde, cada sócio ou administrador responderia. Seria prudente questionar-se, ainda, se a responsabilidade deveria ser estendida ao administrador, mesmo porque ele pode ser alguém estranho à sociedade, que recebe remuneração pela profissão que desempenha. E, por fim, uma indagação que vem sendo muito debatida nos tribunais é saber até quando alguém que se retira de uma sociedade deve responder pelos seus atos, já que há casos na jurisprudência trabalhista em que pessoas físicas que deixaram a sociedade há muitos anos vêem-se na iminência de sofrer constrição em seus patrimônios particulares. Igualmente a situação daqueles que nunca participaram de qualquer administração ou gestão social e que detinham, muitas vezes, 1% do capital social e perdem seus patrimônios por ações das quais sequer têm conhecimento.

---

[48]Ver Capítulo 4, seção 4.2.

Antes do advento do Código Civil, a questão era solucionada por aplicação subsidiária do art. 135 do Código Tributário Nacional, que guardava duas interpretações: uma, pode-se dizer a maioria das decisões, era no sentido de que o sócio em uma sociedade teria seu patrimônio pessoal atrelado às obrigações daquela pessoa jurídica e pelo período que dela participou; outra, de que esta responsabilidade era extensiva não só ao período que participou da constituição societária, mas também por aquele que veio depois da cessão das quotas ou ações. Tal interpretação decorreria da análise do art. 2º da Consolidação das Leis do Trabalho o qual, segundo entendiam, permitiria a desconsideração indiscriminada.[49]

Depois da entrada em vigor daquele ordenamento jurídico, os posicionamentos fundados no Código Tributário Nacional continuaram a subsistir, mas formou-se uma outra corrente que vem ganhando mais força em razão da nova ordem jurídica trazida, qual seja, o entrosamento dos sistemas do Código de Defesa do Consumidor e do Código Civil aplicáveis subsidiariamente à Consolidação das Leis do Trabalho.

Assim, poderá ocorrer a desconsideração da personalidade jurídica nas situações dispostas no art. 28 do Código de Defesa do Consumidor, com as limitações traçadas pelo art. 50 do Código Civil. Necessário se faz, primeiramente, situarmo-nos no tipo de pessoa jurídica tratada, a fim de iniciar a solução da questão.

Se se tratar de fundação, por exemplo, sabemos que não será correto falar em sócios e, por isso, se houver a caracterização de situação que constitua hipótese para desconsideração, teremos de perscrutar quem são seus administradores. Se a pessoa jurídica for uma sociedade simples, devemos saber se a administração é

---

[49] "SUCESSÃO TRABALHISTA E PRINCÍPIO DA DESPERSONALIZAÇÃO DO EMPREGADOR – ARTS. 10 E 448 DA CLT – No campo do Direito do Trabalho e da responsabilidade patrimonial pelos débitos trabalhistas, não se pode promover a simples migração das normas e princípios do direito civil e comercial que regem a sucessão, manifestamente contrários ao princípio fundamental da ampla proteção aos direitos do trabalhador assalariado. Nos precisos termos dos arts. 10 e 448 da Consolidação Laboral e do 'princípio da despersonalização do empregador' (segundo o qual são os bens materiais e imateriais componentes do empreendimento que asseguram a satisfação do julgado, independentemente da pessoa física ou jurídica que a esteja dirigindo ou explorando. WAGNER GIGLIO, *Direito Processual do Trabalho*, 9ª ed., revisada e ampliada, LTr, 1995, p. 107), aplicáveis tanto na fase de conhecimento quanto na execução trabalhista, tanto o empregador original quanto aquele que, de qualquer forma, tenha assumido a empresa são solidariamente responsáveis pelos créditos dos empregados que atuaram no período anterior à alteração na propriedade, na titularidade ou na estrutura jurídica empresarial. A quem efetivamente suportar a condenação trabalhista restará a possibilidade de, através de ação própria na Justiça Comum, pleitear o ressarcimento que entenda devido por seu litisconsorte, sendo absolutamente ineficaz, perante as normas trabalhistas de ordem pública, qualquer ajuste das partes em sentido contrário" (TRT 3ª Região – RO 20.327/98 – (GV02-1.275/98) – 1ª T. – Rel. Juiz José Roberto Freire Pimenta – *DJMG* 30/7/1999 p. 8).

realizada pelos sócios ou terceiro contratado para a função. Se, ao contrário, a empresa tratada for uma Sociedade por Ações, necessário saber se é de capital aberto ou fechado, e se possui ou não Conselho de Administração; e assim por diante. Daí a necessidade de se estudar a estrutura de cada uma das pessoas jurídicas e saber como estão regulamentadas pela lei.

O art. 50 do Código Civil quis responsabilizar o gestor da pessoa jurídica, o que é absolutamente coerente, pois, se é ele quem detém o poder de administrar, certamente deverá responder pela gestão que fizer. Esse é o mesmo espírito que norteou o Código de Defesa do Consumidor e todas as demais leis que dispuseram acerca da desconsideração ou da responsabilização pessoal do sócio ou gestor da pessoa jurídica.

Pensamos, ainda, que a figura do administrador é incompatível com a do empregado, pelo sistema adotado pela legislação civil. Se o administrador responde pelos prejuízos que causar, não pode, em hipótese alguma, ser empregado da empresa, já que a assunção dos riscos é incompatível com a figura do empregado subordinado. Portanto, não encontrará respaldo para sua conduta nesse tipo de argüição.

Se a pessoa jurídica for daquelas que admitem a figura do terceiro-administrador ou necessariamente for do tipo que somente pode ser gerida por administrador, como ocorre nas fundações, a responsabilidade pela desconsideração recairá sobre ele.

O fato de ter a pessoa jurídica finalidade lucrativa ou assistencial não interferirá na decisão acerca da desconsideração, pois são duas coisas absolutamente diversas. As pessoas que executam tarefa assistencial, como é a situação das ONGs (Organizações Não-Governamentais), deverão, na hipótese de não poderem ter sua atividade continuada em razão do ato praticado que lhes pode causar o encerramento, ter seu objeto transferido para outra entidade que possa dar continuidade à tarefa que vinham desenvolvendo. Caso contrário, tão-somente seu diretor será afastado e responsabilizado pelo ato, posto que o fato da desconsideração não interfere no funcionamento ou não da pessoa jurídica, já que essa pode continuar existindo em razão dos fundamentos de adoção do próprio instituto.

Não podemos olvidar, no entanto, que o Código Civil traz uma regulamentação separada para o administrador não sócio, de sorte que sua figura é equiparada à do mandatário. Dessa forma, ficará vinculado à sociedade até o limite de três anos, contados da apresentação do balanço aos sócios relativos ao período em que o ato seria praticado, ou da reunião ou assembléia geral da qual o sócio deva tomar conhecimento (art. 206, § 3º, VII, *b*, Código Civil).

Se a administração da sociedade for praticada por sócio, o Código Civil estabelece que o mesmo responderá, desde que esteja na administração social. Tal entendimento decorre do sistema societário, pois as obrigações dos sócios têm nascimento quando ingressam na sociedade, *imediatamente com o contrato* (art. 1.001 do Código Civil), sendo que em todas as disposições acerca de responsabilidade o legislador teve a cautela de indicar a responsabilidade pessoal do administrador pelas obrigações sociais. Não é justo, nem jurídico, que sócio que, por exemplo, detenha 1% do capital social e nunca tenha participado da vida da sociedade seja responsabilizado por uma administração da qual sequer tenha conhecimento ou participação. Esse, também, poderá voltar-se contra o administrador, sócio ou não, se obtiver prejuízo em razão de seus atos.

A responsabilidade do sócio que se retira da sociedade será de dois anos, contado esse prazo da averbação da alteração no contrato social (art. 1.003 do Código Civil). A averbação é necessária a fim de se dar conhecimento de terceiros. Quando o legislador estabelece esta regra não está dizendo que eventual alteração social não seja válida. Tanto é que o sócio retirante tem todos os seus direitos preservados. Todavia, em relação a terceiros, não pode produzir qualquer efeito, já que esses não têm conhecimento do ato, respondendo o sócio retirante e o novo solidariamente pelas obrigações (estamos, aqui, no plano da eficácia do ato jurídico).

Se a sociedade tratada for companhia, entendemos que a aplicação é da Lei das Sociedades por Ações. O mesmo ocorrerá se a sociedade for limitada com opção pelo regime das Sociedade por Ações. Isso se dá em razão da norma específica que regula esse tipo social, não havendo omissão quanto à extensão da responsabilidade.

Entendemos, assim, que a responsabilidade na desconsideração numa Sociedade por Ações será dos componentes da Diretoria e do Conselho Administrativo. A Assembléia é órgão que somente delibera e, não obstante ser responsável por traçar as diretrizes da companhia, pouco ou nenhum controle acaba tendo sob a administração, em razão da própria estrutura desses gigantes da economia. O Conselho Fiscal tem suas funções, na prática, quase anuladas, de modo que a maioria das companhias opta por não possuí-lo. Resta, assim, a Diretoria e Conselho de Administração, que são órgãos que gerem e administram a empresa, tanto que seus deveres, responsabilidade, ônus e direitos são regidos pela mesma norma.

Havendo, portanto, a desconsideração da pessoa jurídica, responderão os administradores fixados na decisão judicial pelos prazos previstos na Lei das Sociedades por Ações, diga-se, todos prescricionais, no caso, três anos, consoante fixado no art. 287, II, da Lei nº 6.404/1976, e art. 206, § 3º, VII, *a* do Código Civil.

Observe-se que, de todo modo, quem responde é quem está na administração da sociedade, e não quem esteve na constância do contrato de trabalho.[50] Pelas disposições legais, são os últimos administradores que devem arcar com a responsabilidade e não quem saiu da sociedade. Tanto é verdade que o artigo 1.003, parágrafo único, do Código Civil, dispõe que o cessionário responderá solidariamente por dois anos com o cedente, sendo tal norma aplicável inclusive às companhias que não possuem disposições semelhantes, cabendo a aplicação subsidiária.

O entendimento que se tinha de aplicação analógica do direito tributário (art. 135, CTN) não mais prevalece em razão da regulamentação expressa da matéria.

Se, todavia, a questão tratada for de fraude à lei,[51] ou seja, vício do ato jurídico, a situação deverá ser tratada de outro modo. Imaginemos que uma pessoa jurídica é criada ou tem sua constituição alterada em razão de ato considerado nulo pelo direito. Nessa hipótese não haverá ocorrência de prazo prescricional ou decadencial, de modo que todos os que participaram do negócio deverão responder de forma ilimitada. Aplica-se aqui a regra do art. 169 combinada com as disposições do art. 166, ambos do Código Civil.

---

[50]Em sentido contrário, assim decidiu o TRT da 2ª Região:
Tipo: Mandado de Segurança
Data de julgamento: 11-2-2003
Relator(a): Vania Paranhos
Revisor(a): Floriano Vaz da Silva
Acórdão nº: 2003005712
Processo nº: 10773-2002-000-02-00-3 **ano:** 2002 **turma:** SDI
Data de publicação: 16-5-2003
Partes: Impetrante(s): José Gonçalves Valente
Impetrado(s): Ato do Exmo. Sr. Juiz do Trabalho da MM. 57ª Vara do Trabalho de São Paulo
Litisconsorte(s): Geovani Roque da Silva
Ementa: "RESPONSABILIDADE SUBSIDIÁRIA DO SÓCIO NA EXECUÇÃO DA SOCIEDADE. O fato de o sócio não constar do título executivo como devedor ou mesmo de não fazer parte do pólo passivo da reclamação trabalhista na fase cognitiva não significa ausência de responsabilidade para efeito de execução, pois o artigo 596 do Código de Processo Civil prevê responsabilização do sócio a título subsidiário, independentemente de constar do título executivo. De resto, o artigo 592, inciso II, do estatuto processual civil, de aplicação subsidiária ao processo do trabalho, permite o entendimento de que os sócios atuais e os ex-sócios à época da vigência do contrato de trabalho têm responsabilidade na execução da sociedade, quando os bens dessa mostram-se insuficientes para o pagamento de débitos trabalhistas, pois o não pagamento de tais haveres constitui violação à lei e os empregados nunca assumem o risco do empreendimento".
[51]Fraude à lei é "fenômeno que ocorre quando a finalidade vetada pela lei é atingida através de via diversa da que foi normativamente considerada; quando da *ratio* da norma derive que em realidade a norma deseje impedir em qualquer caso a obtenção de um determinado resultado e não apenas sua realização por meio de determinada forma negocial". Abuso de direito caracteriza-se como o "exercício de modo contrário à função é tipo-jurídico e social do direito" (OLIVEIRA, Lamartine J. Corrêa. *A dupla crise da pessoa jurídica*. São Paulo: Saraiva, 1979. p. 299-301).

Não se trata de situação de fraude a credores, a qual constitui figura ligada ao negócio jurídico anulável e, por isso, suscetível de convalidação pelo decurso do tempo, decaindo em quatro anos o direito de reclamar a anulação do ato (arts. 172 e 178 do Código Civil). Observe-se que a aplicação aqui é puramente de direito civil, e não trabalhista, pois diz respeito à constituição da pessoa jurídica e à prática de atos de cunho não trabalhista.

Se a pessoa jurídica for liquidada regularmente e encerradas suas atividades, poderão os credores cobrar os sócios ou liquidantes por aquilo que não foi recebido devidamente. Aqui o prazo prescricional estabelecido é de um ano a contar da publicação do encerramento da liquidação (art. 206, § 1º, V do Código Civil).

Se se tratar de companhia, o prazo prescricional é de três anos, nos termos do art. 287, II, da Lei das Sociedades por Ações, contados da data da publicação da ata da primeira assembléia posterior ao ato da violação.

Em caso de insolvência civil, o legislador estabelece o prazo de cinco anos, contados da prolação da sentença de encerramento da insolvência. Não podemos olvidar que a instauração do processo de insolvência tem como um dos efeitos a suspensão do prazo prescricional que havia iniciado antes da sua decretação. Há um momento, no processo de insolvência, em que, mesmo não liquidadas todas as obrigações, o processo é encerrado. A partir desse momento, os prazos que haviam iniciado antes recomeçam a correr, perdurando a responsabilidade do insolvente até o limite de cinco anos após aquele encerramento (art. 778, Código de Processo Civil).

Se a empresa for comercial e, por isso, submetida a processo de falência, a decretação de quebra importará em suspensão dos prazos prescricionais, e recomeçará a contar a partir do trânsito em julgado da sentença de extinção das obrigações do falido (art. 156 da Lei nº 11.101/2005). Decorridos cinco anos, se o falido não houver praticado crime falimentar, ou dez anos, se houver sido condenado por crime falimentar previsto na Lei nº 11.101/2005, as obrigações do falido extinguem-se e os credores não podem requerer sua cobrança (art. 158), podendo, inclusive, o falido ingressar com pedido para que juiz declare por sentença a extinção de todas as suas obrigações (art.159).

Não olvidemos a regra instituída pelo art. 82 da Lei nº 11.101/2005 que dispõe ser de dois anos o prazo para interposição da ação para apuração da responsabilidade dos sócios, contados a partir do trânsito em julgado da sentença que encerrar a falência (art. 157).

Igualmente, a decretação de intervenção ou de liquidação extrajudicial da instituição ocasiona a suspensão ou interrupção do prazo prescricional (arts. 6º e 18, Lei nº 6.024/1974). Se houver a intervenção, haverá a suspensão da exigibilidade das obrigações, podendo ser cessada com a decretação de liquidação extrajudicial ou com o pedido de falência. Os prazos retornam a correr pelo que restava após normalizada a situação da instituição. Todavia, se não for possível a normalização e optar-se pelo pedido de falência, as soluções são as há pouco mencionadas. Poderá, porém, ocorrer a liquidação extrajudicial, de modo que os prazos, antes suspensos, agora são interrompidos, voltando a correr pelo total que lhe faltava somente após o encerramento do processo de liquidação. A responsabilidade da instituição e, portanto, de seus administradores, perdurará pelo prazo de cinco anos, já que a Lei nº 6.024/1974 remete a aplicação subsidiária à lei falimentar (art. 34). Todavia, se se tratar de crédito impugnado e sobre o qual tenha havido decisão do Banco Central, terá o prazo decadencial de 30 dias para reclamar contra a decisão ou propor a ação cabível. Passado esse período sem qualquer ação, não poderá reclamar eventuais diferenças que entenda devidas (art. 27 da Lei nº 6.024/1974).

O art. 34 da Lei nº 6024/1974 estabelece, ainda, que o Banco Central do Brasil se equipara ao Juízo da falência inclusive com competência para conhecer e julgar a ação revocatória proposta pelo liquidante. Daí levar à conclusão de que também é o órgão com atribuição para conhecer e julgar a questão relativa à responsabilidade dos administradores da liquidação e os ex-administradores da sociedade, inclusive, questões relacionadas à indisponibilidade de seu patrimônio. Tal atribuição (ou competência, como diz o legislador) é de cunho meramente administrativo, de modo que o ato pode ser revisto pelo Judiciário, seja a pedido daquele que sofre a ação de constrição, isto é, os administradores, seja daqueles que necessitam da decisão para ver resguardado seu direito de receber o crédito, bem como dos credores. Na mesma linha de raciocínio, já utilizada nas páginas anteriores, entendemos que a competência para conhecer e decidir a questão é do Juiz Civil, sendo lícito que o Juiz Trabalhista o faça de forma incidente na ação proposta pelo trabalhador.

A última questão que se faz é se esses prazos vigorariam em face da disposição constitucional trabalhista acerca dos prazos prescricionais.

Sabemos que o art. 7º, XXIX, da Constituição Federal prevê que o prazo prescricional para interposição das ações trabalhistas será de dois anos após o término da relação contratual trabalhista, ou cinco anos, no seu curso. Os prazos mencionados anteriormente são previstos em lei especial e daí ser necessário fazer a harmonização entre eles e a norma constitucional, mesmo porque qualquer regulamentação que a contrarie, temos para nós, é inconstitucional.

Se o empregado ainda não ingressou com a ação não poderá aproveitar-se dos prazos mais elásticos das leis supramencionadas, salvo se, por exemplo, houver a decretação da quebra, fato esse que suspende a fruição da prescrição da ação trabalhista, em razão da disposição legal. Todavia, se a quebra for decretada após o decurso de dois anos da extinção do contrato, não há que se falar em possibilidade de trâmite da ação.

Se a ação houver sido intentada, todos os prazos estarão suspensos com a decretação da quebra. O empregado deverá continuar com a ação trabalhista até a delimitação de seu crédito, a fim de habilitá-lo na massa. Se não houver possibilidade de ver seu pagamento e não houver o juiz falimentar decretado a desconsideração em razão da má administração causadora da quebra, poderá o empregado tentar fazer a prova no juízo trabalhista e ver-se ressarcido através da execução do patrimônio do sócio ou administrador. Não se olvide, no entanto, que os prazos começaram a fluir pelo que restava a partir do trânsito em julgado da sentença de encerramento e que, após o decurso do prazo, o empregado não poderá mais desejar ver executado o patrimônio dos responsáveis.

A situação intermediária mostra-se quando o empregado exeqüente houver iniciado a execução no processo do trabalho, não encontrar bens, também, dos responsáveis e a ação executiva acabar sendo suspensa em razão da inexistência de bens penhoráveis, situação essa muito comum na prática trabalhista. Observe-se que estamos falando de situação em que a empresa foi encerrada irregularmente, ou mesmo que a falência, insolvência ou liquidação tenha findado. Há duas posições dos Tribunais Superiores a respeito da prescrição intercorrente, a que tem ocorrência após o início da execução, e a sua abrupta paralisação por qualquer razão de impossibilidade na sua continuidade e a que entende não se aplicar o instituto ao processo trabalhista.

Entende o Tribunal Superior do Trabalho que não se aplica à justiça do trabalho a prescrição intercorrente (Enunciado nº 114). O Supremo Tribunal Federal, ao contrário, diz ser admitida no processo trabalhista a prescrição intercorrente (Súmula nº 327). Entendemos que o melhor entendimento é o do Supremo Tribunal Federal. A um, porque é a instância máxima para interpretar a Constituição Federal, devendo prevalecer seus entendimentos acerca da interpretação da norma Constitucional. A dois, porque as relações jurídicas precisam de segurança e a prescrição é importante instituto para a realização da pacificação das situações no tempo.

Dessa forma, decorridos os prazos reiniciados após encerramento do processo de liquidação e acertamento de contas de uma sociedade, outra não pode ser a solução que não o reconhecimento da extinção de suas obrigações.

Por fim, o entendimento de que as ações trabalhistas devem continuar sua execução na justiça especial porque o juízo falimentar poderá provocar a frustração do recebimento em razão do decurso do tempo ou ocorrência de prescrição é falaciosa e não jurídica. Os recursos legais disponíveis asseguram a percepção do crédito, quer numa instância, quer na outra.

Um último aspecto deverá ser considerado, em virtude da sua ocorrência diária nos feitos trabalhistas. Queremos referir-nos às hipóteses de morte do sócio ou administrador.

Se o responsável indicado na decisão de desconsideração vier a falecer, seu espólio responde por suas dívidas. Ocorre que há situações em que o próprio espólio é negativo e, nessas situações, o crédito trabalhista ficará frustrado. Isso porque os herdeiros e a esposa ou marido meeiro não podem responder por obrigação além dos limites da herança. Quem responde pelas dívidas é a herança e os herdeiros na sua respectiva proporção daquilo que foi recebido (arts. 1.792 e 1.997 do Código Civil). Por isso, se a pessoa jurídica não possuir bens e se o responsável vier a falecer sem deixar patrimônio positivo que possa responder por suas dívidas, não haverá o pagamento aos credores do *de cujus*.[52]

4.3.5 Alguns aspectos processuais

Parece-nos de grande relevância fazermos algumas observações de cunho processual no que tange à questão da desconsideração da personalidade da pessoa jurídica em razão de algumas decisões na prática trabalhista.

A primeira diz respeito ao momento em que se poderá decretar a desconsideração e a forma de seu requerimento.

Não há, rigidamente, um momento processual. Tudo depende da pretensão do autor e contra quem ele deseja se voltar. Sabemos que não haverá necessidade de se anular a pessoa jurídica para responsabilizar seus sócios ou administradores. Se o empregado autor possuir fundados motivos para requerer a desconsideração da pessoa jurídica logo no momento da propositura da ação de conhecimento, poderá fazê-lo. Todavia, deverá fundamentar o requerimento, mesmo porque os fundamentos legal e jurídico são absolutamente diversos daqueles invocados para a responsabilização direta daquela decorrente da desconsideração.[53] Nesse caso, o gestor da

---

[52]O sistema processual executivo possui limitações. Há situações em que o crédito não poderá ser satisfeito, ensinando Marcelo Lima Guerra que, quando isso ocorre, se está diante de "situações-limite, devido à circunstância puramente materiais, mas não de qualquer insuficiência do sistema da tutela executiva. Daí ser adequado denominar tais situações de *limites práticos à execução*" (*Direitos fundamentais e a proteção do credor na execução civil*. São Paulo: Revista dos Tribunais, 2003. p. 67).
[53]Ver Capítulo 3, sobre devedor e responsável.

pessoa jurídica será intimado de todos os atos processuais desde a fase inicial do processo, importando ressaltar que, em razão da ausência de competência do juiz do trabalho para julgar de forma definitiva o pedido de desconsideração ou de responsabilidade direta, não poderá fazer parte da relação processual na qualidade de parte.[54] Poderá, todavia, participar do processo na condição de assistente simples.

Se, no momento da propositura da ação, o autor não possuir razões para formular o pedido de desconsideração da pessoa jurídica, a ação será proposta apenas contra o ente moral, parte na relação negocial de direito material. No entanto, se, no transcorrer do processo de conhecimento ou de execução, se verificar qualquer das hipóteses fáticas autorizadoras da desconsideração da pessoa jurídica, poderá o juiz, de ofício, ou a requerimento da parte, determinar a quebra do princípio da autonomia patrimonial, a fim de que os sóciose/ou administradores respondam na qualidade de *responsáveis secundários*. Haverá, como já dissemos, um inchaço na relação processual pela inclusão no pólo passivo da ação de mais uma pessoa, situação jurídica essa permitida pela lei processual civil (art. 592 do Código de Processo Civil).

É oportuno, nesse momento, questionarmos o Enunciado nº 205 do Colendo Tribunal Superior do Trabalho que foi cancelado pela Resolução nº 121/2003 em 21 de novembro. Tal súmula previa que as empresas do mesmo grupo somente poderiam ser executadas caso fizessem parte do processo de conhecimento. O fato do cancelamento da súmula deu ensejo a duas posições: (a) a pessoa integrante do grupo econômico poderá ser executada em qualquer hipótese, pois é responsável solidária e ter estado ou no processo de conhecimento na qualidade de parte é irrelevante; (b) o cancelamento da súmula nada altera quanto à necessidade de somente poder se executar a pessoa integrante do mesmo grupo nas situações em que foi parte processual, pois o título executivo lhe é estranho.

Há que se fazer uma distinção nas situações jurídicas que podem vir a ocorrer. Sabendo do nosso posicionamento, que considera o fato de as empresas do mesmo grupo possuírem responsabilidade solidária, é evidente que, para responderem por obrigações decorrentes de um título judicial, devem fazer parte dele. Caberá, ainda, o chamamento ao processo, que poderá ser feito pela empresa ré nos termos dispostos no art. 77 do Código de Processo Civil, instituto esse estabelecido a favor do réu, ao qual não se pode opor o autor. Observe-se que não terá cabimento

---

[54]Reformulamos assim, o entendimento que havíamos sustentado na 1ª edição desse livro, tornando a questão conforme as disposições legais relativas à matéria conforme se analisou dentro deste próprio capítulo.

esse chamamento se se tratar de procedimento sumaríssimo ou de execução, posto que são com eles incompatíveis. Incabíveis, ainda, no processo cautelar, uma vez que seu objetivo é segurança de efetividade de jurisdição se discutindo relações de direito material.

Todavia, não será obrigatória a presença de todas as empresas do grupo no mesmo procedimento se se tratar de pedido de desconsideração da pessoa jurídica. Observe-se, como dissemos, que nem sempre a desconsideração fará com que se atinja sócios e administradores. Há hipóteses em que poderá atingir pessoa jurídica, como ocorre com empresas do mesmo grupo, consorciadas e controladas ou controladoras. Em determinadas situações, poderá ser desconsiderada a pessoa jurídica a fim de atingir tais entes. Aplicam-se as regras do art. 28, §§ 2º, 3º ou 4º, do Código de Defesa do Consumidor, combinado com o art. 2º, § 2º, da Consolidação das Leis do Trabalho.

A decisão de desconsideração da personalidade jurídica deverá ser sempre fundamentada. As decisões judiciais que simplesmente ordenam que a execução prossiga na pessoa dos sócios são nulas e inconstitucionais, posto que não atendem ao disposto no art. 93, IX, da Constituição Federal. Não se pode olvidar que o sócio ou administrador figurará no papel de parte, e nessa qualidade tem o direito de defender a si e seu patrimônio.

A decisão de desconsideração da pessoa jurídica será sempre de natureza interlocutória e não desafia qualquer recurso. Portanto, absolutamente equivocadas as decisões proferidas pela Corregedoria que decidem reformar decisão fundamentada de desconsideração em procedimento de Correição Parcial. Esse procedimento previsto nos Regimentos Internos dos Tribunais não se presta à reforma de decisão, a qual somente pode ser atacada através de recurso adequado no momento certo por decisão do colegiado.[55]

É possível o cabimento do mandado de segurança, desde que haja, efetivamente, direito líquido e certo do impetrante, para ver cessado o ato de constrição a seu patrimônio em razão da ordem de desconsideração.

Sabendo-se que o administrador ou sócio responsável tem a condição de parte no processo de execução, outra não pode ser a solução que não a de conferir-lhe

---

[55] A Correição Parcial, autuada sob nº 309/2002-1 do TRT da 2ª Região, entendeu que a determinação de expedição de certidão para habilitação em massa falida e indeferimento do pedido de desconsideração da personalidade jurídica para continuidade da execução no Juízo Trabalhista, inobstante a quebra, constitui ato que tumultua a boa ordem processual, ordenando que se prosseguisse a execução contra os sócios (Processo em 1ª Instância nº 2.836/1996 – 61ª Vara do Trabalho de São Paulo).

os mesmos direitos e ônus, não havendo qualquer inconstitucionalidade ou irregularidade que venha a compor a parte passiva da relação processual após a constituição do título executivo. A lei processual não só permite, como também dispõe sobre a possibilidade de se processar a sua responsabilidade na fase executiva (arts. 592 e 596 do Código de Processo Civil). Regulada a hipótese fática na lei material, a lei processual apenas regulamenta o seu ingresso no feito.

Deverá o sócio ou administrador responsável ser citado para a ação executiva, sendo-lhe facultados a indicação de bens para a penhora para garantia do juízo e o conseqüente oferecimento de embargos à execução ou à penhora.

Observe-se que o fato de se dizer que o gestor da pessoa jurídica não tem a condição de parte principal no processo de conhecimento não contradiz a posição aqui adotada de que, no processo de execução guardará tal qualidade. Isso porque no processo de execução responde na qualidade de responsável secundário, nos termos dos arts. 592 e 596 do Código de Processo Civil.

Há divergência na doutrina e jurisprudência acerca da posição do sócio ou administrador no processo executivo,[56] o que leva à aplicação do princípio da fungibilidade quando do cabimento dos embargos de execução ou terceiro, devendo o julgador receber qualquer das peças de defesa. Tal situação essa que deverá ser mantida até que os tribunais pacifiquem o entendimento quanto à posição adotada. Entender-se o contrário é causar enormes prejuízos ao responsável, que possui posições jurisprudenciais e doutrinárias respeitáveis militando a seu favor.[57]

Por fim, poderá o credor valer-se do procedimento cautelar para assegurar a efetividade do processo principal nas hipóteses em que, receoso de que a prestação jurisdicional não se tornará efetiva, pretender a garantia da mesma através desse instrumento. Importa frisar que a questão quanto à possibilidade ou não de desconsideração da pessoa jurídica é matéria para se resolver no processo principal, e não na ação cautelar, de modo que as partes deverão cuidar para não fugir da finalidade da medida preventiva porventura interposta. Portanto, aqui sim, a pessoa apontada como responsável secundária será parte no processo cautelar, pois é contra ela que se fará, por exemplo, a apreensão determinada em um arresto. O processo aqui servirá, tão-somente, para garantir a efetividade da decisão no processo principal.

De toda forma, necessário que o julgador, utilizando-se dos instrumentos e das técnicas que o Código Civil de 2002 lhe deu, aplique-os de modo prudente e limi-

---

[56]Ver Capítulo 3.
[57]*V.g.*, THEODORO JR., Humberto. *Curso de direito processual civil*. 29. ed. Rio de Janeiro: Forense, 2000. p. 97-98.

te subjetivamente quem irá responder pelas obrigações sociais em hipótese de desconsideração da personalidade jurídica, sem nunca lhe negar o direito de defesa e preferência que a lei processual lhe garante.

Não é demasiado dizer que as pessoas formais, ou seja, aquelas massas patrimoniais, não poderão sofrer desconsideração da personalidade, simplesmente por não a possuírem. Não é incomum na prática trabalhista deparar-se com *desconsideração da personalidade jurídica de condomínio*. A decisão é absolutamente equivocada, pelo simples fato de não ter o condomínio personalidade jurídica e, dessa forma, a decisão torna-se fisicamente impossível de ser cumprida. O síndico é simples administrador que possui responsabilidades determinadas pela legislação ordinária, mas o fundamento para atingi-lo em decorrência de má administração não pode, jamais, ser a aplicação do instituto do *disregard*. Nesse mesmo diapasão é o entendimento que se deve adotar nas hipóteses de massa falida, espólio, enfim, todas as massas patrimoniais a que já nos referimos no Capítulo 2, item 2.2.5, desta obra.

Por fim, queremos nos referir a uma questão muito comum na prática trabalhista relativa às decisões que são proferidas condenando-se empresas subsidiariamente com fundamento no Enunciado 331 do Código do Tribunal Superior do Trabalho. É sabido que, se estivermos diante de condenações solidárias, o credor poderá voltar-se contra qualquer dos credores em razão do tipo mesmo da obrigação e sua regulamentação.

Ocorre que, com o crescimento das empresas terceirizadas, o Tribunal Superior do Trabalho firmou entendimento de que tais empresas responderiam subsidiariamente pelas obrigações tratadas pela empresa prestadora de serviços. Nas execuções, quando condenada e não localizada a empresa principal, a tese dessa empresa é de que o credor deva valer-se da desconsideração da pessoa jurídica e antes de executá-la diretamente.

Entendemos que tal artifício serve tão-somente para atrasar as execuções, mesmo porque não goza de qualquer respaldo jurídico ou legal. Dissemos que a desconsideração é uma medida excepcional. O fato de optar o autor, em caso de não-localização do devedor principal, voltar-se contra o subsidiário é perfeitamente condizente com o sistema jurídico vigente. Isso porque a não-localização de bens ou do próprio devedor não quer dizer, por si só, que seja óbvia a decisão pela desconsideração da personalidade da pessoa jurídica; por outro lado, a decisão obtida é contra a pessoa jurídica, não estando o credor sujeito a ter de se voltar, necessariamente, contra o responsável secundário quando tem título contra o responsável principal.

Portanto, entendemos que, em situações de condenação subsidiária de pessoas jurídicas, o credor deverá voltar em execução, primeiramente contra o responsável principal; frustrada essa via, contra o responsável subsidiário, e, somente na impossibilidade de se executar os devedores, é que a execução deve passar aos responsáveis, critério esse condizente com a sistemática processual vigente já estudada no decorrer deste trabalho.

As tentativas de aplicar o instituto da desconsideração em situações avessas parece-nos absolutamente inócuas e divorciadas da melhor técnica jurídica, *data maxima venia* as opiniões em contrário.

4.3.6 Considerações sobre as novas reformas legislativas

O processo civil sofreu reformas profundas em 2005, 2006 e 2007. Todas as alterações, pode-se assim dizer, foram profundas, mas a relativa à execução foi drástica a ponto de transformar a ação de execução por título judicial em fase do processo de conhecimento.

Podemos assim sintetizar tais reformas:

1) Lei nº 11.187 de 19/10/2005 – cuidou de reduzir o âmbito de alcance do agravo e instrumento, reservando o cabimento apenas a situações de grave lesão à parte ou dano de difícil reparação, nas hipóteses de não admissão da apelação, e nos casos em que em razão do efeito com que a apelação é recebida a parte necessitar discutir questões relativas à decisão, impondo como regra o agravo retido para atacar decisões interlocutórias.

2) Lei nº 11.232 de 22/12/2005 – intencionou fazer do antigo processo executivo uma fase do processo de conhecimento. Desta forma, não caberia mais falar em processo de execução de títulos judiciais, mas sim em fase executiva. No processo do trabalho, o fato de ser a execução uma fase do processo de conhecimento não apresenta uma novidade, pois a execução, antes da reforma do CPC havida por esta lei, era mais simplificada, não obstante, haja o apego à necessidade do moroso procedimento citatório. Todavia, muito da nova regulamentação deverá ser aproveitado no processo de execução trabalhista, que não goza de um sistema suficiente de regras que informem a tutela executiva.

3) Lei nº 11.276 de 07/02/2006 – altera a forma de interposição de recursos, dita normas sobre o saneamento de nulidades processuais e ao recebimento de recurso de apelação. Tem muitas disposições que são compatíveis com o processo do trabalho, sendo cabível a aplicação subsidiária.

4) Lei nº 11.277 de 07/02/2006 – trata da possibilidade de o juiz proferir desde logo sentença em situações jurídicas que já houver entendimento fixado quanto

à improcedência da questão e, desde que, a matéria posta em juízo, seja de direito.⁵⁸

5) Lei nº 11.382 de 06/12/2006 – altera a forma de realização de alguns atos processuais relativos a intimações, oitivas de testemunhas, atribuições do oficial de Justiça, mas a principal e mais profunda alteração refere-se ao processo executório, principalmente no que diz respeito a penhora e execução por título extrajudicial e embargos à execução. Esta reforma, ainda, serve para terminar com a discussão a respeito da legitimação do ato judicial de se proceder o bloqueio de contas bancárias e aplicações financeiras por meio eletrônico, o que, no âmbito dos Tribunais Trabalhistas se dá pelo conhecido Bacen-Jud (art. 655-A).

6) Lei nº 11.418 de 19/12/2006 – regula o cabimento do recurso extraordinário, naquilo que diz respeito à repercussão geral da questão nele suscitada, nos termos do art. 102, 3º da CF. O legislador, considera repercussão geral a *existência, ou não, de questões relevantes do ponto de vista econômico, político, social ou jurídico, que ultrapassem os interesses subjetivos da causa*, regulando, inclusive o procedimento a ser adotado no STF nos recursos que forem interpostos.

7) Lei nº 11.419 de 19/12/2006 – traz regra absolutamente inovadora, regulando o processo eletrônico e legalizando os atos praticados por meios eletrônicos, acabando com quaisquer dúvidas que ainda se pudesse ter sobre os procedimentos realizados por via eletrônica.

8) Lei nº 11.448 de 15/01/2007 – altera a legitimidade para as ações coletivas, dispondo que a Defensoria Pública também poderá ser legitimado ativo para a ação civil pública.

As alterações legislativas que se vêm procedendo servem para abreviar o tempo do processo e se cumprir de forma efetiva a prestação jurisdicional. Daí a execução ser extremamente onerosa ao devedor, através da imposição proposta pelo legislador de normas que oneram de forma significativa o montante final da dívida, caso não haja o cumprimento espontâneo da decisão judicial. Visam, ainda, impedir que, mesmo iniciado tal processo, venha o devedor se valer de meios procrastinatórios para retardar o andamento do processo, sem excluir as multas e indenização resultantes de eventual litigância de má-fé. Tanto assim, por exemplo, a nova redação do art. 600 do Código de Processo Civil que dispõe:

---

⁵⁸Sobre o tema, ver NAHAS, Thereza. *Processo do Trabalho*: processo de conhecimento e tutela de urgência. Rio de Janeiro: Elsevier, 2007.

> Art. 600. Considera-se atentatório à dignidade da Justiça o ato do executado que:
>
> ....
>
> IV - intimado, não indica ao juiz, em 5 (cinco) dias, quais são e onde se encontram os bens sujeitos à penhora e seus respectivos valores.

Cumpre dizer que, para nós, todas as disposições do processo comum são aplicáveis ao processo trabalhista naquilo que couber ou que não for com ele incompatível, o que, aliás, é permitido pela Consolidação das Leis do Trabalho no art. 769. Portanto, nenhuma novidade está a se dizer. Sustentar que as novas regras são inaplicáveis por serem simplesmente incompatíveis constitui um argumento falacioso a fim de se procurar impedir que se dê maior efetividade ao processo do trabalho que, das poucas regras que possui de natureza processual, merecem ter suas lacunas preenchidas pelo processo comum o qual vem se modernizando dia a dia, ante o atraso da reforma trabalhista. O objetivo Constitucional da solução do processo num espaço de tempo razoável é um mandamento que se aplica a todo tipo processual; é uma ordem ao Estado para que cumpra sua função de não só dizer o direito, mas de realizá-lo.

Concernente à responsabilidade secundária do sócio ou administrador das pessoas jurídicas, não se logrou fazer qualquer alteração, mantendo o legislador a sua intenção de, dentro dos limites legais, responsabilizar o patrimônio pessoal dos sócios e/ou administradores pelo descumprimento de obrigações da pessoa jurídica nos casos e contornos definidos pela lei substancial.

Cumpre-nos, algumas questões que, parece-nos, podem surgir em decorrência das novas leis, observando-se que, temos certeza que muitas outras surgirão além daquelas que aqui, por ora, se imagina. A primeira seria quanto ao recurso de agravo.

Em geral, as decisões que determinam as inclusões e execuções de sócios e/ou administradores se dão no curso do processo trabalhista, e a parte inconformada lança mão dos embargos à execução, embargos à penhora, embargos de terceiro ou, mandado de segurança. Tudo depende do momento processual que o feito se encontra e do posicionamento adotado por aquele que tem seu patrimônio apreendido ou ameaçado de constrição judicial. Quanto à questão dos embargos, já nos manifestamos acerca do nosso posicionamento e, reprisamos: as novas regras vão atingir o *novo* devedor, respeitado, **sempre**, o seu direito de ser intimado ou citado com antecedência do ato de constrição, salvo, obviamente, nos casos em que a medida é determinada de forma cautelar *inaudita altera pars*.

O fato é que, tais decisões, por serem, em geral, interlocutórias, trazem o questionamento acerca de que medida seria cabível contra tais determinações. A Consolidação das Leis do Trabalho já contém norma pelo não cabimento de agravo de instrumento contra decisões interlocutórias. Todavia, parece-nos que, não obstante a letra da lei, o C. TST estaria abrindo, por via transversa, a possibilidade de se "recorrer" destas decisões pela propositura do mandado de segurança em situações de concessão ou rejeição de pedido de tutela antecipada ou interposição da ação cautelar. Assim reza a Súmula nº 414:

> 414 – Mandado de segurança. Antecipação de tutela (ou liminar) concedida antes ou na sentença. (Conversão das Orientações Jurisprudenciais n°s 50, 51, 58, 86 e 139 da SDI-II - Res. 137/2005, DJ 22.08.2005)
>
> I – A antecipação da tutela concedida na sentença não comporta impugnação pela via do mandado de segurança, por ser impugnável mediante recurso ordinário. A ação cautelar é o meio próprio para se obter efeito suspensivo a recurso. (ex-OJ nº 51 – inserida em 20.09.2000)
>
> II – No caso da tutela antecipada (ou liminar) ser concedida antes da sentença, cabe a impetração do mandado de segurança, em face da inexistência de recurso próprio. (ex-OJs n°s 50 e 58 – ambas inseridas em 20.09.2000)
>
> III – A superveniência da sentença, nos autos originários, faz perder o objeto do mandado de segurança que impugnava a concessão da tutela antecipada (ou liminar). (ex-OJ nº 86 - inserida em 13.03.2002 e nº 139 - DJ 04.05.2004).

Data maxima venia a posição firmado pelo C. TST, não podemos dela partilhar, pois tal entendimento faz com que a cautelar e o mandado de segurança passem a ter função recursal, tornando-se demasiadamente perigosa a situação, pois abre caminho para que outras questões sejam discutidas por estas vias. É evidente que se houver violação a direito líquido e certo, ou se tornar necessária a interposição de ação que resguarde o processo principal, seria cabível o mandado de segurança ou cautelar, respectivamente, sendo desnecessário que o Tribunal sumulasse da forma como o fez.

Desta forma, entendemos que não é possível o cabimento, nem do agravo, por expressa vedação legal e, tampouco, do mandado de segurança, salvo se houver a violação a direito líquido, certo e exigível.

Outra dúvida que poderá surgir diz respeito à citação para a execução. Lembremos que a formação de autos no processo de execução já não era praxe na Justiça do Trabalho, mas duas correntes formaram-se sobre a natureza da execução trabalhista: (a) a execução trabalhista é processo autônomo; (b) a execução trabalhista é fase do processo de conhecimento. De toda forma, o legislador trabalhista manteve o ato de citação como obrigatório para o início do procedimento. Entendemos, todavia, que é possível a aplicação da nova regra do Código de Processo Civil sem que isso ofenda a letra da lei trabalhista, pois o que se busca é a rapidez processual com o mínimo de gasto. Se a parte está representada e o processo executório é fase do de conhecimento, não se justifica a existência de citação no sentido de formação de nova relação processual, pois a relação jurídica já está formada. Isso não pode ocorrer, caso estejamos falando da inclusão do sócios ou administrador no pólo passivo da execução, pois, aqui sim, a relação jurídica é nova e há a necessidade de se formalizar o ato. Além do quê, torna-se fisicamente impossível fazer a intimação na pessoa de advogado que sequer está constituído nos autos.

Quanto à questão da multa que se somará ao valor da execução em razão de não ter o devedor pago o débito da condenação em 15 dias (art. 475-J do CPC), entendemos ser absolutamente viável sua aplicação ao processo do trabalho. A um, por não ser com ele incompatível; a dois, porque o art. 832, § 1º, da CLT prevê que o juiz, quando proferir a sentença, já deve mencionar o prazo e as condições para seu cumprimento, ou seja, já estabeleceu que as sentenças devem ser cumpridas – *cumprimento da sentença*; a três porque condenado a uma prestação, cumpre ao devedor pagá-la e não eternizar sua discussão através de expedientes procrastinatórios. Busca-se a efetividade do processo. Assim, o devedor condenado e cientificado do valor deverá pagar o seu débito em 15 dias e, caso não o faça, terá este valor acrescido de 10%. O intuito aqui é que a decisão seja cumprida. Interessa-nos, agora, saber se o responsável secundário, em caso de desconsideração da pessoa jurídica, sofreria a mesma multa.

Primeiro, deve ser observado que o administrador ou sócio, em casos que tais, ingressam no processo na qualidade de responsável secundário e não principal. Portanto, havendo a quebra do princípio da autonomia patrimonial, tornam-se responsáveis solidários da pessoa jurídica e, desta forma, devem responder por todos os atos que ela praticou e pelas conseqüências que este ato, ou omissão, gerou. Reservam-se ao direito de ver devolvido o valor eventualmente desembolsado e de indicarem bens do devedor principal, conforme já se disse. Guardam a posição de parte na execução, principalmente, para verem assegurados de forma ampla o seu direito de defesa.

Corolariamente, outra não pode ser a solução que não entender-se que respondem por tudo, pois o patrimônio daquelas pessoas físicas devem responder pelas ações e/ou omissões da pessoa jurídica que administraram, tenha ele sido praticado dentro ou fora de um processo em curso. O que não poderá ocorrer é a decretação, após a sua citação, de uma nova multa por não ter pago no prazo de 15 dias o valor cobrado.

Quanto à possibilidade de o juiz se valer de informações eletrônicas de agências bancárias, é prática comum na Justiça do Trabalho, cujas questões de inconstitucionalidade outrora argüidas, já foram superadas por inúmeras decisões do Tribunal Superior do Trabalho. Tais posicionamentos jurisprudenciais ganham, a partir daqui, respaldo maior pela regra do art. 655-A. O procedimento que se instituiu foi de se determinar o bloqueio do numerário suficiente ao pagamento ou garantia do crédito e, após o recebimento da confirmação da ordem, convertia-se o *arresto execução* em penhora. A grande novidade da última reforma do processo executivo é que há a possibilidade de se proceder diretamente a penhora do bem através de meios eletrônicos, o que permite que se economize no tempo de se ordenar conversão de bloqueio em penhora para, só depois, dar continuidade à execução. Tal norma é extensiva às averbações de penhoras sobre bens móveis e imóveis, dispensando-se a burocrática expedição de ofícios. Assim reza o art. 659 § 6º:

> *Obedecidas as normas de segurança que forem instituídas, sob critérios uniformes, pelos Tribunais, a penhora de numerário e as averbações de penhoras de bens imóveis e móveis podem ser realizadas por meios eletrônicos*

A parte credora deverá ficar atenta nas execuções promovidas contra sócio e/ou administrador nas hipóteses que a penhora venha a recair sobre imóveis, pois é necessário perscrutar sobre seu estado civil a fim de se dar conhecimento ao cônjuge, e providenciar a averbação no ofício de imóveis para se dar conhecimento a terceiros, sem o que o ato realizado pode ser comprometido e em nada beneficiar o pagamento do crédito reclamado (arts. 10 e 659, § 4º do CPC).

Outra questão de grande relevância diz respeito à defesa do responsável secundário, que ingressa no processo, conforme já dissemos, na qualidade de parte na execução.

Devemos considerar que seu ingresso no processo se dá, em geral, na fase executiva e, daí a importância de todas as questões que se colocam. Considerando, portanto, o momento processual que ingressa na relação jurídica já formada, devemos reconhecer que, no mínimo está numa posição *sui generis*, pois, não se trata de execução de título extrajudicial, mas sim de um título judicial formado numa relação que não participou. Desta forma, devemos entender que a matéria que pode argüir nos embargos é aquela prevista no art. 745 do CPC, ou seja, destinada à defesa dos títulos extrajudiciais, pois, se assim não fosse, estaríamos restringindo-lhe o direito de defesa e, na posição de responsável solidário e secundário, não nos parece jurídico que tenha este direito diminuído.

Seguindo esta linha de raciocínio, é certo dizer, ainda, que fica sujeito ao regramento relativo a este meio processual, ou seja, as normas do art. 739-A. Assim transcrevemos:

> Art. 739-A. Os embargos do executado não terão efeito suspensivo.
>
> § 1º O juiz poderá, a requerimento do embargante, atribuir efeito suspensivo aos embargos quando, sendo relevantes seus fundamentos, o prosseguimento da execução manifestamente possa causar ao executado grave dano de difícil ou incerta reparação, e desde que a execução já esteja garantida por penhora, depósito ou caução suficientes.
>
> § 2º A decisão relativa aos efeitos dos embargos poderá, a requerimento da parte, ser modificada ou revogada a qualquer tempo, em decisão fundamentada, cessando as circunstâncias que a motivaram.
>
> § 3º Quando o efeito suspensivo atribuído aos embargos disser respeito apenas à parte do objeto da execução, essa prosseguirá quanto à parte restante.
>
> § 4º A concessão de efeito suspensivo aos embargos oferecidos por um dos executados não suspenderá a execução contra os que não embargaram, quando o respectivo fundamento disser respeito exclusivamente ao embargante.
>
> § 5º Quando o excesso de execução for fundamento dos embargos, o embargante deverá declarar na petição inicial o valor que entende correto, apresentando memória do cálculo, sob pena de rejeição liminar dos embargos ou de não conhecimento desse fundamento.
>
> § 6º A concessão de efeito suspensivo não impedirá a efetivação dos atos de penhora e de avaliação dos bens.

Portanto, queremos com isso dizer que, com a interposição de embargos, não será viável a suspensão da execução, como ocorria no regime anterior à Lei nº 11.382/2006. Sabendo-se que a lei processual aplica-se imediatamente no processo em curso, respeitando os atos passados já realizados sob a égide da lei antiga e atingido imediatamente os atos que se realizarão a partir da sua vigência, não se pode ignorar que, do ingresso desta lei no mundo jurídico, as execuções que estão suspensas em virtude da interposição de embargos à execução poderão retomar seu andamento, salvo se, por qualquer das razões anteriores, entender o juiz, conceder o efeito suspensivo a execução.

Importa ressaltar que não será crível falar em fraude à execução nas situações jurídicas anteriores ao ingresso do responsável secundário na relação jurídica processual, pois, antes disso, não era parte no processo e em face dele nada era pedido. Desta forma, tem livre disposição de seu patrimônio e de sua vida.[59]

Somente a partir do seu ingresso nos autos é que se poderá cogitar de eventuais situações de fraude à execução. Isso não impede, todavia, que o credor queira se valer de ação pauliana no juízo próprio ou opte por provar a alegação de fraude à lei. Este mesmo fundamento, ou seja, fraude à lei, poderá servir, ainda, de fundamento a eventual resposta que terá o ônus de apresentar nas situações em que o sócio e/ou administrador (responsável secundário) se defendem, quando ingressam no feito na qualidade de parte em razão de decisão de desconsideração da pessoa jurídica ou atribuição de responsabilidade direta. Não olvidemos que, quando citado, o responsável terá direito a defesa, que deverá ser feita por intermédio dos embargos a execução,[60] e, desta resistência, o credor, que passa à condição de réu-embargado, tem o direito de, também, resistir, sendo-lhe garantidos todos os meios de defesa previstos na lei. Se, no curso do processo, surgir a discussão com relação à fraude a credores, é importante que o intérprete tenha em mente que a mesma terá natureza incidental, pois não é da competência do Juiz do Trabalho julgar tal matéria, uma vez que este tema é estranho à relação de trabalho.

Ainda que o fundamento da defesa do embargado seja a fraude à lei, a competência para decidir de forma definitiva sobre o tema não é do Juiz do Trabalho, ou seja, terá competência para dizer se houve ou não violação à lei trabalhista e por isso é legítima a decretação de desconsideração da pessoa jurídica, sem que essa decisão faça coisa julgada, operando-se no âmbito da relação discutida. Queremos com isso dizer que a apreciação da matéria é sempre incidental, não importando o fundamento em que se alicerça.

É preciso ter consciência de que estas poucas questões que colocamos são apenas alguns dos questionamentos que resultam das diversas reformas. A prática

---

[59]Se o requerente tiver indícios de que o responsável está agindo em fraude a credores, deverá discutir tal situação em ação pauliana e não no juízo trabalhista que não tem competência para tanto. Ficam-lhe resguardadas as medidas de conservação do patrimônio do responsável, mas entendemos que tudo deve ser discutido no juízo civil e não no trabalhista que não tem competência para tanto, salvo se aqui pretender, por exemplo, o arresto de bens com fundamento no perigo da demora, mas são situações extraordinárias que necessitam da aparência da extrema urgência e necessidade.
[60]Não olvidemos que, para aqueles que entendem que o responsável ingressa na relação processual, na qualidade de terceiro, a defesa que terá são os embargos de terceiro, podendo o embargante fundamentar a sua contestação na fraude à lei ou a credores.

jurídica vai permitir o surgimento de muitas mais, devendo o intérprete ter bom senso na aplicação das novas leis às situações com que se deparar no dia-a-dia.

A esta altura, cumpre-nos algumas observações sobre duas outras novas leis que, certamente, serão discutidas no curso dos processos trabalhistas.

Houve importante regulamentação trazida pala Lei Complementar nº 123 de 14/12/2006, relativa às microempresas e empresas de pequeno porte, assim entendida a sociedade empresária simples ou o empresário, assim entendidos aqueles que (art.3º):

> I – no caso das microempresas, o empresário, a pessoa jurídica, ou a ela equiparada, aufira, em cada ano-calendário, receita bruta igual ou inferior a R$ 240.000,00 (duzentos e quarenta mil reais);
> II – no caso das empresas de pequeno porte, o empresário, a pessoa jurídica, ou a ela equiparada, aufira, em cada ano-calendário, receita bruta superior a R$ 240.000,00 (duzentos e quarenta mil reais) e igual ou inferior a R$ 2.400.000,00 (dois milhões e quatrocentos mil reais).
> Art. 68. Considera-se pequeno empresário, para efeito de aplicação do disposto nos arts. 970 e 1.179 da Lei nº 10.406, de 10 de janeiro de 2002, o empresário individual caracterizado como microempresa na forma desta Lei Complementar que aufira receita bruta anual de até R$ 36.000,00 (trinta e seis mil reais).

A regulamentação serve, principalmente, para dar a estas pessoas benefícios de natureza fiscal, previdenciária e trabalhista, incentivando e viabilizando, assim, o exercício destas pessoas no mercado cujo número é significativo.

Entendemos que para fazer jus a tais benefícios a pessoa constituída naquela condição deve ser regular (art. 4º), ou seja, a sociedade em comum não poderia reclamar tais benefícios, mesmo porque estão submetidos à gestão de um Comitê Gestor de Tributação das Microempresas e Empresas de Pequeno Porte e a um Fórum Permanente das Microempresas e Empresas de Pequeno Porte. A nova lei objetiva, claramente, impedir a irregularidade, através da concessão de vantagens que não são destinadas às empresas de médio e grande porte. Quer-se assim garantir o exercício da profissão sem os ônus atribuídos aos empresários maiores, daí a previsão dos valores que vão caracterizar tais empresas e a exclusão do regime das seguintes situações (art. 3º, § 5º):

> I – de cujo capital participe outra pessoa jurídica;
> II – que seja filial, sucursal, agência ou representação, no País, de pessoa jurídica com sede no exterior;

III – de cujo capital participe pessoa física que seja inscrita como empresário ou seja sócia de outra empresa que receba tratamento jurídico diferenciado nos termos desta Lei Complementar, desde que a receita bruta global ultrapasse o limite de que trata o inciso II do caput deste artigo;
IV – cujo titular ou sócio participe com mais de 10% (dez por cento) do capital de outra empresa não beneficiada por esta Lei Complementar, desde que a receita bruta global ultrapasse o limite de que trata o inciso II do caput deste artigo;
V – cujo sócio ou titular seja administrador ou equiparado de outra pessoa jurídica com fins lucrativos, desde que a receita bruta global ultrapasse o limite de que trata o inciso II do caput deste artigo;
VI – constituída sob a forma de cooperativas, salvo as de consumo;
VII – que participe do capital de outra pessoa jurídica;
VIII – que exerça atividade de banco comercial, de investimentos e de desenvolvimento, de caixa econômica, de sociedade de crédito, financiamento e investimento ou de crédito imobiliário, de corretora ou de distribuidora de títulos, valores mobiliários e câmbio, de empresa de arrendamento mercantil, de seguros privados e de capitalização ou de previdência complementar;
IX – resultante ou remanescente de cisão ou qualquer outra forma de desmembramento de pessoa jurídica que tenha ocorrido em um dos 5 (cinco) anos-calendário anteriores;
X – constituída sob a forma de sociedade por ações.

A proteção e os benefícios legais são destinados aos "pequenos", permitindo que possam competir no mercado e assegurando o princípio constitucional da Livre Concorrência.

A abertura, o encerramento e a documentação de empresas devem ser feitos de forma simplificada; inclusive, as contribuições sociais e fiscais são recolhidas num único documento, denominado Simples Nacional (art.13), isentando-se o imposto de renda, na fonte e na declaração de ajuste do beneficiário, os valores efetivamente pagos ou distribuídos ao titular ou sócio da microempresa ou empresa de pequeno porte optante pelo Simples Nacional, salvo os que corresponderem a pró-labore, aluguéis ou serviços prestados (art. 14). Observe-se, no entanto, que há exceções ao simples, que vêm dispostas no art. 17. Essas empresas também estão dispensadas de algumas obrigações trabalhistas, sem, contudo, estarem dispensadas de cumprir obrigações típicas do contrato de trabalho e impostas por leis imperativas, como é o caso da anotação em CTPS e manutenção do meio ambiente do trabalho salubre e adequado (art. 50 e seguintes).

Grande inovação processual e que põe fim às discussões que se travavam sobre o tema é a possibilidade de poderem ser parte ativa nos processos que tramitam pelos Juizados Especiais, desde que não sejam cessionárias de direito de pessoas jurídicas. A presença dessas pessoas como parte ativa nos Juizados Federais já vinha assegurada na Lei nº 10.259/2001, de modo que a nova regulamentação nada mais faz que corroborar aquela regra, com a mesma exceção no que toca aos cessionários (art. 74).

No que concerne a responsabilidade dos titulares, sócios e administradores, a lei estabelece que serão responsáveis solidários pelos tributos e contribuições do período em que houverem participado da empresa, tanto do período relativo ao fato gerador como dos posteriores (art. 78). Isso quer dizer que há presunção *iure et iure* de que devem arcar com tais obrigações, tratando-se de responsabilidade objetiva. Isso não quer dizer que não é possível.

Não nos parece que a mesma norma poderá ser aplicada ao direito do trabalho, pois, não obstante esta lei tenha alterado alguns dispositivos da CLT, refere-se tão-somente ao fato de viabilizar e desburocratizar a atividade do empresário individual, pequeno empresário ou empresa de pequeno porte. A norma que trata da extensão da responsabilidade solidária entre aqueles que fazem parte da empresa na qualidade de sócios, titulares ou administradores é específica para débitos tributários, taxas ou multas, conforme mencionado no *caput* do art. 73, repetindo o legislador, no parágrafo 3º, as hipóteses referidas no artigo; e o parágrafo 4º dispõe que *são solidariamente responsáveis pelos tributos ou contribuições que não tenham sido pagos ou recolhidos, inclusive multa de mora ou de ofício, conforme o caso, e juros de mora*. Tal responsabilidade se estende tanto para o período em que ocuparam suas posições nos contratos sociais como para os posteriores, mesmo que, apenas após o encerramento da empresa, caso ele ocorra, seja apurado o respectivo débito por processo judicial ou administrativo.

Assim, parece-nos que o legislador não quis tratar de nenhuma outra situação, mas tão-somente tutelou o crédito fiscal e contribuições sociais. Não nos parece que mereça ser criticado por isso. O que precisamos é de uma reforma trabalhista séria e não de remendos, como vêm sendo realizadas as alterações na legislação trabalhista.

Não se olvide, no entanto, de que, é da Justiça do Trabalho a competência para as ações relativas às penalidades administrativas impostas aos empregadores pelos órgãos de fiscalização das relações de trabalho; e a execução, de ofício, das contribuições sociais previstas no art. 195, I, *a*, e II, e seus acréscimos legais, decorrentes das sentenças que proferir (art. 114, VII e VIII, da CF). Portanto, tratando de cobrança desta natureza em curso pela Justiça do Trabalho, deverá o juiz do trabalho aplicar a Lei Complementar nº 123/2006.

As simplificações, no que diz respeito às relações de trabalho, vieram especificadas no Capítulo VI, sob tal título, o que pedimos vênia para transcrever:

> Da Segurança e da Medicina do Trabalho
> Art. 50. As microempresas serão estimuladas pelo poder público e pelos Serviços Sociais Autônomos a formar consórcios para acesso a serviços especializados em segurança e medicina do trabalho.
> Seção II
> Das Obrigações Trabalhistas
> Art. 51. As microempresas e as empresas de pequeno porte são dispensadas:
> I – da afixação de Quadro de Trabalho em suas dependências;
> II – da anotação das férias dos empregados nos respectivos livros ou fichas de registro;
> III – de empregar e matricular seus aprendizes nos cursos dos Serviços Nacionais de Aprendizagem;
> IV – da posse do livro intitulado "Inspeção do Trabalho"; e
> V – de comunicar ao Ministério do Trabalho e Emprego a concessão de férias coletivas.
> Art. 52. O disposto no art. 51 desta Lei Complementar não dispensa as microempresas e as empresas de pequeno porte dos seguintes procedimentos:
> I – anotações na Carteira de Trabalho e Previdência Social – CTPS;
> II – arquivamento dos documentos comprobatórios de cumprimento das obrigações trabalhistas e previdenciárias, enquanto não prescreverem essas obrigações;
> III – apresentação da Guia de Recolhimento do Fundo de Garantia do Tempo de Serviço e Informações à Previdência Social – GFIP;
> IV – apresentação das Relações Anuais de Empregados e da Relação Anual de Informações Sociais – RAIS e do Cadastro Geral de Empregados e Desempregados – CAGED.
> Parágrafo único. (VETADO).
> Art. 53. Além do disposto nos arts. 51 e 52 desta Lei Complementar, no que se refere às obrigações previdenciárias e trabalhistas, ao empresário com receita bruta anual no ano-calendário anterior de até R$ 36.000,00 (trinta e seis mil reais) é concedido, ainda, o seguinte tratamento especial, até o dia 31 de dezembro do segundo ano subseqüente ao de sua formalização:
> I - faculdade de o empresário ou os sócios da sociedade empresária contribuir para a Seguridade Social, em substituição à contribuição de que trata o caput do art. 21 da Lei nº 8.212, de 24 de julho de 1991, na forma do § 2º do mesmo artigo, na redação dada por esta Lei Complementar;

II - dispensa do pagamento das contribuições sindicais de que trata a Seção I do Capítulo III do Título V da Consolidação das Leis do Trabalho – CLT, aprovada pelo Decreto-Lei nº 5.452, de 1º de maio de 1943;
III - dispensa do pagamento das contribuições de interesse das entidades privadas de serviço social e de formação profissional vinculadas ao sistema sindical, de que trata o art. 240 da Constituição Federal, denominadas terceiros, e da contribuição social do salário-educação prevista na Lei nº 9.424, de 24 de dezembro de 1996;
IV - dispensa do pagamento das contribuições sociais instituídas pelos arts. 1º e 2º da Lei Complementar no 110, de 29 de junho de 2001.
Parágrafo único. Os benefícios referidos neste artigo somente poderão ser usufruídos por até 3 (três) anos-calendário.
Seção III
Do Acesso à Justiça do Trabalho
Art. 54. É facultado ao empregador de microempresa ou de empresa de pequeno porte fazer-se substituir ou representar perante a Justiça do Trabalho por terceiros que conheçam dos fatos, ainda que não possuam vínculo trabalhista ou societário.

O art. 84 da lei acrescentou o § 3º, ao art. 58, que passa a ter a seguinte redação:

Poderão ser fixados, para as microempresas e empresas de pequeno porte, por meio de acordo ou convenção coletiva, em caso de transporte fornecido pelo empregador, em local de difícil acesso ou não servido por transporte público, o tempo médio despendido pelo empregado, bem como a forma e a natureza da remuneração. (NR)

Não se pode olvidar que a disposição do art. 54, supramencionado, segue em ritmo contrário ao disposto na Súmula nº 377[61] do TST. Não fosse o entendimento sumulado, quiçá o legislador não precisaria se preocupar com tal questão, pois a Consolidação das Leis do Trabalho, parece-nos, não faz tal exigência, pois a redação do art. 843, § 1º, da CLT exige que a empresa seja representada em juízo pelo *gerente, ou qualquer outro preposto que tenha conhecimento do fato, e cujas declarações obrigarão o proponente.* Portanto, a exigência de que o preposto seja empregado da empresa é uma construção jurisprudencial que nos parece contrariar a lei.

---

[61]Súmula nº 377 do TST Preposto. Exigência da condição de empregado. (conversão da Orientação Jurisprudencial nº 99 da SDI-1) - Res. 129/2005 - DJ 20/04/2005. Exceto quanto à reclamação de empregado doméstico, o preposto deve ser necessariamente empregado do reclamado. Inteligência do art. 843, § 1º, da CLT. (ex-OJ nº 99 - Inserida em 30/05/1997)

Seja qual o entendimento adotado pelo intérprete, o certo é que, para microempresas e empresas de pequeno porte, a condição de empregado não mais poderá ser exigida, ante a redação da nova lei, que prevalece sobre aquela construção jurisprudencial

Portanto, considerando as disposições da Lei Complementar, outra não pode ser a conclusão que não a de considerar as alterações mencionadas quando se tratar de empresas de pequeno porte, microempresa ou empresário individual, sem que isso altere tudo o que já se disse acerca da aplicação das normas que tratam sobre desconsideração da pessoa jurídica e responsabilidade direta, quando a questão posta for crédito decorrente da relação de trabalho. Isso quer dizer que, nenhuma novidade foi trazida, no que diz respeito a esta matéria, por aquela nova legislação, salvo as normas acima transcritas, que, na verdade, em nada trarão reflexos nas cobranças e responsabilidades de sócios, titulares e administradores destas pessoas jurídicas.

Por fim, outra lei que recentemente traz alteração na CLT é a relativa à legitimidade para se fazer a cobrança dos créditos sociais e fiscais decorrentes de sentenças de procedência e homologatórias de transação no processo do trabalho. Estamos a falar da Lei nº 11.457/2007, que atribui a legitimidade à União para tais cobranças, retirando tal atribuição, que era do INSS. Necessário se faz a intimação da União todas as vezes que houver fixação de crédito em sentença trabalhista, de qualquer que seja sua natureza.

A União poderá recorrer da decisão, caso com ela não concorde, e, importa salientar que, mesmo que haja trânsito em julgado da decisão, isso não prejudicará a cobrança que poderá ser feita quanto a tais créditos, salvo se, intimada, a União deixar de recorrer ou reclamar seu crédito nos prazos legais; mesmo porque as relações jurídicas não podem admitir a eternidade de discussões, ainda que sejam a favor da pessoa jurídica. Institutos como a prescrição e a decadência são necessários para a manutenção da ordem e da paz sociais.

Tais alterações representam, assim, a possibilidade de a União cobrar das microempresas, empresas de pequeno porte ou empresários individuais pelo incumprimento de contribuições, multas e tributos. Assim, por exemplo, se uma microempresa, nos termos da Lei Complementar, firma um acordo em audiência e estabelece que aquelas parcelas têm natureza indenizatória, a União, intimada, poderá recorrer desta decisão e, logrando a sua reforma, poderá proceder a cobrança da pessoa jurídica e, solidariamente, de seus sócios e administradores, tanto os que faziam parte do quadro social no momento em que o acordo foi firmado como as que, posteriormente, vieram a adquirir suas quotas, o que faz com que, a norma do art. 73 revogue o art. 1.003, parágrafo único, do Código Civil[62] no que diz respeito às pessoas reguladas por aquela Lei Complementar ante a incompatibilidade entre a lei anterior e a lei nova. Parece-nos que não há como fugir desta interpretação ante as novas disposições.

Torna-se, assim, indiferente às discussões sobre desconsideração da pessoa jurídica, frise-se, todo este instituto regulado pelo Código Civil, inclusive para estas pessoas, pois a Lei Complementar nova nada estipula em contrário. Isso porque, podendo o Estado, desde logo, fazer a cobrança da dívida solidária, certamente não vai se submeter ao desgaste de abrir a discussão acerca do enquadramento da conduta do sócio e/ou administrador a uma das hipóteses fáticas previstas para chegar-se à desconsideração.

Todavia, aos créditos trabalhistas reserva-se o regime anterior, já estudado ao longo desta obra.

No mais, cumpre-nos aguardar as próximas reformas que certamente advirão, esperando que alguma delas seja um Código do Trabalho capaz de, como as legislações mais modernas, regular com seriedade as relações de trabalho e sua tutela, sem que seja necessário, a todo tempo, ter que sugar os demais ordenamentos, causando divergências de interpretações e a mais completa insegurança jurídica numa das mais sérias relações jurídicas, umbilicalmente ligada à estabilidade econômica e social de um país.

---

[62]"Art. 1.003. A cessão total ou parcial de quota, sem a correspondente modificação do contrato social com o consentimento dos demais sócios, não terá eficácia quanto a estes e à sociedade.

Parágrafo único. Até dois anos depois de averbada a modificação do contrato, responde o cedente solidariamente com o cessionário, perante a sociedade e terceiros, pelas obrigações que tinha como sócio."

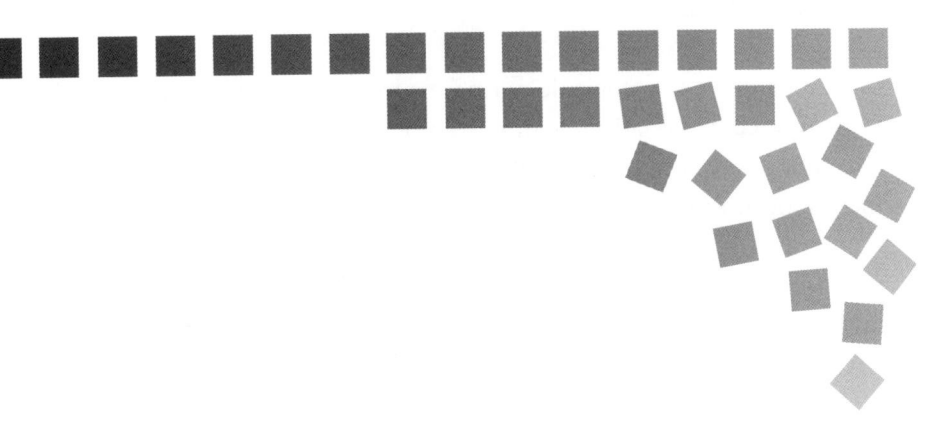

Conclusão

O sistema legal brasileiro permite de forma expressa desconsiderar-se a personalidade da pessoa jurídica. Nosso direito é subordinado ao *civil law* e, nessa qualidade, estamos apegados à legislação escrita sobre os mais diversos temas.

A evolução legislativa e a necessidade de proteger aqueles que negociavam com pessoas morais fez com que diversas legislações surgissem, regulamentando o instituto e delimitando seu âmbito de aplicação.

Entendemos que temos trabalhado com dois sistemas diversos. Um, que estabelece a responsabilidade solidária ou subsidiária entre sócio e/ou administradores. Outro, destinado às hipóteses em que, quebrando o princípio da autonomia patrimonial, o juiz pode invadir, penetrar nas pessoas jurídicas, a fim de atingir o patrimônio de seus sócios ou administradores.

Entendemos que talvez a maior importância de toda essa reforma legislativa tenha vindo no sentido de definir e dar melhores contornos à atuação do juiz, que deverá fundamentar sua decisão e indicar quem serão as pessoas atingidas pelo ato de desafetação. Ao mesmo tempo em que o Estado não pode permitir o desvio de um instituto jurídico, deve coibir também que a solução seja realizada sem o mínimo de critério.

A área trabalhista é árdua e carece de regulamentação específica. O julgador não pode ficar adstrito ao ambiente do direito do trabalho para resolver situações jurídicas e fáticas que não dizem respeito à relação de emprego, mas a ela estão intimamente vinculadas.

É necessário que os operadores do direito do trabalho debrucem-se sobre outras áreas da ciência jurídica, sem o que o crédito trabalhista não poderá ser garantido.

Apontamos a existência de normas na legislação trabalhista que acabam por entrelaçar-se com as relativas ao direito empresarial e civil, mas não resolvem questões tão importantes quanto à satisfação do crédito do empregado. Vivemos um momento social-econômico de grande dificuldade. Os índices de desemprego no Brasil e no mundo são alarmantes. Muitas empresas simplesmente encerram suas atividades sem o mínimo de atenção a formalidades que, mais do que mero exercício de burocracia, constituem a segurança dos credores que com ela negociaram.

O processo, sedento em resolver questões que possam satisfazer a direitos materiais daqueles que batem às portas do judiciário, tem passado por transformações contundentes, concedendo aos juízes poderes e deveres para dar-lhes efetividade. São as chamadas tutelas de emergência e medidas de força para obrigar o pagamento das obrigações assumidas.

A execução sempre foi medida "violenta". O devedor deve honrar a obrigação e o Estado tem por dever garantir que os créditos sejam satisfeitos. Nasce o sistema Bacen, que possibilita que o juiz do trabalho peça o bloqueio das contas correntes e aplicações financeiras de qualquer pessoa dentro do território nacional.

Nesse cenário, a desconsideração da personalidade jurídica do ente moral e a perseguição ao patrimônio de seus administradores ganharam contornos até então nunca vistos. O empresário ou administrador devem ter plena consciência de que qualquer ato praticado com mau uso da pessoa jurídica poderá atingi-lo.

É chegada a hora de toda a sociedade reorganizar-se e perder a certeza da impunidade. Respeitar as instituições e negociar com boa-fé. O Estado fortalece-se juridicamente e se reorganiza dentro da revolução tecnológica que abre esse início de século e que, certamente, fará com que a sociedade fique marcada por esse novo momento.

Não se concebe mais a idéia de empresas que mantêm determinada atividade em detrimento de sua própria organização, aproveitando-se da força de trabalho de empregados que contribuem para sua formação e sucesso e, de repente, vêem-se privados da percepção de seus próprios salários, enquanto seus gestores gozam de excelente qualidade de vida, deixando-lhes somente o ente moral, com as portas fechadas e ignorando a existência dos negócios firmados com aqueles que permitiram o gozo de vida tão digna.

O juiz deve aplicar a lei, respeitando seus limites e enquadrando no ordenamento jurídico a responsabilidade daquele que efetivamente causou o dano ou utilizou inadequadamente a pessoa jurídica. E, se verificar que isso se deu em toda a constituição e desenvolvimento da sociedade, concluindo pela fraude à lei imperativa, responsabilizar todos os seus componentes pelo ato praticado contra a sociedade ou indivíduo lesado. Deve o intérprete, igualmente, não confundir as situações de responsabilização direta e aquelas que dizem com a desconsideração da personalidade da pessoa jurídica, institutos absolutamente distintos e que convivem no sistema jurídico atual.

Entendemos assim que o sistema jurídico é suficiente naquilo que visa proteger. Todavia, cumpre-nos entrelaçar sistemas e aplicar adequadamente cada um dos institutos a fim de proteger o bem maior, que é o direito material, respeitando-se o postulado constitucional do devido processo legal.

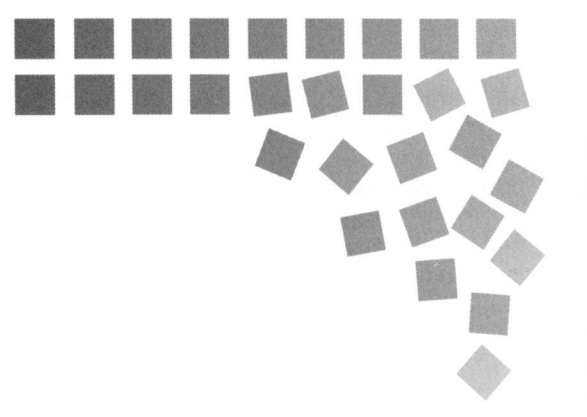

Obras Consultadas

ASSOCIAÇÃO BRASILEIRA DE NORMAS TÉCNICAS (ABNT). NBR 6023. *Informação e documentação – referências – elaboração.* Rio de Janeiro: ABNT, 2002.

SITES

http://es.wikipedia.org/wiki/Levantamiento_del_velo#Jurisprudencia_sobre_el_levantamiento_del_velo_en_Espa.C3.B1a, em 30/10/2006
http://europe.eu.int/eur-lex/lex/es/legis/20060101/chap_05.pdf em 27/10/2006
http://conjur.estadao.com.br/static/text/32886,1, em 03/11/2006.
http://conjur.estadao.com.br/static/text/26286,1, em 06/11/2006
http://www.shearman.com.
http://www.bacen.gov.br.
http://www.cvm.gov.br.
http://www.ihj.org.br/.
http://www.tj.sp.gov.br/.
http://www.tj.rs.gov.br/.
http://www.congde.org.
http://www.stj.gov.br.
http://www.stf.gov.br.
http://www.stn.fazenda.gov.br/instituicao_tesouro/index.asp.
http://www.planalto.gov.br.
http://www1.jus.com.br/.
http://www.zainaghi.adv.br/home/apresentacao.asp.
http://www.pucsp.br/.
http://www2.usp.br/publishing/insite.cgi.
http://www.congde.org.
http://www.senado.gov.br/legisla.htm.
http://www.trt02.gov.br/.
http://www.trt15.gov.br/.
http://www.trt24.gov.br/.
http://www.trt9.gov.br/.

http://www.trt12.gov.br/.
http://www.valoronline.com.br.
http://www.ufsm.br/direito.
http://www.apriori.com.br.
http://civil.udg.es/cordoba/com.
http://www.mppr.com.br.
http:// www.infojus.com.br.
http://www.neofito.com.br.
http://planeta.terra.com.br.
http://www1.jus.com.br.
http://kplus.cosmo.com.br.
http://toni8.tripod.com/monografias.
http://europa.eu.int/comm/justice_home/ejn/bankruptcy/bankruptcy_ gen_pt.htm#top.

ARTIGOS DA INTERNET

AMARAL, Francisco José de Campos. *Desconsideração da pessoa jurídica*. Disponível em: http://www.neofito.com.br. Acesso em: 8 ago. 2002.

CARVALHO, Antonio Gledson. *Lei de falência e acesso ao crédito empresarial*. Disponível em: http://www.econ.fea.usp.br/gledson/down/Lei%20de%20falencias.pdf. Acesso em: jul. 2003.

COSTA, Judith Hofmeister Martins. O direito privado como um "sistema em construção": as cláusulas gerais no Projeto do Código Civil brasileiro. *Jus Navigandi*, Teresina, ano 4, nº 41, mai. 2000. Disponível em: http://www1.jus.com.br/doutrina. Acesso em: 10 mar. 2003.

CRUZ, Maria Lucia Bressane. *Desconsideração da pessoa jurídica*. Disponível em: http://kplus.cosmo.com.br. Acesso em: 8 ago. 2002.

ELIAS, Paulo Sá. *Desconsideração da personalidade jurídica*. Disponível em: http://www.apriori.com.br. Acesso em: 8 ago. 2002.

FERNÁNDEZ, Don Luis Moreno. *Responsabilidad civil de los administradores de sociedades mercantiles*. Disponível em: http://civil.udg.es/cordoba/com/Moreno.htm. Acesso em: 8 ago. 2002.

FERREIRA, Giovanni Comodaro. *Reflexões sobre a teoria da desconsideração da personalidade jurídica*. Disponível em: http://www1.jus.com.br. Acesso em: 8 ago. 2002.

_____. *A desconsideração da personalidade jurídica e os institutos da fraude contra credores e da fraude à execução*. Disponível em: http://www1.jus.com.br. Acesso em: 8 ago. 2002.

FIÚZA, Ricardo. Novo Código Civil: principais alterações na Parte Geral. *Jus Navigandi*, Teresina, ano 5, nº 47, nov. 2000. Disponível em: http://www1.jus.com.br/doutrina/texto. Acesso em: 28 jan. 2003.

FRANCISCO, José Antonio. *Desconsideração da personalidade jurídica*. Disponível em: http://toni8.tripod.com/monografias. Acesso em: 8 ago. 2002.

GLOBEKNER, Osmir Antonio. *Desconsideração da pessoa jurídica como instrumento de combate a fraude e ao abuso de direito*. Disponível em: http://www.ufsm.br/direito. Acesso em: 8 ago. 2002.

_____. *Desconsideração da pessoa jurídica no Código de Defesa do Consumidor*. Disponível em: http://www1.jus.com.br. Acesso em: 8 ago. 2002.

GUIMARÃES, Márcio Souza. Disponível em: http://www.amperj.org.br/port/marcio05body.htm.

LACERDA FILHO, Fernando Homem de. *Teoria da desconsideração da personalidade (pessoa) jurídica (brevíssimas considerações e julgados)*. Disponível em: http://planeta.terra.com.br. Acesso em: 8 ago. 2002.

LIMA, Juarez Duarte. *Despersonalização ou desconsideração da pessoa jurídica*. Disponível em: http://www.trt13.gov.br. Acesso em: 8 ago. 2002.

MARIANO, Alexandre. *Execução de bens dos sócios e desconsideração da personalidade jurídica na Justiça do Trabalho*. Disponível em: http://www.infojus.com.br.area10/alexandre-mariano.htm. Acesso em: 8 ago. 2002.

MATTOS, Francisco José Soller de. *Disregard of legal entity no Código de Defesa do Consumidor*. Disponível em: http://www1.jus.com.br. Acesso em: 8 ago. 2002.

NIGRE, André. *A desconsideração da personalidade jurídica*. Disponível em: http://www.legiscenter.com.br. Acesso em: 8 ago. 2002.

REALE, Miguel. Visão geral do Projeto de Código Civil. *Jus Navigandi*, Teresina, ano 4, nº 40, mar. 2000. Disponível em: http://www1.jus.com. br/doutrina. Acesso em: 26 jan. 2003.

ROGOLIN, Márcia R. V. *Cooperativismo*: uma alternativa para o pequeno produtor. http://gipaf.cnptia.embrapa.br/itens/publ/sober2000/rigolin /Paper0265.PDF. Acesso em: 26 jan. 2003.

SIGNORINI, Terezinha de Jesus de Souza. *Desconsideração da pessoa jurídica em face da falência, seus efeitos em relação ao patrimônio pessoal do sócio e aos credores sujeitos ao regime universal*. Disponível em: www. mppr.com.br/teses/Teses/Tema. Acesso em: 8 ago. 2002.

SZKLAROWSKY, Leon Frejda. Projeto de Lei de Falências: sugestões ao substitutivo. *Jus Navigandi*, Teresina, ano 1, nº 8, mar. 1997. Disponível em: http://www1.jus.com.br/doutrina. Acesso em: 5 ago. 2003.

VALÉRIO, Marco Aurélio Gumieri. Ainda sobre a unificação do direito privado no Brasil. *Jus Navigandi*, Teresina, ano 6, nº 55, mar. 2002. Disponível em: http://www1.jus.com.br. Acesso em: 26 jan. 2003.

REVISTAS E JORNAIS

BOLETIM LEGISLATIVO ADCOAS. Rio de Janeiro, BLA nº 29, ano 30, 20 out. 1996.

_____. BLA nº 40, ano 31, semana de 24 a 28 nov. 1997.

DIREITO DO CONSUMIDOR. São Paulo: Revista dos Tribunais, s.d. Artigo de Rachel Zstajn: "Desconsideração da personalidade jurídica". p. 67-75.

DOUTRINA ADCOAS. Rio de Janeiro, doutrina nº 9, ano 2, set. 1999.

ESTUDOS JURÍDICOS. São Leopoldo (RS), nº 65, v. 25, set./dez. 1992.

_____. v. 21, nº 52, maio/ago. 1988.

FOLHA DE S. PAULO. São Paulo, 425, ano 83, nº 27.143, 27 jul. 2003.

JUSTITIA. São Paulo, nº 49, v. 137, jan./mar. 1987.

_____. nº 51, v. 146, abr./jun. 1989.

O NEÓFITO – INFORMATIVO JURÍDICO. "A desconsideração da personalidade jurídica e os institutos da fraude contra credores e da fraude à execução". 10 dez. 2001. Disponível em: http://www.neofito.com.br/artigos/art03/comercial_pdf001_neofito.pdf.

REPERTÓRIO JURISPRUDÊNCIA. [s.l.: s.n.] RJ 3, nº 2/2000 – civil, processual, penal e comercial, 2ª quinz. janeiro.

REVISTA DA ACADEMIA NACIONAL DE DIREITO DO TRABALHO. [s.l.: s.n.]. Artigo de José Martins Catharino: "Responsabilidade de sócio por débitos trabalhistas de sociedade commercial". p. 69-74.

REVISTA DE DIREITO CIVIL, IMOBILIÁRIO, AGRÁRIO E EMPRESARIAL. São Paulo, ano 16, jul./set. 1992.

REVISTA DE ESTUDOS JURÍDICOS – UNESP, São Paulo: Unesp, nº 3, nº 6, 1998.

REVISTA DE PROCESSO. São Paulo: IBDP, ano 22, jul./set. 1997.

REVISTA DO ADVOGADO. [s.l.: s.n.]. Artigo de Fábio Ulhoa Coelho. "Lineamento da teoria da desconsideração da pessoa juridical". p. 38-44.

REVISTA DOS TRIBUNAIS. São Paulo: Revista dos Tribunais, ano 76, v. 622, ago. 1987.

_____. v. 739, ano 86, maio 1997.

_____. v. 762, ano 88, abr. 1999.

_____. v. 783, ano 90, jan. 2001.

_____. v. 780, ano 89, out. 2000.

REVISTA DOS TRIBUNAIS – CADERNOS DE DIREITO TRIBUTÁRIO E FINANÇAS PÚBLICAS, ano 3, nº 11, abr./jun. 1995.

VEJA. São Paulo: Abril, 26 fev. 2003.

OBRAS NÃO-PUBLICADAS

ERBS, Maria Therezinha. *Introdução à conceituação da pessoa jurídica*. Blumenau, 2002.

GIGLIO, Wagner D. *Considerações sumárias sobre a sucessão trabalhista e a despersonalização do empregador*. São Paulo, jun./jul. 2003.

LIVROS

ACQUAVIVA, Marcus Cláudio. *Dicionário jurídico brasileiro Acquaviva*. 11. ed. São Paulo: Jurídica Brasileira, 2000.

ABRAMOVICH, Victor & COURTIS, Christian. *Los Derechos Sociales en el Debate Democratico*, Madrid (Es): Fundación Sindical de Estudios – CC.OO. de Madrid, 2006.

ALBINO DE SOUZA, Washington Peluso. *Primeiras linhas de direito econômico*. 5. ed. São Paulo: LTr, 2003.

ALMEIDA, Amador Paes. *Curso de falência e concordata*. 11. ed. São Paulo: Saraiva, 1993.

_____. *Execução de bens dos sócios*: obrigações mercantis, tributárias e trabalhistas – da desconsideração da personalidade jurídica (doutrina e jurisprudência). São Paulo: Saraiva, 1999.

_____. _____. 5. ed. São Paulo: Saraiva, 2001.

ALVIM, Arruda et al. *Código do consumidor comentado e legislação correlata*. 2. ed. São Paulo: Revista dos Tribunais, 1994.

ANDREOTTI NETO, Nello. *Direito civil e romano*. 2. ed. São Paulo: Rideel, 1975.

ASSIS, Araken de. *Manual do processo de execução*. 6. ed. São Paulo: Revista dos Tribunais, 2000.

BAS, Franciso Junyent. *Responsabilidad de administradores y terceros en la quiebra*. Buenos Aires: Rubinzal – Culzoni, [s.d.].

BITTAR, Carlos Alberto. *Curso de direito civil*. Rio de Janeiro: Forense Universitária, 1994.

BONAVIDES, Paulo. *Direito constitucional*. 3. ed. Rio de Janeiro: Forense, 1988.

BULGARELLI, Waldirio. *Sociedades comerciais*: sociedades civis e sociedades cooperativas, empresas e estabelecimento comercial. 6. ed. São Paulo: Atlas, 1996.

CAÑAL, Diana Regina. *Responsabilidad ilimitada y solidaria de directores y socios de sociedades comerciales*. Buenos Aires: Quorum, 2001.

CANOTILHO, J. J. Gomes. *Direito constitucional e teoria da constituição*. 2. ed. Coimbra: Almedina, 1998.

CAPPELLETTI, Mauro; GARTH, Bryant. *Acesso à justiça*. Tradução de Ellen Gracie Northfleet. Porto Alegre: Sérgio Antonio Fabris, 1988.

CARELLI LACERDA, Rodrigo de. *Cooperativas de mão-de-obra*: manual contra a fraude. São Paulo: LTr, 2002.

CARRION, Valentim. *Comentários à Consolidação das Leis do Trabalho*. 23. ed. São Paulo: Saraiva, 1998.

CARVALHOSA, Modesto; EIZIRIK, Nelson. *A nova Lei das S.A*. São Paulo: Saraiva, 2002.

CENEGEM, R. C. van. *Uma introdução histórica ao direito privado*. São Paulo: Martins Fontes, 1995.

CEOLIN, Ana Caroline Santos. *Abuso na aplicação da teoria da desconsideração da pessoa jurídica*. Belo Horizonte: Del Rey, 2002.

CESANO, Marcelo J. López Mesa; CESANO, José Daniel. *El abuso de la personalidad jurídica de las sociedades comerciales*. Buenos Aires: Depalma, 2000.

COMPARATO, Fábio Konder. *Direito empresarial*. São Paulo: Saraiva, 1995.

_____. *Aspectos jurídicos da macroempresa*. São Paulo: Revista dos Tribunais, 1970.

_____. *O poder de controle na sociedade anônima*. São Paulo: Revista dos Tribunais, 1976.

DALLARI, Dalmo de Abreu. *Elementos de teoria geral do Estado*. 13. ed. São Paulo: Saraiva, 1987.

DALLARI, Zelmo. *O Código de Defesa do Consumidor comentado pelos autores do anteprojeto.* 5. ed. São Paulo: Forense Universitária, 1997.

DALLEGRAVE NETO, José Affonso. *Direito do trabalho contemporâneo*: flexibilização e efetividade. São Paulo: LTr, 2003.

DELGADO, Mauricio Godinho. *Curso de direito do trabalho*. São Paulo: LTr, 2002.

DINAMARCO, Cândido Rangel. *Fundamentos do processo civil moderno*. 4. ed. São Paulo: Malheiros, 2001. v. 2.

_____. *A instrumentalidade do processo*. 5. ed. São Paulo: Malheiros, 1996.

DINIZ, Maria Helena. *Código Civil anotado*. 8. ed. São Paulo: Saraiva, 2002.

_____. *Código Civil anotado*. 3. ed. São Paulo: Saraiva, 1997.

DI PIETRO, Maria Sylvia Zanella. *Parcerias na administração pública*. 4. ed. São Paulo: Atlas, 2002.

DOBSON, Juan M. *El abuso de la personalidad jurídica (en el derecho privado)*. 2. ed. Buenos Aires: Depalma, 1991.

DÓRIA, Dylson. *Curso de direito comercial*. 11. ed. São Paulo: Saraiva, 1996.

DRUCKER, Peter. *A profissão de administrador*. Tradução de Nivaldo Montingelli Jr. São Paulo: Thomson Pioneira Learning, 2002.

ESPÍNOLA, Eduardo. *Sistema do direito civil*: edição histórica. Rio de Janeiro: Editora Rio, 1977.

FAZZIO JR., Waldo. *Manual de direito comercial*. São Paulo: Atlas, 2000.

FERREIRA FILHO, Manoel Gonçalves. *Comentários à Constituição Brasileira de 1988*. 2. ed. São Paulo: Saraiva, 1997.

FLORES, Baltasar Cavazos. *Preguntas más usuales sobre temas laborales*: orientaciones teórico-prácticas. 3. ed. México: Rillas, 1989.

FRANCIULLI NETTO, Domingos; MENDES, Gilmar Ferreira; SILVA MARTINS FILHO, Ives Gandra da (Coord.). *O novo Código Civil*: estudos em homenagem ao Prof. Miguel Reale. São Paulo: LTr, 2003.

FREITAS, Elizabeth Cristina Campos Martins. *Desconsideração da personalidade jurídica*: análise à luz do Código de Defesa do Consumidor e do Novo Código Civil. São Paulo: Atlas, 2002.

GALVANI, Raphael. *A proteção jurídica do credor quirografário com a desconsideração da personalidade jurídica da sociedade limitada*, [s.d.].

GANDRA, Ives da Silva Martins Filho. *Manual esquemático de direito e processo do trabalho*. 7. ed. São Paulo: Saraiva, 1998.

GIGLIO, Wagner D. *Direito processual do trabalho*. 12. ed. São Paulo: Saraiva, 2002.

GRAUS, Antonio Baylos. *Sindicalismo y Derecho Sindical*. 3ª edición. Editorial Bomarzo, Albacete (España), 2002.

GRECO FILHO, Vicente. *Direito processual civil*. 16. ed. São Paulo: Saraiva, 2003. v. 3.

GRINOVER, Ada Pellegrini et al. *Código brasileiro de defesa do consumidor*. 5. ed. Rio de Janeiro: Forense Universitária, 1997.

_____. *A reforma do Código de Processo Civil*. Coordenação do Ministro Sálvio de Figueiredo Teixeira. São Paulo: Saraiva, 1996.

GOMES, Orlando. *Introdução ao direito civil*. 6. ed. Rio de Janeiro: Forense, 1979.

_____. *Obrigações*. 2. ed. Rio de Janeiro: Forense, 1963.

_____. *Sucessões*. 4. ed. Rio de Janeiro: Forense, 1981.

_____. *Contratos*. 15. ed. atualizada por Humberto Theodoro Júnior. Rio de Janeiro: Forense, 1995.

_____. *Direitos reais*. 8. ed. Rio de Janeiro: Forense, 1983.

_____. *Transformações gerais do direito das obrigações*. São Paulo: Revista dos Tribunais, 1967.

_____. *A crise do direito*. São Paulo: Max Limonad, 1955.

_____; GOTTSCHALK, Elson. *Curso de direito do trabalho*. 3. ed. Rio de Janeiro: Forense, 1994.

GUERRA, Marcelo Lima. *Direitos fundamentais e a proteção do credor na execução civil*. São Paulo: Revista dos Tribunais, 2003.

GUIMARÃES, Flávia Lafèvre. *Desconsideração da personalidade jurídica no Código do Consumidor*: aspectos processuais. São Paulo: Max Limonad, 1998.

GULMINELLI, Ricardo Ludovico. *Responsabilidad por abuso de la personalidad jurídica*. Buenos Aires: Depalma, 1997.

HUBERT, Beno Frederico. *Desconsideração da pessoa jurídica nos tribunais*. Curitiba: JM, 1999.

JUSTEN FILHO, Marçal. *Desconsideração da personalidade societária no direito brasileiro*. São Paulo: Revista dos Tribunais, 1987.

KOURY, Suzi Elizabeth Cavalcante. *A desconsideração da personalidade jurídica (disregard doctrine) e os grupos de empresas*. 2. ed. Rio de Janeiro: Forense, 1998.

LAS CUEVAS, Gullermo Cabanellas de. *Derecho societario*: parte general – la personalidad jurídica societaria. Buenos Aires: Editorial Heliasta SRL, 1994.

LIEBMAN, Enrico Tullio. *Processo de execução*. 3. ed. São Paulo: Saraiva, 1968.

LIMA, Alcides de Mendonça. *Comentários ao Código de Processo Civil*. Rio de Janeiro: Forense, 1974. v. 4, t. 2.

LINO, Pedro. *Comentários à Lei de Responsabilidade Fiscal*: Lei Complementar nº 101/2000. São Paulo: Atlas, 2001.

LINS, Daniela Storry. *Aspectos polêmicos atuais da desconsideração da personalidade jurídica no Código de Defesa do Consumidor e na Lei Antitruste*. Rio de Janeiro: Lumen Juris, 2002.

LOEWENWARTER, Victor. *Derecho civil alemán comparado, con las características del derecho comercial*. 2. ed. Santiago: Editorial Nascimento, 1943.

LUCENA, José Waldecy. *Das sociedades por quotas de responsabilidade limitada*. 4. ed. Rio de Janeiro: Renovar, 2001.

MAGALHÃES, Roberto Barcellos de. *A arte de advogar no cível à luz do novo Código de Processo*: Comentários ao Código de Processo Civil. 2. ed. Rio de Janeiro: José Konfino, 1975. v. 3.

MANUS, Pedro Paulo Teixeira. *Direito do trabalho*. São Paulo: Atlas, 1993.

MARANHÃO, Délio; CARVALHO, Luiz Inácio B. *Direito do trabalho*. 17. ed. Rio de Janeiro: FGV, 1993.

MARINONI, Luiz Guilherme; LIMA JUNIOR, Marcos Aurélio de. Fraude – configuração – prova – desconsideração da personalidade jurídica. *RT*, ano 90, v. 783, p. 141, jan. 2001.

MARQUES, Cláudia Lima. *Contratos no Código de Defesa do Consumidor*. São Paulo: Revista dos Tribunais.

MARQUES, José Frederico. *Instituições de direito processual civil*. Campinas: Millenium, 1999. v. 5

MARTINS, Fran. *Curso de direito comercial*. 3. ed. Rio de Janeiro: Forense, 1967.

_____. *Curso de direito comercial*. 11. ed. Rio de Janeiro: Forense, 1986.

MARTINS, Nei Frederico Cano; MAUAD, Marcelo José Ladeira. *Lições de direito individual do trabalho*. São Paulo: LTr, 2002.

MARTINS, Sergio Pinto. *Direito do trabalho*. 13. ed. São Paulo: Atlas, 2001.

MATTIELO, Fabrício Zamprogna. *Código Civil comentado*. São Paulo: LTr, 2003.

MEIRELES, Edilton. *O novo Código Civil e o direito do trabalho*. 2. ed. São Paulo: LTr, 2003.

_____. *Grupo econômico*. São Paulo: LTr, 2002.

MEIRELLES, Hely Lopes. *Direito administrativo brasileiro*. 27. ed. atualizada por Eurico de Andrade Azevedo, Délcio Balestero Aleixo e José Emmanuel Burle Filho. São Paulo: Malheiros, 2002.

MIRANDA, Pontes de. *Tratado de direito privado*: parte geral. Campinas: Bookseller, 1999.

_____. *Comentários ao Código de Processo Civil*. Rio de Janeiro: Forense, 1976. t. 9.

MONTEIRO, Washington de Barros. *Curso de direito civil*: parte geral. 27. ed. São Paulo: Saraiva, 1988. v. 1.

MORAES, Alexandre. *Constituição do Brasil interpretada*. São Paulo: Atlas, 2002.

_____. *Direito constitucional*. 10. ed. São Paulo: Atlas, 2001.

MORAES, Márcio André Medeiros. *A desconsideração da personalidade jurídica no Código de Defesa do Consumidor*. São Paulo: LTr, 2002.

MORAES FILHO, Evaristo de. *Sucessão nas obrigações e a teoria da empresa*. São Paulo: Revista dos Tribunais, 1959.

MOREIRA, José Carlos Barbosa. *O novo processo civil brasileiro*. 22. ed. Rio de Janeiro: Forense, 2002.

NAHAS, Thereza Christina. *Legitimidade ativa dos sindicatos na defesa de interesses e direitos individuais homogêneos*: processo do trabalho. São Paulo: Atlas, 2001.

NASCIMENTO, Amauri Mascaro. *Iniciação ao direito do trabalho*. 29. ed. São Paulo: LTr, 2003.

_____. *Curso de direito do trabalho*. 11. ed. São Paulo: Saraiva, 1995.

NASCIMENTO, Tupinambá Miguel Castro do. *Comentários à Constituição Federal*: ordem econômica e financeira. Porto Alegre: Livraria do Advogado, 1997.

NERY JÚNIOR, Nelson; NERY ANDRADE, Rosa Maria de. *Novo Código Civil e legislação extravagante anotados*. São Paulo: Revista dos Tribunais, 2002.

_____. *Código de Processo Civil comentado e legislação processual civil extravagante em vigor*. 6. ed. São Paulo: Revista dos Tribunais, 2002.

OLIVEIRA, José Lamartine Corrêa de. *A dupla crise da pessoa jurídica*. São Paulo: Saraiva, 1979.

OLIVEIRA, Milton. *Direito civil*: 1.200 perguntas e respostas. São Paulo: LTr, 2002.

PALMA, João Augusto. *Novo Código Civil e Comercial*: anotado e comparado. São Paulo: LTr, 2002.

PAMPLONA, Rodolfo Filho; VILLATORE, Marco Antônio César. *Direito do trabalho doméstico*. 2. ed. São Paulo: LTr, 2001.

PINTO, José Augusto Rodrigues. *Execução trabalhista*: estática, dinâmica, prática. 9. ed. São Paulo: LTr, 2002.

PINTO, José Rodrigues; PAMPLONA, Rodolfo Filho. *Repertório de conceitos trabalhistas*. São Paulo: LTr, 2000.

PINTO PEREIRA, Airton. *Direito do trabalho rural e a terceirização*. São Paulo: LTr, 1999.

PITAS, José. *Lei de introdução ao direito do trabalho*. São Paulo: LTr, 2003.

PLANIOL, Marcelo; RIPERT, Jorge. *Tratado práctico de derecho civil*: las personas – estado y capacidad. Havana: Cultural, 1927. t. 1.

POLONIO ALVES, Wilson. *Terceirização*: aspectos legais, trabalhistas e tributários. São Paulo: Atlas, 2000.

_____. *Manual das sociedades cooperativas*. 3. ed. São Paulo: Atlas, 2001.

QUEIROZ, Raphael Augusto Sofiati (Org.). *Acesso à justiça*. Rio de Janeiro: Lumen Juris, 2002.

RAFAEL, Edson José. *Fundações e direito*: 3º setor. São Paulo: Melhoramentos: Educ, 1997.

RÁO, Vicente. *O direito e a vida dos direitos*. 4. ed. São Paulo: Revista dos Tribunais, 1999.

REQUIÃO, Rubens. *Aspectos modernos do direito comercial*. 2. ed. São Paulo: Saraiva, 1988. v. 1.

_____. *Curso de direito comercial*. 18. ed. São Paulo: Saraiva, 1988. v. 1 e 2.

RODRIGUES, Silvio. *Direito civil*. 19. ed. Saraiva: São Paulo. 1988. v. 1.

ROMITA, Arion. *Direito do trabalho*: temas em aberto. São Paulo: LTr, 1988.

_____. *O princípio da proteção em xeque e outros ensaios*. São Paulo: LTr, 2003.

RUSSOMANO, Mozart Victor. *Comentários à Consolidação das Leis do Trabalho*. 17. ed. Rio de Janeiro: Forense, 1997.

SAAD, Eduardo Gabriel. *CLT comentada*. 36. ed. São Paulo: LTr, 2003.

_____. *Comentários ao Código de Defesa do Consumidor*. 5. ed. São Paulo: LTr, 2002.

_____. *Direito processual do trabalho*. 3. ed. São Paulo: LTr, 2002.

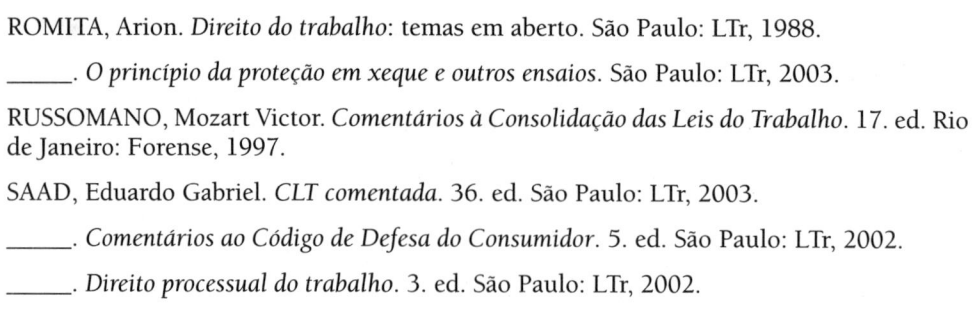

SABO PAES, José Eduardo. *Fundações e entidades de interesse social*: aspectos jurídicos, administrativos, contábeis e tributários. 4. ed. Brasília: Brasília Jurídica, 2003.

SANTORO-PASSARELLI, Francesco. *Nozioni di diritto del lavoro*. Nápoles: Jovene, 1995.

SANTOS, Ernane Fidélis dos. *Manual de direito processual civil*. 8. ed. São Paulo: Saraiva, 2002. v. 2.

SANTOS, Hermelino de Oliveira. *Diretrizes para a aplicação da doutrina da desconsideração da personalidade jurídica*: a responsabilidade patrimonial na execução trabalhista, 2003. Tese (Doutorado) – Departamento de Direito do Trabalho, Universidade de São Paulo, São Paulo.

SANTOS, Moacyr Amaral. *Primeiras linhas de direito processual civil*. 10. ed. São Paulo: Saraiva, 1989. v. 3.

SERPA LOPES, Miguel Maria de. *Curso de direito civil*. 8. ed. Rio de Janeiro: Freitas Bastos, 1996. v. 1.

SILVA, Osmar Vieira da. *Desconsideração da personalidade jurídica*: aspectos processuais. Rio de Janeiro: Renovar, 2002.

SILVA, Ovídio A. Baptista. *Curso de processo civil*. 3. ed. São Paulo: Revista dos Tribunais, 1998. v. 2.

SILVA PEREIRA, Caio Mário da. *Instituições de direito civil*. 19. ed. Rio de Janeiro: Forense, 2000.

SOARES FILHO, José. *A proteção da relação de emprego*: análise crítica em face de normas da OIT e da legislação nacional. São Paulo: LTr, 2002.

STRENGER, Irineu. *Direito internacional privado*: parte geral, direito civil internacional e direito comercial. 5. ed. São Paulo: LTr, 2003.

SÜSSEKIND, Arnaldo; MARANHÃO, Délio; VIANA, Segadas. *Instituições de direito do trabalho*. 13. ed. São Paulo: LTr, 1993. v. 1.

TEIXEIRA FILHO, Manoel Antonio. *Execução no processo do trabalho*. 7. ed. São Paulo: LTr, 2001.

THEODORO, Humberto Júnior. *Curso de direito processual civil*. 29. ed. Rio de Janeiro: Forense, 2000. v. 2.

TOMASEVICIUS FILHO, Eduardo; GRÜN, Mary. *Código Civil comparado*. São Paulo: LTr, 2002.

ULHOA COELHO, Fábio. *Curso de direito comercial*. 3. ed. São Paulo: Saraiva, 2002. v. 3.

_____. *Curso de direito comercial*. 6. ed. São Paulo: Saraiva, 2002. v. 2.

_____. *Curso de direito comercial*. 7. ed. São Paulo: Saraiva, 2002. v. 1.

VARELA, João de Matos Antunes. *Do projecto ao Código Civil*. Lisboa: Imprensa Nacional de Lisboa, 1967.

VENOSA, Sílvio de Salvo. *Direito civil*: parte geral. 3. ed. São Paulo: Atlas, 2003. v.1.

_____. *Direito civil*: direitos reais. 3. ed. São Paulo: Atlas, 2003. v. 5.

_____. *Direito civil*: direito das sucessões. 3. ed. São Paulo: Atlas, 2003. v. 7.

_____. *Direito civil*: teoria geral das obrigações e teoria geral dos contratos. 3. ed. São Paulo: Atlas, 2003. v. 2.

WEBER, Max. *A ética protestante e o espírito do capitalismo*. Tradução de Pietro Nassetti. São Paulo: Martin Claret, 2001.

ZAINAGHI, Domingos Sávio. *Nova legislação desportiva*: aspectos trabalhistas. São Paulo: LTr, 2002.

ZAVASCKI, Teori Albino. *Comentários ao Código de Processo Civil*: do processo de execução, arts. 566 a 645. Coordenação de Ovídio Araújo Baptista da Silva. São Paulo: Revista dos Tribunais, 2000. v. 8.

Cadastre-se e receba informações sobre nossos lançamentos, novidades e promoções.

Para obter informações sobre lançamentos e novidades da Campus/Elsevier, dentro dos assuntos do seu interesse, basta cadastrar-se no nosso site. É rápido e fácil. Além do catálogo completo on-line, nosso site possui avançado sistema de buscas para consultas, por autor, título ou assunto. Você vai ter acesso às mais importantes publicações sobre Profissional Negócios, Profissional Tecnologia, Universitários, Educação/Referência e Desenvolvimento Pessoal.

Nosso site conta com módulo de segurança de última geração para suas compras.
Tudo ao seu alcance, 24 horas por dia.
Clique www.campus.com.br e fique sempre bem informado.

www.campus.com.br
É rápido e fácil. Cadastre-se agora.

Outras maneiras fáceis de receber informações sobre nossos lançamentos e ficar atualizado.

- ligue grátis: **0800-265340** (2ª a 6ª feira, das 8:00 h às 18:30 h)
- preencha o cupom e envie pelos correios (o selo será pago pela editora)
- ou mande um e-mail para: **info@elsevier.com.br**

ELSEVIER

Nome: _____
Escolaridade: _____ ☐ Masc ☐ Fem   Nasc: __ /__ /__
Endereço residencial: _____
Bairro: _____ Cidade: _____ Estado: _____
CEP: _____ Tel.: _____ Fax: _____
Empresa: _____
CPF/CNPJ: _____ e-mail: _____
Costuma comprar livros através de: ☐ Livrarias ☐ Feiras e eventos ☐ Mala direta
                                    ☐ Internet

Sua área de interesse é:

☐ **UNIVERSITÁRIOS**
☐ Administração
☐ Computação
☐ Economia
☐ Comunicação
☐ Engenharia
☐ Estatística
☐ Física
☐ Turismo
☐ Psicologia

☐ **EDUCAÇÃO/REFERÊNCIA**
☐ Idiomas
☐ Dicionários
☐ Gramáticas
☐ Soc. e Política
☐ Div. Científica

☐ **PROFISSIONAL**
☐ Tecnologia
☐ Negócios

☐ **DESENVOLVIMENTO PESSOAL**
☐ Educação Familiar
☐ Finanças Pessoais
☐ Qualidade de Vida
☐ Comportamento
☐ Motivação

20299-999 - Rio de Janeiro - RJ

O SELO SERÁ PAGO POR
Elsevier Editora Ltda

CARTÃO RESPOSTA
Não é necessário selar

Cartão Resposta
0501 20048-7/2003-DR/RJ
Elsevier Editora Ltda
CORREIOS

Sistema CTcP,
impressão e acabamento
executados no parque gráfico da
Editora Santuário
www.editorasantuario.com.br - Aparecida-SP